Igreja aos Domingos, Trabalho às Segundas

O Desafio da Fusão de Valores Cristãos com a Vida dos Negócios

Tradução
Carlos Henrique Trieschmann

Laura Nash · Scotty McLennan

Igreja aos Domingos, Trabalho às Segundas

O Desafio da Fusão de Valores Cristãos com a Vida dos Negócios

Prefácio de Ken Blanchard

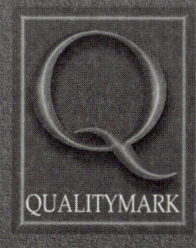

QUALITYMARK

Copyright© 2001 by Laura Nash e Scotty McLennan

Tradução autorizada do original em inglês Church on Sunday, Work on Monday, publicado pela Jossey-Bass.
Todos os direitos reservados.

Copyright© 2003 by Qualitymark Editora Ltda.

Todos os direitos desta edição reservados à Qualitymark Editora Ltda.
É proibida a duplicação ou reprodução deste volume, ou parte do mesmo, sob quaisquer meios, sem autorização expressa da Editora.

Direção Editorial
SAIDUL RAHMAN MAHOMED
editor@qualitymark.com.br

Produção Editorial
EQUIPE QUALITYMARK

Capa
WILSON COTRIM

Editoração Eletrônica
MS EDITORAÇÃO GRÁFICA

CIP-Brasil. Catalogação-na-fonte
Sindicato Nacional dos Editores de Livros, RJ

N211i

Nash, Laura L.

Igreja aos domingos, trabalho às segundas: o desafio da fusão de valores cristãos com a vida dos negócios / Laura Nash e Scotty McLennan ; [prefácio de Ken Blanchard ; tradução de Carlos Henrique Trieschmann]. – Rio de Janeiro : Qualitymark, 2003.

Tradução de: Church on Sunday, Work on Monday

Inclui bibliografia

ISBN 85-7303-417-3

1. Pessoas de Negócios – Vida religiosa. 2. Negócios – Aspectos religiosos – Cristianismo. I. MacLennan, Scotty. II. Título.

03-0909

CDD 248.88
CDU 248.12

2003
IMPRESSO NO BRASIL

Qualitymark Editora Ltda.
Rua Teixeira Júnior, 441
São Cristóvão
20921-400 – Rio de Janeiro – RJ
Tel.: (0XX21) 3860-8422

Fax: (0XX21) 3860-8424
www.qualitymark.com.br
E-Mail: quality@qualitymark.com.br
QualityPhone: 0800-263311

Prólogo

Quando Laura Nash e Scotty McLennan me pediram para escrever um prólogo ao seu livro *Igreja aos Domingos, Trabalho às Segundas: O Desafio da Fusão de Valores Cristãos com a Vida dos Negócios*, fiquei entusiasmado. Por quê? Porque atualmente, mais do que nunca, as pessoas estão vivendo em um constante turbilhão. Hoje em dia, mudanças estão ocorrendo com grande rapidez – uma em cima da outra. Não há descanso e não há preparação. No calor desse caos, é difícil para as pessoas manterem a perspectiva, especialmente quando tendem a se atolar no raciocínio que as trouxe até onde estão agora, mesmo que esse raciocínio não possa mais ser usado para levá-las para onde precisam estar amanhã. Aí, entra este livro maravilhoso.

Líderes de negócios precisam de ajuda e precisam do tipo de ajuda que podem obter da mensagem de liderança de Jesus. Embora o significado da vida de Jesus vá além das maneiras pelas quais as pessoas ganham a vida, não se deve esquecer que ele foi o maior líder de todos os tempos. Aceitou doze pessoas inexperientes e as desenvolveu até que fossem capazes de prosseguir sem ele e construir um movimento espiritual centrado em Deus que vem florescendo ao longo de séculos, oferecendo uma bússola moral para bilhões de pessoas.

Igrejas precisam de ajuda para enfrentar os desafios da mudança e da feroz competição em seus domínios. Líderes de negócios sabem coisas que podem ajudar líderes religiosos. Sabem a respeito de marketing, conhecem finanças, sabem toda sorte de coisas que são necessárias para gerenciar um negócio de forma eficaz – e uma igreja é um negócio baseado em fé.

Se líderes de negócios precisam da ajuda de líderes religiosos e se líderes religiosos precisam da ajuda de líderes de negócios, por que não estão se unindo? É isso que Laura Nash e Scotty McLennan estão perguntando. E em vez de apontarem dedos e atribuir culpa, estão dizendo "Unamo-nos". "Vamos trabalhar em conjunto." "Vamos nos tornar mais eficazes na realização de nosso trabalho no mundo."

Por que um escritor de negócios e empreendedor como eu estaria interessado nesse assunto? Primeiro, sou seguidor de Jesus. Meu nome me foi dado em homenagem a um pastor presbiteriano. Quando criança, freqüentei a escola dominical, mas na verdade jamais entendi o poder da igreja porque a impressão que tive era que a cristandade era "algo a ser conhecido" e "algo para se fazer". Como resultado, como jovem dei as costas à igreja considerando-a coisa irrelevante, pois não parecia me oferecer qualquer orientação para a vida. Na maioria das igrejas que freqüentei, mencionava-se Jesus de vez em quando, mas jamais lhe davam destaque como modelo para todo nosso comportamento.

Acabei compreendendo o potencial da igreja já quarentão. Quando o *The One Minute Manager* foi publicado, seu sucesso foi tal que ou eu acabaria com a cabeça inchada ou me preocuparia com o que estava acontecendo. Escolhi a preocupação. Comecei a rever minhas raízes cristãs originais. Com isso, toda sorte de crentes começaram a entrar em minha vida e a me ensinar que a verdadeira cristandade era "algo para se saber" e "alguém para seguir". Colocar Jesus no centro e à frente de minha vida faz sentido para mim e me motiva a aprender sobre seus ensinamentos.

Ao começar a ler a Bíblia, percebi que muito do que havia ensinado era consistente com os valores que Jesus ensinava através do exemplo, mesmo que sua vida se estendesse para muito além dos negócios ou da gerência. Como exemplos, suas ações refletiam muitas das diretrizes sugeridas no *The One Minute Manager* e ele incorporava todo o pensamento em torno da Liderança Situacional. Cite qualquer coisa que promova a liderança eficaz; Jesus o fez, incluindo encorajar seus seguidores a pensarem além de suas necessidades e metas pessoais: a alimentar os famintos, acolher os desabrigados e visitar os enfermos e aprisionados.

Concorrentemente à minha conscientização de que Jesus era um modelo de liderança para todos os líderes, Phil Hodges e eu fundamos o *Center for FaithWalk Leadership*, um empreendimento sem fins lucrativos comprometido com ajudar líderes religiosos a exercerem sua fé no mercado. De muitas maneiras estamos fazendo o trabalho da igreja, mas ao fazermos estamos encorajando o clero em todo o país a tirar Jesus de seu esconderijo e levar sua abordagem inspiracional e eficaz à liderança para o mundo dos negócios. Nossa motivação não é a de amolecer líderes, mas a de capacitá-los, de forma suave, a viverem valores *e* sucessos cristãos no mercado. Ao mesmo tempo outros, como Bob Buford, estão expondo o clero a maravilhosos líderes de mercado que os estão ajudando a criar igrejas bem-sucedidas e em franco crescimento.

Como resultado de minhas experiências com o *FaithWalk Leadership*, penso que Nash e McLennan estão no caminho certo. Leia este livro! São cristãos, são parte do mundo dos negócios e do acadêmico que não podem ser facilmente classificados pelas formas usuais. Sua fé e suas experiências tornam sua mensagem importante para pessoas de todo tipo de fé – tanto no púlpito quanto na congregação.

Valores cristãos e a vida de negócios são sinérgicos. Um mais um é maior que dois. Ambos os lados dessa equação têm que se lembrar que "nenhum de nós é tão inteligente quanto todos nós". Obrigado, Laura e Scotty.

Ken Blanchard
Co-autor de The One Minute Manager

Agradecimentos

As sementes deste livro foram plantadas durante a fase de pesquisa de *Believers in Business*, o livro anterior de Laura Nash sobre CEOs evangélicos nos negócios, publicado em 1994. À época, Scotty McLennan ministrava um curso eletivo bastante procurado sobre espiritualidade na *Harvard Business School* e Laura estava se conscientizando de que o interesse em espiritualidade e negócios estava crescendo. Nós dois víamos evidências de sérios desafios ao exame de fé e trabalho, mas havia pouca indicação de novas pesquisas acadêmicas ou mesmo interesse na questão. O apoio para este livro surgiu em um momento crítico. Permitiu-nos seguir o movimento de espiritualidade e negócios quando explodiu na segunda metade dos anos 90 e manter um foco cristão, apesar de pressões culturais para a secularização de questões de ética nos negócios.

Somos especialmente gratos a Peter L. Berger, diretor do Instituto para o Estudo de Cultura Econômica da Universidade de Boston; a Craig Dykstra, Chris Coble e ao Lilly Endowment pelo seu apoio inicial e substantivo a este projeto. Outra fundação provada, que prefere permanecer anônima, também proveu recursos na fase inicial. A *Graduate School of Business Administration* da Universidade de Harvard também ofereceu auxílio de pesquisa para a conclusão do livro. O *Center for the Study of Values in Public Life*, da

Harvard Divinity School, abriu mão de parte do tempo de Laura para os mesmos fins.

Um grande número de pessoas contribuiu para a discussão e as conclusões aqui apresentadas, muitas das quais permanecerão anônimas. Entre essas pessoas somos especialmente gratos aos congregantes e pastores que se disponibilizaram para reflexões sobre fé e negócios, e aos seminários que participaram de nossa pesquisa. Embora alguns tenham se proposto serem identificados, deixamos anônimos tais participantes para assegurar a confidencialidade. Há também uma enorme dívida de gratidão para com os entrevistados em nossos locais de estudo de casos que, mais uma vez, nem sempre são citados. Outros que podem ser citados, e a quem somos gratos pela sua ajuda na apresentação ou avaliação de nossas verificações, são Nancy Ammerman, Robert Anderson, Joseph Badaracco, Robert Banks, John Beckett, David Berndt, Kenneth Blanchard, Matthew Budman, Robert Buford, Frederic Burnham, Stephen Caldwell, Allen Callahan, Tom Chappell, Brent Coffin, James Connor, Harvey Cox, William Crozier, Diana Dale, Melissa Daniels, Max De Pree, Donna Dial, Amy Dominik, Thomas Drenfee, Craig Dykstra, William H. Farley, Howard Good, Rick Goosen, Os Guinness, John Hamill, Pete Hammond, J. Bryan Hehir, Phil Hodges, Elmer Johnson, Linda Karpowich, Martin Marty, Bowen McCoy, Al McDonald, William Messenger, David Miller, Richard Mouw, James L. Nolan, Lynn Paine, Thomas Phillips, Thomas Piper, C. William Pollard, David Purdy, Peter Quek, Michael Rion, Peter S. Robinson, Gail Ross, Diana Rowen, Jeffrey Seglin, Donald Shriver, Timothy Smith, David Specht, Ben Sprunger, Max L. Stackhouse, Michael Stebbins, Paul Stevens, Al Vogl, Jim Wallis, George Weigel, Oliver Williams, Preston Williams, Richard Wood e Mike Yoshino.

Ajuda de pesquisa e administrativa foi oferecida por Annabel Beerel, John Berthrong, Virginia Cervantes, Bernice Ledbetter, Dolores Markey, Ann McLenahan, Sarah Orwig, Michal Sobieszcyk, Andrea Truax, Donna Verscheuren e Laurel Whelan.

Também desejamos agradecer às pessoas da Jossey-Bass pela sua grande e simpática ajuda editorial: Sheryl Fullerton, Andrea Flint e Naomi Lucks pela edição heróica; Sarah Polster pelo seu interesse inicial; e Mark Kerr e Jessica Egbert pelo encorajamento e suporte para que pudéssemos alcançar você, nosso leitor.

Por fim, agradecemos a todos os alunos, professores e amigos que agiram pacientemente como placas de ressonância durante as várias fases deste livro. Seu interesse e seu encorajamento tornaram a tarefa especialmente significativa. Nossos cônjuges e filhos ofereceram paciência e amor que jamais poderão ser totalmente reconhecidos, mas que foram as coisas mais importantes de todas.

Prefácio

Em 1636, um comerciante de Boston chamado Robert Keayne foi levado ao Tribunal Geral do que era então conhecido como *Bible Commonwealth* (Comunidade da Bíblia) acusado de usura. Sua história é uma das primeiras escaramuças registradas entre autoridades eclesiásticas e pessoas de negócios nas colônias norte-americanas relativas ao correto cumprimento do dever religioso no mercado.

Keayne foi acusado perante a corte por ter alegadamente realizado ganhos excessivos na questão de arreios para cavalos, botões de ouro e pregos e de ter falsificado seus registros contábeis. Apesar de seus vigorosos protestos, Keayne foi considerado culpado e condenado a pagar uma pesada multa. A igreja votou uma moção de censura a Keayne e exigiu que ele fizesse um "reconhecimento penitencial" público de seu pecado.

Keayne, entretanto, achou que as autoridades da igreja haviam entendido mal tanto seus motivos quanto os fatos efetivos do caso. Em uma jogada final e engenhosamente maldosa para corrigir o registro, Keayne escreveu um documento de cinqüenta mil palavras no qual detalhava cada transação de sua carreira. Registrou este em cartório como parte de seu testamento, assim assegurando sua publicação irrevogável.[1]

Nesse documento, comumente conhecido como *A Apologia de Robert Keayne*, o comerciante fez um meticuloso relato das transações que provocaram sua censura. Argumentou que seus lucros não eram excessivos, que outros haviam cobrado ainda mais por mercadorias de menor qualidade. Enfatizou sua diligência durante toda sua vida, ter evitado o lazer e praticado numerosos atos em prol do bem público e de caridade – todos os quais alegava ter realizado em decorrência de seu senso particular de dever cristão e piedosa gratidão pelas riquezas que recebera na Nova Inglaterra.

Não se deu por satisfeito com uma demonstração de sua própria religiosidade de esforço. Respondeu a seus acusadores na mesma moeda, afirmando que seus motivos eram inteiramente inconsistentes com os princípios religiosos que diziam representar. Acusou representantes de sua igreja de mesquinhez de espírito e denunciou seu zelo como sendo fora de qualquer proporção, "como se tivessem alguns dos maiores pecados do mundo para censurar". Ao longo de tudo isso, entretanto, Robert Keayne permaneceu membro fiel daquela igreja e um líder cívico menor da *Bible Commonwealth*.

Assim foi determinado – há mais de 350 anos – um padrão de alienação e de *détente* entre a devota pessoa de negócios norte-americana e a igreja, que ainda está em um constante estado de renegociação. Na esperança da possibilidade de consistência entre sua cristandade e suas carreiras, muitas pessoas de negócios se vêem, pelo contrário, travando um surpreendente conflito com a atitude de suas próprias igrejas em relação aos negócios, ou deixadas de fora da aprovação da igreja de seus papéis como líderes de negócios.

Uma igreja que batiza (e depois casa) seus filhos, ajuda-os em sua devoção a Deus todas as semanas e enterra seus amigos e familiares no fim de suas vidas também pode ser uma igreja que o deixa sem apoio quando se trata de quem você é como pessoa de negócios. Se você próprio já sentiu que a igreja não oferece ajuda substantiva para navegar por fé e trabalho, não está sozinho. Como verificamos em nossas pesquisas, a maioria das pessoas de negócios relata conexões menos que favoráveis entre religião e negócios em suas vidas. Seus "eus" espirituais não se satisfazem no trabalho; querem mais. Querem realizar seu potencial espiritual ou descobrir um sentido de significado em atividades de negócios que não dão qualquer senso de possibilidade espiritual. Mesmo assim, não têm certeza de que querem ir à igreja em busca de uma resposta.

A igreja poderia ser um dos mais fortes recursos que temos para podermos levar uma vida de negócios equilibrada e eficaz. Na maioria dos casos, não é. Poderia prover *insight* espiritual e ético sobre o trabalho que revolucionaria a vida de negócios. Na maioria dos casos, não o faz. No cerne desses problemas existem tensões fundamentais entre ideais cristãos e as realidades da vida de negócios que criaram uma lacuna significativa entre nossas vidas na igreja e no trabalho.

Explorar o porquê da existência dessa lacuna e o que a Igreja Cristã e as pessoas de negócios podem fazer para transpor essa lacuna é o assunto deste livro. Nossa meta não é a de convencer a Igreja de que deve ser a ama dos negócios – na verdade, pedimos menos, em vez de mais, engajamento da igreja institucional na economia. Mas argumentamos, sim, que a igreja deveria ajudar pessoas de negócios a desenvolverem um *processo* para engajarem pessoalmente sua fé na arena da gerência.

Pelo caminho, veremos como os norte-americanos pensam sobre a religião no local de trabalho, como poderiam tornar sua fé uma parte de sua vida inteira – especialmente sua vida no trabalho – e não apenas algo que é pertinente apenas quando estão na igreja. Acima de tudo, queremos localizar a conexão entre a cristandade institucional e o local de trabalho: Como podemos unir esses mundos opostos e distantes?

Não tentamos ditar uma planta baixa de como fazer com que essa integração ocorra. Em vez disso, propomos uma estrutura para raciocínio e conversa sobre essas questões, um primeiro passo crítico em direção à conexão. Esperamos que nossas conclusões o ajudem a se recomprometer com a vitalidade da Igreja e que clero e congregação comecem a trabalhar em conjunto para desenvolver a sofisticada realização espiritual nas vidas profissionais de pessoas de negócios.

Cambridge, Massachusetts   *Laura Nash*
Palo Alto, Califórnia   *Scotty McLennan*

Sumário

Introdução 1

Parte I
**Em Mundos Separados:
Explorando a Lacuna Entre Igreja e Negócios**

1. A Espiritualidade Vai ao Trabalho, a Igreja se Afasta:
   Desconexões Religiosas nas Vidas de Negócios
   Norte-Americanas 17

2. Entre Dois Mundos:
   Tentativas de Integrar Religião e Negócios 55

3. Não é Nosso *Modus Operandi*:
   A Resposta da Igreja aos Negócios 85

4. Testando o Relacionamento:
   Mapeando Uma Estrutura para Integração
   de Igreja e Negócios 111

Parte II
Saia do Meu Território!
Por que as Coisas Desmoronam

5. Você Simplesmente Não Compreende:
   Lacunas de Comunicação Entre a Igreja e os Negócios 137

6. Guerras Territoriais:
   Superando Estereótipos Negativos e Noções
   de Papéis "Corretos" 171

7. Vozes Diferentes:
   O Problema da Linguagem e Pluralismo 201

Parte III
Trabalhando em Conjunto:
Um Novo Modelo de Integração

8. Os Novos Termos de Engajamento Religioso:
   Como Igreja e Negócios Podem Trabalhar em Conjunto 231

9. O Caminho pela Frente 273

Uma Nota Sobre Metodologia 293
Notas 303
Leitura Sugerida 323
Os Autores 329
Índice Remissivo 331

Introdução

Ao longo da última década, os negócios norte-americanos têm experimentado mudanças revolucionárias em como definem mercados, compõem instituições, comunicam-se entre pessoas é se adaptam a expectativas mutantes na sociedade. Não surpreendentemente, essas mudanças têm ocasionado uma busca intensa por novas formas de orientação para ajudar as pessoas de negócios a lidar com o mercado e seu impacto sobre suas vidas dentro e fora da corporação.

Talvez mais surpreendentemente, a busca tem levado muitas pessoas a um novo interesse pela espiritualidade. Pessoas de todas as fés (e sem nenhuma fé) consultam gurus de espiritualidade sobre a gestão para o século XXI. Reúnem-se em grupos de discussão para explorar os aspectos espirituais da liderança bem-sucedida e uma vida de sucesso. Uma estimativa conservadora indica que corporações e indivíduos estão investindo centenas de milhões de dólares em conselhos gerenciais com algum conteúdo espiritual. Novos seminários e *workshops* para executivos, sobre valores e liderança, estão surgindo a cada semana. Importantes meios de comunicação, do *Wall Street Journal* à *Business Week*, têm acompanhado a tendência com freqüência crescente e um contínuo ar de espanto. A religião, parece, é notícia – e notícia espantosa no contexto dos negócios.

A diversidade e a popularidade da espiritualidade e da religião em como se relacionam com o trabalho têm sido notáveis. O que inicialmente parecia uma facção marginal dos adeptos dos cristais da Nova Era e dos fanáticos holísticos da saúde, rapidamente se tornou numa importante tendência que incluía alguns dos melhores gurus de negócios dos Estados Unidos. Em um desenvolvimento paralelo mas menos amplamente patrocinado, tem havido uma repentina ressurgência de programas motivacionais por parte do movimento conservador evangélico cristão, oferecendo uma versão atualizada de movimentos anteriores conectando negócios e fé, como o poder do pensamento positivo de Norman Vincent Peale e a liderança servente de Robert Greenleaf.

Capitalizando com ambas as tendências, editores com grandes bases de clientes de negócios aumentaram drasticamente o número de títulos religiosos oferecidos – ao mesmo tempo em que destruíam todas as idéias anteriores do que um livro "de religião" abordaria. A Barnes and Noble relatou um aumento de 35% em seus títulos religiosos entre 1993 e 1995. Ao final de 1999, a Amazon.com oferecia mais de nove mil títulos sobre o assunto de espiritualidade e religião. Muitos desses eram manuais que tentavam popularizar conceitos espirituais ou ofereciam orientação para o dia-a-dia.

Embora difiram drasticamente em estilo e conteúdo religioso, tanto as correntes secularizadas quanto as abertamente cristãs dessa tendência têm muitas similaridades com o clima religioso dos negócios do final do século XIX. Então, como agora, a radical mudança tecnológica, a inovação explosiva e as novas concentrações de enorme riqueza caracterizaram o mercado. Então, como agora, pessoas se mostravam ao mesmo tempo ávidas por participar do *boom* econômico e moralmente perturbadas pelos seus excessos. Voltaram-se para a religião em sua busca por significado maior e eficácia pessoal. A religião foi adaptada a esses novos anseios. A construção com base nos intensos emocionalismo e ativismo social do Segundo Grande Despertar no início do século XIX, o assim chamado Terceiro Grande Despertar (aproximadamente entre 1890 e 1920) alardeou um interesse religioso notadamente pragmático e personalizado. Advogados endinheirados tradicionais do evangelho social e pensadores positicistas recém-chegados se uniram para diversificar o cenário religioso, ao mesmo tempo em que terçavam espadas sobre os traumas e as oportunidades da nova era industrial. Novas formas de espiritualidade e de moralidade de bom senso floresceram, desde os populares romances de Horatio Alger* até os otimistas movimentos de cura pela mente e pensamento positivo.

Assim como nos dias de hoje, muitos dos programas religiosos populares ofereciam uma convergência de fontes: o protestantismo tradicional misturava-se ao transcendentalismo emersoniano, o idealismo berkeleyano – e até mesmo hinduísmo – para criar um recurso exótico para norte-americanos em busca de sucesso espiritual e nos negócios.[1] Esses programas sugeriam uma conexão íntima entre mente e corpo e a capacidade de lidar com os novos problemas econômicos e sociais da época.

Apesar de extraordinárias similaridades com a paisagem religiosa e econômica na virada do século XIX, tem havido uma mudança radical nas *fontes* a partir das quais as pessoas de negócios dos Estados Unidos estão agora desenvolvendo sua compreensão religiosa, especialmente em termos de sua relação com suas vidas de trabalho. Ocorreu uma espécie de Quarto Despertar, marcado por uma drástica mudança econômica e social e um intenso interesse em consciência religiosa personalizada e experiencial. As dimensões desse despertar são debatidas. O vencedor do Prêmio Nobel, Robert Fogel, sugeriu que seus principais proponentes são as fés cristãs "entusiastas", desde os pentecostais até os grupos evangélicos das principais persuasões.[2] Ele observa que, além da cacofonia de exploradores políticos, existe uma grande comunalidade na busca por enraizamento religioso, ou o que a futurista Faith Popcorn denomina "ancoramento".

Nós sugerimos que esse despertar espiritual é ainda mais disseminado do que normalmente se pensa, especialmente entre pessoas de negócios. A grande divisão entre a fé religiosa conservadora e a nova espiritualidade está sendo regularmente transposta. Apesar de diferenças muitas vezes radicais em suas tendências políticas ou religiosas, grupos conservadores cristãos compartilham muito em comum

---

* N.T.: Horatio Alger foi escritor de livros para meninos no século XIX, cujos heróis saíam da pobreza para alcançar riqueza através de trabalho e dedicação. Foram mais de 100 livros escritos.

com os assim chamados aderentes à espiritualidade secular, e também com pessoas que têm um crescente interesse em herança religiosa, sem associação religiosa institucional. Judeus e não-judeus interessados lêem o Torá juntos, na hora do almoço; cristãos e "buscadores"[3] não-afiliados participam de cultos beneditinos *on-line* ao nascer do sol; pessoas de muitas fés estão recitando cânticos budistas antes de um dia de trabalho pesado. A espiritualidade é o primeiro denominador comum; não surpreendentemente, o interesse na eficácia nos negócios é o segundo.

A variedade desse movimento confunde o desenvolvimento de uma compreensão comum de *religião* e de seu papel na vida mais do que nunca – especialmente para buscadores com alguma fé cristã. Não só cada vez mais crentes estão fora de igrejas e ecléticos em suas visões religiosas,[4] como também têm disponível uma variedade de instituições concorrentes para facilitar seus interesses sociais e espirituais, especialmente quando colocados em um contexto de negócios. Alimentada por extensa cobertura das novas ciências, ética e saúde pela mídia de negócios, a cultura dos negócios está agora inundada por atividades que não são rotuladas como religião mas que são quase indistingüíveis das preocupações tradicionais das instituições religiosas. Pessoas de negócios não precisam ir mais além do que suas próprias corporações para obter conselhos e auxílio tangível quanto a práticas de criação de filhos, comportamento ético, cuidados para idosos, saúde e bem-estar, psicologia, inteireza, desenvolvimento intelectual, serviço comunitário e mesmo orientação cosmológica relativa à natureza da vida e da inteligência em face dos novos modelos científicos.

Não há indicação melhor da nova *conflation** entre negócios e espiritualidade do que a encontrada na lista de gurus de recursos escolhidos para liderar os seminários de liderança de 1999 da revista *Fortune*. Dos cinco palestrantes que falariam sobre liderança, pelo menos três dirigem extensos programas de treinamento que incluem espiritualidade como componente-chave (Ken Blanchard, Stephen Covey e Margaret Wheatley) e os outros dois (Tom Peters e Robert Cooper) já participaram de muitos programas "inspiracionais" que destacam os temas positivos desse movimento. A espiritualidade, parece, é o novo recurso para a criatividade nos negócios, liderança

---

* *Conflation*: combinar duas leituras de um texto composto. (Do latim *Conflare*.)

pessoal e harmonia social. É regularmente alistada para dar *empowerment* ao gerente para que seja uma pessoa melhor, crie um negócio melhor e contribua para uma sociedade melhor.

A maioria dos programas gerenciais de espiritualidade são "secularizados", refletindo atitudes norte-americanas em relação à religião na arena pública. Universalizando muitos aspectos da religião oriental, ética humanista e psicologia, focalizam o auto-expressivo e o pragmático. Explicam as maiores preocupações através de uma curiosa combinação do científico e do evocativo – uma linguagem que é parte ficção científica e parte propaganda de vestuário. Muitos oferecem consolo psicológico e significado metafísico. Enfatizam o auto-*empowerment* e o respeito universal. Contrariamente a relatos gerais, a maioria não advoga ganância e egoísmo. Em vez disso, encoraja o sucesso nos negócios ao mesmo tempo em que reforça a importância da consciência social e de padrões éticos. No entanto, não diz às pessoas em qual religião específica acreditar. Na verdade, muitos sugerem que seus programas são altamente compatíveis com todas as religiões, além de com pontos de vista seculares.

Curiosamente, a cristandade tradicional (até recentemente a religião escolhida pela maioria dos norte-americanos) está marcantemente ausente na nova estrada para Cantuária. Alguns grupos evangélicos buscaram avidamente fazer parte da atual peregrinação espiritual de pessoas de negócios, mas é justo dizer que uma ênfase indisfarçável em Jesus *não* alcançou uma conexão significativa com a cultura gerencial principal da América do Norte corporativa. Como resultado, o movimento pela espiritualidade nos negócios está mudando não só a face dos negócios norte-americanos, como a face da religião norte-americana também. A ausência de um engajamento apoiador da igreja na busca espiritual de hoje e a presença de muitas expressões espirituais alternativas suscitaram problemas profundos tanto para a pessoa de negócios quanto para a igreja cristã. Já favorecendo abordagens sincretistas à fé, a geração pós-guerra que não consegue encontrar qualquer mensagem significativa sobre a vida econômica na igreja de sua infância procura em outros lugares o alimento para sua fome espiritual. Mesmo pessoas de negócios de profunda fé cristã têm dificuldade em compreender o que a cristandade tem a dizer quanto a suas preocupações profissionais.

Como comentou um executivo com forte afeição pela igreja de sua infância: "Amo a igreja, mas às vezes olho para o que fazemos na empresa, para as organizações sem fins lucrativos com as quais trabalhamos, as políticas familiares, e creio que em muitos casos nós [os negócios] encontramos um veículo mais eficaz para essas preocupações *fora* da igreja. Começo a pensar, você sabe, qual *é* a parte 'religião' da ação social ou da ética em negócios, quando tanto do que fazemos se assemelha ao que a igreja faz, mas sem o envolvimento de qualquer religião formal?"

Tal confusão não é incomum. Na ausência de qualquer engajamento eclesiástico nas preocupações das pessoas de negócios, estas se tornam frustradas pelo caos atual de formas institucionalizadas de consciência e significado na sociedade moderna. Ficam imaginando o que *significa* ser cristão e pessoa de negócios. Pela maneira que pensam em tudo isso, no entanto, é demasiadamente provável que reduzam a religião a estreitas estratégias para permanecer nos negócios e ainda se sintam bem. Infelizmente, a resposta da igreja, se há alguma, é freqüentemente desencorajadora: abstrata demais, desinformada demais, ou demasiadamente antagonista para ser prática. Em uma linguagem forte em polêmicas e fraca em solução de conflitos, uma igreja fracassa em intensificar a capacidade da comunidade dos negócios de *se engajar* com o sagrado na condução de seu trabalho diário.

Descendo da montanha de sua própria pesquisa espiritual, pessoas de negócios se vêem abandonadas para prosseguir sozinhas no local de trabalho. Seu apoio à igreja é solapado, como Robert Wuthnow já demonstrou tão amplamente, e um grande potencial para mudanças reais no local de trabalho se perde.

A urgência dessa situação, reforçada por um declínio de trinta anos na associação a igrejas tradicionais[5], e um cinismo continuado em relação à ética nos negócios nos fizeram adotar a rota não-ortodoxa de tentar falar a duas platéias – pessoas de negócios de fé além de profissionais da igreja – para promover nossa compreensão da mensagem potencial da cristandade para negócios o mais rapidamente possível em ambos os domínios. Assim, abordamos dois tópicos estreitamente relacionados: a natureza da atual busca espiritual entre pessoas de negócios e as forças que impedem uma inclusão produtiva da religião – particularmente as igrejas – nessa busca.

Procuramos soar um toque de alvorada para que as igrejas e as pessoas de negócios levem a relação de espiritualidade, fé e negócios mais a sério. A nova espiritualidade possui muitas indicações de transbordamento religioso, o que parece inevitável mas que também é provável de se escoar, perdido em atitudes contraditórias em relação a negócios e religião formal nos Estados Unidos. A nova colisão de atenção religiosa e de negócios é empolgante e amplamente disseminada, no entanto as igrejas têm sido lentas em responder. Entrementes, suposições recorrentes sobre a natureza ultrapassada de religião e pontos de vista cristãos na vida econômica encorajam a já forte tendência entre pessoas de negócios de enfrentarem a coisa sozinhas na busca espiritual.

Se profissionais de igrejas deixarem de detectar e abordar suposições profundamente arraigadas que sejam hostis aos negócios ou sejam desesperançosamente desprovidas de implementação prática, irão se engajar em um dos maiores atos de automarginalização desde seu apoio à lei seca nacional. É urgente que o novo interesse espiritual seja compreendido tanto pelo seu *potencial* espiritual quanto pelos seus limites.

Com base em extensas entrevistas com o clero e pessoas de negócios[6], além de uma rigorosa revisão da nova literatura espiritual e programação executiva, este livro procura jogar uma luz útil sobre estruturas mentais que parecem abortar consideração e aplicação sérias de fé no local de trabalho de hoje. Exploramos onde e por que a fé de tantas pessoas sofre uma bifurcação quando colocada em um contexto de negócios. Também damos atenção às estratégias desenvolvidas por pessoas de negócios e pela igreja para lidar com e suportar as pressões de bifurcação, colocando a religião em uma caixinha particular, que jamais será aberta na corporação. Mais importante, estabelecemos o perfil dos pontos-chave de disparo que fizeram com que pessoas de negócios e clero desligassem a mensagem uns dos outros. Conhecer esse terreno é essencial para que a espiritualidade possa se transformar em uma fé ativamente engajada.

Este livro tem o propósito de ser útil a um amplo grupo de pessoas de negócios cristãs, clero e educadores religiosos de todas as denominações quer ou não sua experiência coincida exatamente com a das pessoas aqui descritas. Nossas estruturas são generalizadas para transcenderem as denominações, assim como muitos norte-americanos estão eles mesmos construindo um sistema de crenças que se vale de múltiplas fontes.

Entre as perguntas-chave que fazemos estão as seguintes:

- A que o interesse espiritual de hoje diz respeito relativamente aos negócios?

- O que está sendo alegado?

- Por que possui tal tom?

- Existem comunalidades entre as muitas fontes de sabedoria que estão sendo representadas?

- Qual o papel potencial da Igreja nesse movimento?

- Como a Igreja lida com sua própria limitação de influência sobre as escolhas econômicas de um público religiosamente diversificado?

- Como certas atitudes clássicas em relação à cristandade fizeram com que alguns crentes entrassem em um beco sem saída em sua tentativa de serem bons cristãos e boas pessoas de negócios?

Algumas pessoas de negócios desejarão usar este livro como recurso particular para explorar suas próprias suposições sobre a integração de fé e trabalho. Alguns clérigos que tenham separado seu próprio papel gerencial de um verdadeiro senso de vocação também poderão considerar as estruturas úteis em papéis administrativos. Em última análise, entretanto, nossa meta é oferecer auxílio substantivo à igreja de modo geral – eclesiásticos e congregantes – para realizar *engajamento mútuo* nas questões de fé e trabalho. Para tal fim, criamos um guia de estudo detalhado para congregações e grupos de seminários. Ele oferece conselhos práticos para a criação das condições corretas para qualquer tipo de discussão entre clero e congregação e um programa de doze partes para a discussão e ação com base nas idéias deste livro. Ao seguir o programa sugerido, congregantes e seminaristas podem ser capazes de abordar aspectos desconfortáveis do relacionamento distanciado em conjunto. Ao fazê-lo, elaborarão uma nova voz para as dimensões religiosas da vida.

Breve Visão Geral do Livro

O terreno que abrangemos é marcantemente escasso em definições comuns. Buscas espirituais parecem estar em toda parte, mas não há duas pessoas com a mesma definição de espiritualidade. Assim, o significado de ser religioso tem sempre variado nos Estados Unidos, especialmente em termos de ação prática e estado de consciência durante o horário de expediente. Necessitamos esclarecer nossos próprios termos.

Após rever as muitas compreensões de espiritualidade atualmente em uso – incluindo as onze definições recentemente relatadas por Gallup em *The Next American Spirituality*[7] – definimos *espiritualidade* como acesso à força sagrada que impele a vida. Muito do novo movimento de espiritualidade diz respeito a esse processo de acesso, que (como muitos notaram) tende para uma forma de engajamento religioso personalizado e experiencial. Enfatizando a descoberta do ser interior e sagrado e a autodescoberta da conexão entre a força sagrada que impele a vida e nossa própria vida, a espiritualidade não é o mesmo que religião organizada. Na verdade, muitas pessoas são claras quanto a verem uma grande diferença entre as duas coisas.[8]

Os parâmetros de religião, em nossa opinião, incluem espiritualidade, mas também vão além das formas pessoais e experimentadas do transcendente. Por compreensão religiosa, queremos dizer três preocupações básicas:

1. As *narrativas-fonte* através das quais as pessoas explicam suas preocupações maiores e questões cosmológicas.

2. As *disciplinas,* os *rituais* e as *comunidades-fonte*, através das quais pessoas descobrem e mantêm contato com essas verdades e as aplicam à vida diária.

3. As *regras e práticas éticas* que acreditam ser exigidas por essas compreensões.

Alguns buscadores se sentem mais à vontade com uma estratégia de engajamento parcial. Selecionam cuidadosamente os métodos e o conteúdo de religião aqui descritos ao mesmo tempo em que proclamam uma profunda diferença entre quem são como pessoas espirituais no mundo real e aquilo que religiões específicas afirmam. Em nossa opinião, a espiritualidade não pode deixar de transbordar para religião em algum ponto, apesar da resistência da comunidade de negócios. Já podemos ver um mercado religiosamente espiritual em formação à medida que pessoas buscam formas anteriores de práticas e crenças cristãs e uma nova formação de comunidade religiosa através de Web sites, aulas de leitura da Bíblia para adultos e novas coleções de literatura. Ao mesmo tempo, as igrejas correm grande perigo de perder o bonde. Uma das verificações mais perturbadoras em nossas entrevistas foi a penetrante falta de consciência ou interesse entre eclesiásticos quanto ao quão profundamente anticapitalista a mensagem continua a ser entre muitos clérigos liberais e conservadores, não importa o quanto cultivem um forte relacionamento com membros de suas congregações. Sob tais condições, os seminários não estão criando novos cursos, e o sacerdócio não está atraindo pessoas que ofereçam uma voz e uma dimensão religiosa significativa a questões de negócios enfrentadas por suas próprias comunidades.

Assim, emerge um padrão autodestrutivo: as pessoas de negócios afastadas por afirmações econômicas sem sentido não têm qualquer confiança em investir em qualquer programa seminarista dirigido à economia para eclesiásticos ou leigos. Isso simplesmente reforça o isolamento da comunidade religiosa profissional e sua tendência a olhar apenas para outros acadêmicos e clero em busca de sinais de sucesso.

Na direita conservadora, pessoas de negócios apóiam novos esforços leigos mas carregam uma agenda de tal forma desposada que suas boas descobertas de cristandade catalisadora são destinadas a ser severamente limitadas em termos de disseminação por toda a corporação.

Em *God and Mammon in America*, Robert Wuthnow discutiu as muitas maneiras pelas quais a economia está formando a religião nos Estados Unidos. Baseado em pesquisas realizadas em 1992, seu livro em grande parte antecedeu o movimento pleno de negócios e espiritualidade, cuja explosão na década de 90 apenas confirmou a compreensão de Wuthnow de que há um importante relacionamento entre a vida econômica e as funções da igreja. Em *Igreja aos Domingos, Trabalho às Segundas*, retornamos mais uma vez ao tópico, não apenas para reforçar a necessidade de se repensar como igrejas estão abordando os negócios, como também para compreendermos onde são mais necessárias e poderiam melhor se encaixar com o aguçado interesse espiritual demonstrado por pessoas de negócios atualmente.

Compreender a natureza do novo interesse espiritual e a dinâmica das igrejas tradicionais relativamente a questões de negócios é crítico para a reentrada da igreja na arena do mercado. Nossa conclusão é que poucas faculdades de teologia ou congregações deram atenção séria aos muitos fatores aqui abordados e que deverão fazê-lo se o tipo de integração plena da dimensão religiosa que sugerimos como o Novo Caminho for ocorrer. A atual falta de comunicação é real, alarmante e inaceitável.

Igualmente perturbador é o grau em que líderes religiosos permitiram que uma atitude antinegócios influenciasse a sua própria negatividade em relação à responsabilidade de gerir a própria igreja. Organizações sem fins lucrativos baseadas na fé sofrem do mesmo mal. Existem muitos bons esforços atualmente para melhorar a gestão de igrejas, mas sem uma séria exploração das suposições subjacentes relativas ao relacionamento entre fé e gestão, esses programas são tristemente inadequados para suas metas.

Os negócios são uma preocupação central nos Estados Unidos, mas freqüentemente esquecemos que Calvin Coolidge* incluiu um adendo à sua famosa afirmação "O negócio dos Estados Unidos são

---

* N.T.: John Calvin Coolidge, 30º presidente dos Estados Unidos, governou por dois mandatos (1923-1929). Era um homem austero, reservado e de poucas palavras, a síntese do tradicional protestante norte-americano.

os negócios, *mas nós também queremos muito mais*". Como mostra a nova espiritualidade, esse "muito mais" possui todo o otimismo, toda a autodependência e todo o desejo de ser bom de uma época passada. Essas boas intenções precisam de sustento e exame rigoroso. Este livro desafia as igrejas a fazerem mais na manutenção de ambos.

Igreja aos Domingos, Trabalho às Segundas

Parte I

Em Mundos Separados

Explorando a Lacuna Entre Igreja e Negócios

1

A Espiritualidade Vai ao Trabalho, a Igreja se Afasta

Desconexões Religiosas nas Vidas de Negócios Norte-Americanas

Vejo muitas tensões entre minhas crenças cristãs e o que faço no trabalho e me sinto profundamente responsável por ser um "bom cristão" em minha vida diária. Mas meu pastor é a última pessoa com quem eu discutiria isso.
– *Pessoa de negócios protestante.*

"Não somos seres humanos tendo uma experiência espiritual, e sim seres espirituais tendo uma experiência humana." Assim o facilitador do *Covey Leadership Center* disse aos vinte e dois profissionais e pessoas de negócios sentados diante dele na primavera de 1997, citando o falecido padre jesuíta Pierre Teilhard de Chardin.

Estávamos nos primeiros minutos de um *workshop* de três dias sobre "liderança centrada em princípios", dedicado à melhoria de

---

Todas as epígrafes de abertura foram tiradas de entrevistas que realizamos com executivos e profissionais da igreja sobre o tópico de religião, negócios e o papel da igreja. Para mais informações sobre as nossas pesquisas, ver "Uma Nota Sobre Metodologia" no final do livro.

eficácia gerencial e organizacional. Durante o tempo que passamos juntos, o facilitador recitava toda a Oração a São Francisco de Assis, referiu-se várias vezes a suas experiências como ministro presbiteriano para a juventude, explicou como trazer amor ao local de trabalho, examinou o papel da consciência pessoal e descreveu em alguma profundidade a dimensão espiritual da vida relativamente ao físico, emocional e intelectual. No entanto, este seminário gerencial – e todo o trabalho do *Covey Leadership Center* – é explicitamente secular, não religioso. O gerente de relações públicas no escritório central da *Covey* em Provo, Utah, nos disse: "Não somos uma organização religiosa. Os princípios que ensinamos são universais e podem ser encontrados em praticamente todas as tradições, seculares e religiosas".

Não há qualquer dúvida a respeito: tem havido uma mudança de maré na maneira pela qual as pessoas de negócios estão abordando os problemas de negócios e de trabalho. A espiritualidade – seja como for definida – é hoje um recurso popular para necessidades de negócios, quer para centelhar a criatividade, quer para nos tornarmos pessoas melhores no trabalho. Acesse um mecanismo de busca para negócios e espiritualidade e mil e quinhentos Web sites provavelmente surgirão.

Os paradigmas áridos e hiper-racionais que por tanto tempo dominaram a tomada de decisões financeiras fracassaram em inspirar ou mesmo em servir adequadamente de fonte de inteligência não-racional, e em satisfazer a necessidade universal de significado pessoal – dinâmicas obviamente existentes abaixo da superfície de forças de mercado aparentemente impessoais. Programas de nova espiritualidade e seus gurus – como Covey, Deepak Chopra, Robert Greenleaf e outros – estão engajados em uma forte parceria com a comunidade de negócios, como evidenciado pela popularidade de seminários corporativos e a abundância de *best-sellers* orientados para a transformação das vidas de pessoas de negócios. Alguma forma de prática espiritual pode ser encontrada na maioria dos cenários de negócios atualmente: pessoas meditando nas suas mesas, buscando a fé para ajudá-las a manter o rumo em tempos difíceis, silenciosamente pedindo ajuda a anjos, demonstrando compaixão baseada em fé ou simplesmente procurando um estado de mente budista. Em mais de uma empresa, reuniões começam com o acender de uma vela para "focar" o grupo mentalmente e emocionalmente. Salas de escritório são reservadas para meditação e quietude. Empresas patrocinam retiros drásticos para executivos e distribuem diretrizes de bom senso para a vida holística.

Apesar de todo esse interesse espiritual, a cristandade tradicional não tem sido força notável na peregrinação da pessoa de negócios. A religião tradicional, parece, falhou em saciar o desejo de maneiras personalizadas e experienciais de conhecer Deus no trabalho diário.

Isso não quer dizer que pessoas de negócios não se considerem cristãs. Ironicamente, a maioria dos membros de igrejas em congregações tradicionais protestantes são pessoas de classe média que passam a maior parte de suas horas despertas em uma empresa ou são casadas com pessoas que trabalham em empresas. Estão buscando maneiras de viver suas crenças e seus valores cristãos no trabalho, assim como fazem em casa e na igreja. Mas quando se voltam para a igreja à procura de orientação, deparam-se com uma de duas respostas: clero indiferente à idéia ou que está loucamente interessado, mas não tem a menor idéia de como começar. Como descobrimos em nossas entrevistas, até mesmo cristãos profundamente fiéis nos negócios tendem a sentir uma forte desconexão entre sua experiência da igreja ou fé particular e as condições desafiadoras do espírito do local de trabalho:

• Um proeminente líder de negócios na casa dos sessenta anos, muito ativo em caridades católicas, pergunta: "Será que a Igreja não pode oferecer só um pouquinho mais de ajuda àqueles de nós que queremos ser bons católicos no trabalho?"

• Uma gerente protestante liberal na casa dos quarenta anos entra em um mosteiro episcopal para orar várias vezes por semana. Relata que essa prática lhe dá "foco espiritual". Ela está convencida de que isto a ajuda no trabalho, mas não consegue ser mais específica.

• Um engenheiro de computadores cristão-budista não é afiliado a qualquer igreja formal, mas participa de vários cultos e sessões de meditação ao redor da cidade. Ele leva sua espiritualidade muito a sério mas não deseja confiar sua orientação a qualquer autoridade do clero: "Eles têm boas intenções, mas não compreendem o mundo em que vivo. Não obtenho grande coisa da igreja."

• O dono de uma agência de seguros de porte médio organiza uma sessão mensal de oração e discussão na hora do almoço para um grupo de pessoas de negócios de diversas denominações cristãs. Acha que as sessões são um sacerdócio pessoal para "pessoas em dor, pessoas que podem querer fazer a coisa certa mas se sentem abandonadas e perdidas em seus locais de trabalho". Seu pastor é entusiasta em relação a esse esforço, mas jamais compareceu a uma sessão.

• Um contador quarentão repentinamente decide tirar um tempo para freqüentar uma faculdade de teologia. Embora jamais tivesse sido solicitado a mentir ou roubar no trabalho, sua empresa cultiva uma cultura ferrenhamente desumanizada. Não tem qualquer desejo de ser um pastor, mas deseja enriquecer sua compreensão de religião e teologia. Gostaria de se devotar a algum outro tipo de negócio com um diferente equilíbrio de valores e espera que a faculdade de teologia redesperte sua vida espiritual e o ajude a se preparar para a tarefa de aplicar sua fé cristã mais ativamente ao seu trabalho. Até aqui, ele ainda não viu a conexão.

Claramente, pessoas de negócios de fé estão buscando uma vida espiritual mais profunda e um maior grau de integração de fé e trabalho. Algumas estão em desespero profundo, estressadas por questões financeiras e familiares. Incapazes de acessar a paz interior que acreditam ser possível, lutam para recuperar suas almas. Outras têm experimentado sucesso financeiro mas estão insatisfeitas com a riqueza. Querem algo mais da vida do que um contracheque – tanto para si mesmas quanto para os menos afortunados que parecem estar abandonados ou mesmo maltratados pelo sistema econômico. Algumas pessoas estão horrorizadas por práticas de negócios antiéticas ou pela moralidade de seus líderes; desejam seguir um padrão mais elevado de conduta, uma que seja presumivelmente mais próxima a uma ética religiosa. Outras buscam comunidade, ou maior eficácia em suas vidas, ou ajuda para criar uma visão de liderança a partir daquela conexão enaltecedora com o divino que chamamos de inspiração.

Para os que freqüentam regularmente uma igreja e igualmente para os crentes não-praticantes, a maturidade de carreira não tem necessariamente trazido maturidade espiritual equivalente. Estes expressam sentimentos de desconexão radical entre cultos dominicais e atividades matutinas às segundas-feiras, descrevendo uma sensação de viver em dois mundos que jamais se tocam. Quando profundamente envolvidos em assuntos de negócios, desejam os cenários que, no passado, ocasionaram profunda fé espiritual e certeza quanto ao que é certo de um ponto de vista religioso. Mas quando se retiram para um estado de espírito abertamente sagrado, são incapazes de ver um meio para realizar as metas do mundo real que consideram importantes. O mundo mutante dos negócios suscita problemas que sua criação religiosa jamais abordou.

A divisão suscita consideráveis incertezas psicológicas e morais. Os buscadores espirituais educadamente descartam a igreja impedindo que interfira em suas vidas e têm reservas quanto à sua capacidade de oferecer conselhos práticos. Lutam com como poderão realizar, articular e simbolizar espiritualidade cristã em um contexto social secular. Disfarçar a fé não parece autêntico, mas exibi-la abertamente poderá provocar conflito ou acusações de ser inapropriado. À medida que pessoas de negócios lutam com esses problemas, raramente se voltam para a igreja em busca de ajuda. Como ouvimos na epígrafe que abre este capítulo, as palavras de um executivo são ecoadas por muitos outros: "Vejo muitas tensões entre minhas crenças cristãs e aquilo que faço no trabalho, e me sinto profundamente responsável por ser um 'bom cristão' em minha vida diária. Mas meu pastor é a última pessoa com quem eu discutiria isso."

Apesar de sua afeição por muitos aspectos de sua igreja, esse homem tomou seu desenvolvimento espiritual em suas próprias mãos.[1] Ele acha que fazer de outra forma provocaria um conflito com seu pastor que seria extremamente doloroso para ambos. Ao fazer sua escolha, ele se isola da possibilidade de apoiar plenamente a igreja e de por ela ser apoiado. É muito mais fácil inserir a espiritualidade secular com suas alegações conferidoras de *empowerment* de ser capaz de evocar muitos dos estados de consciência associados à religião: pico de experiência, "fluxo", um quadro transformacional de consciência, bem-estar emocional e físico e novas habilidades cognitivas.

Por muitas razões (que exploramos em capítulos posteriores), os eclesiásticos têm em grande parte tido dificuldades em adotar tal relacionamento apoiador à atividade centrada em negócios. Sua relutância, por mais que seja justificada por seus próprios termos teológicos, pode estar longe da importância principal do movimento de negócios e espiritualidade: não é a ética impiedosa da ganância executiva a principal concorrente da igreja na luta pelas almas das pessoas; é o novo movimento de espiritualidade nos negócios que se afirmou com grande vigor.

Inventando pelo Caminho

A surpreendente força com a qual o conceito atingiu as pessoas de negócios na década de 90 fez com que muitos norte-americanos revisassem sua compreensão do trabalho, do desempenho e da boa vida. Esfomeados por significado e ávidos por novas fontes de poder em suas vidas de trabalho, não se dispõem a continuar com fome. Atualmente, quer refesteladas em riqueza repentina ou feridas por novos concorrentes, pessoas de negócios buscam ativamente novas pistas e paradigmas mentais para solucionar as assustadoras incertezas e o significado da economia cibernética global. Em meio a essa busca, são principalmente atraídas à espiritualidade em suas muitas formas, em busca de autoconscientização, significado, bondade moral e eficácia em suas atividades vocacionais.

Com extraordinária determinação, pessoas de negócios estão inventando pelo caminho, valendo-se de autoridades fora de sua tradição religiosa e esperando um salto cognitivo de fé entre essas estruturas e suas crenças religiosas. Usam palavras em código para lidar com a distância: denominando-se espirituais mas não religiosas, ou citando sua afiliação denominacional, mas dizendo que deveria ser separada de suas vidas de trabalho. Subjacente a esse fenômeno está a nova mesclagem de vida doméstica e de trabalho que forma a realidade da maioria dos trabalhadores norte-americanos de hoje. As cosmologias sociais que marcaram os primórdios da igreja desabaram em termos de gênero, raça e hierarquias vocacionais. Os norte-americanos atualmente entretêm a possibilidade de experiência religiosa holística e personalizada em todas as áreas da vida. Para muitos, essa não é uma meta religiosa menor; *é* religião – e em uma forma que tem significado nos assuntos diários.

Onde Está o Clero?

Mesmo quando clero, congregantes e a população de negócios em geral detêm as mesmas preocupações quanto aos desafios da vida econômica, não conseguem compartilhar essas preocupações uns com os outros. Em vez disso, mantêm um relacionamento educado mas distanciado. Congregantes nos negócios que disseram se sentir muito próximos a seus pastores em questões de família, bem-estar pessoal ou alcance comunitário nos contaram uma história diferente quando se tratava de seu papel como pessoas de negócios. Aqui, freqüentemente se sentiam ignorados, desprezados ou simplesmente além da compreensão e da experiência da maioria do clero.

O comentário de um homem é bastante representativo: "Você tem que esperar que os clérigos o censurem um pouco. Do contrário, por que iria à igreja? Para que lhe digam que está fazendo tudo certo? Mas quando você ouve essas coisas, é totalmente fora de propósito. Eles não compreendem o que as empresas fazem. É desalentador!"

Tais sentimentos são trágico instantâneo da extrema sensação de separação que muitas pessoas de negócios sentem com relação à autoridade moral e ao sustento pessoal da igreja. O ceticismo quanto às formas mais comercializadas ou cooptivas de orientação espiritual pode muito bem ser justificado; mas sua resposta freqüentemente descartadora do desejo otimista do leigo de integrar fé e carreira não é. Na verdade, essa atitude pode ser o maior ato de automarginalização no qual as principais igrejas tradicionais já se engajaram.[2]

Por que a igreja fracassou em desenvolver uma resposta engajadora ao interesse em espiritualidade exibido por pessoas de negócios? O que está impedindo a integração ativa de princípios cristãos e consciência religiosa nas vidas das pessoas de negócios, no local de trabalho além de em casa e na comunidade?

Muitos dos eclesiásticos que entrevistamos não perceberam o quão profundamente estavam distanciados dos dilemas econômicos práticos nem por que a igreja não era uma influência mais significativa sobre a cultura dos negócios. Fortes em seu desgosto com o falso deus do mercado, não viam sua própria participação no afastamento da igreja de partes significativas na comunidade leiga cristã.

Na verdade, muitos clérigos relataram que se sentiam ignorados ou simplesmente impotentes para terem um impacto significativo sobre pessoas de negócios, mas não sabiam por quê. Supunham, por exemplo, que pessoas de negócios eram simplesmente gananciosas demais ou indiferentes demais para se preocuparem com verdadeiras questões espirituais e que a predominância de uma mentalidade de mercado na sociedade estava simplesmente sobrepujando seus rebanhos.

Há muito já se foram os dias na cidade medieval e da *Bible Commonwealth* de Massachusetts antiga, quando as igrejas estavam intimamente envolvidas na regulamentação do estado e da economia. O que resta é uma fome espiritual e a busca por enraizamento, significado e um senso de equilíbrio e perspectiva. Quer essa busca tome a forma de liquidação para levar uma vida mais simples ou engajamento em empolgantes novas transformações das bases dos negócios, a igreja tem a oportunidade para formar a busca.

Está claro que necessitamos desesperadamente de novas estratégias e paradigmas para pensarmos sobre a cristandade no trabalho. Nossa meta neste livro é a de tentar compreender as áreas fundamentais nas quais a igreja está deixando de se engajar. Primeiro, no entanto, precisamos olhar para o contexto desses problemas: os fatores sociais e econômicos que subjazem a atual obsessão com espiritualidade no local de trabalho, as necessidades sentidas e cristãos nos negócios hoje, e como a nova espiritualidade responde a essas necessidades de uma forma pela qual a cristandade tradicional atualmente não faz.

As Fundações Socioeconômicas da Nova Espiritualidade

Os negócios nos Estados Unidos têm sempre tendido a estruturar suas visões religiosas em torno de suas preocupações econômicas. A comunidade dos negócios tem aproveitado a nova espiritualidade em decorrência de um idealismo essencialmente pragmático em face das novas tendências sociais e econômicas. Acreditamos que seis principais realidades têm especialmente influenciado a forma dos programas da nova espiritualidade e os termos nos quais basearam seu amplo apelo popular: (1) a geração pós-guerra; (2) a economia global; (3) o crescente estresse relacionado ao trabalho; (4) os novos conceitos científicos; (5) os paradigmas pós-modernos e (6) o surgimento do guru de negócios.

A Geração Pós-Guerra Atinge a Maioridade

Essa geração tremendamente influente, a geração pós-guerra – nascida entre 1946 e 1964 – está agora ocupando papéis de liderança em corporações e domina a população de negócios. Alcançou um estágio na vida no qual a sensação de que o trabalho deve ser algo mais do que um contracheque está se tornando premente. Como têm feito por todas as suas vidas, essas pessoas estão produzindo um importante impacto social.

Essa geração valoriza grandemente o individualismo, o igualitarismo, a auto-expressão, a realização pessoal, o anti-autoritarismo, a diversidade, a tolerância e o pensamento holístico. Os novos programas enquadram preocupações espirituais não só para enfatizar todos esses valores mas também para sugerir formas de usá-los para derrubar técnicas ultrapassadas para o sucesso nos negócios e formatos excludentes, não-experienciais para o interesse religioso. Como afirma o futurista autor de *best-sellers* Kevin Kelly, devemos esperar uma economia na qual todas as regras normais serão viradas de cabeça para baixo.[3]

O Surgimento da Economia Global

O novo ambiente econômico global criou a plataforma perfeita para afirmar que os valores da geração pós-guerra não são apenas compatíveis com o sucesso econômico; são *essenciais*. O globalismo exige tolerância, abertura para a inovação e uma capacidade intuitiva para a rápida adaptação a problemas administrativos imprevistos – uma chamada para uma mentalidade totalmente nova no mercado. Soluções do tipo receita de bolo advindas de uma tradição anglo-ocidental simplesmente não servem. Essa atitude se estendeu ao descarte de formas autoritárias de cristandade como transmitidas pelas igrejas tradicionais.

Do ponto de vista econômico e tecnológico, a crescente conectividade global é essencial para o sucesso nos negócios e o globalismo oferece uma nova e empolgante escala de oportunidades para conexão.

Conexões cognitivas entre mente, espírito e corpo – incluindo o bem-estar psicológico – são intensificadas pela capacidade de utilizar múltiplas formas de saber, múltiplas tradições religiosas e múltiplas conexões culturais. O globalismo também faz parte da necessidade por uma comunidade e ética mais fortes nos negócios e oferece um novo modelo para a conexão social que não depende da grande instituição já objeto de desconfiança.

Crescente Sensação de Estresse Psicológico no Trabalho

O ritmo dos negócios cresce cada vez mais rápido, torna-se cada vez mais inconstante e multidirecional. Novas tecnologias e novas fontes de produção do exterior ameaçam constantemente produtos e mercados existentes; novos e instáveis mercados financeiros, fusões constantes, *benchmarks* excessivamente elevados para remuneração, famílias com dias, carreiras e valores sociais mutantes acrescem a incerteza quanto a valor pessoal. A espiritualidade oferece uma nova esperança de acessar soluções alternativas para problemas que não se mostraram tratáveis por uma abordagem de puro Iluminismo científico. Entrementes, o romantismo e a psicologização no movimento da espiritualidade ajudam a aliviar o estresse ao menos temporariamente, mesmo que não ajudem a solucionar o problema dos negócios.

Embora os programas da nova espiritualidade nem sempre definam espiritualidade, sabem quando está "bloqueada"; baixo moral, baixas produtividade e criatividade e falta de trabalho em equipe são sinais certos de desequilíbrio espiritual. A espiritualidade promete tanto a exaltada cura interior quanto uma conexão sem costuras à eficácia nos negócios.

A Ciência Oferece Novos e Múltiplos Paradigmas

As pessoas ressonam mediante afirmações de que necessitam de "novas ferramentas" para ajudá-las a dominar as muitas e desafiadoras inovações tecnológicas e sociais da atualidade. Novos paradigmas da ciência sugerem que abordagens intuitivas e sistêmicas trazem em seu bojo uma poderosa capacidade para a solução de problemas (uma abordagem que Carl Sagan depreciadoramente denominou "a fuga da razão"). Esses novos paradigmas mentais – que começam com conceitos tais como a teoria do caos, a física quântica e a genética – são especialmente atraentes em sua capacidade de modelar, senão prever, o incontrolável. Os fractais (os padrões elementares que criam ordem quando iterados milhões de vezes) oferecem a uma população que se sente cada vez mais desencontrada e caótica um paradigma profundamente reconfortante. Há ordem nesse caos, uma ordem que pode ser acessada. Nesse novo paradigma, a ciência linear não é abandonada e sim reconectada aos poderes não-racionais, elementais e associativos do cérebro.

Paradigmas Pós-Modernos e Experimentação Religiosa

Em seu cerne, o pensamento pós-moderno abandona a antiga ciência de supor uma resposta correta em favor de múltiplas maneiras simultaneamente entretidas do saber. No passado, a crença religiosa pode ter implicado o abandono da razão (a estrutura de "duas culturas" de C. P. Snow). Atualmente, muitas pessoas sentem-se bastante à vontade com a idéia de que tanto a ciência quanto a religião contêm uma verdade e que inteligências múltiplas e múltiplas interpretações não só são possíveis, são essenciais. A pessoa espiritual de hoje sabe que tanto o Eclesiastes quanto a teoria do caos descrevem de forma plausível o aspecto rítmico das estações. A nova mescla de ciência e religião no movimento da espiritualidade, sua associação de progresso e do sacro, estabelece um formato religioso especialmente congenial para a mente pós-moderna.

Quadros de referência múltiplos, em última análise relativistas, se encaixam bem em um ambiente econômico marcado pela incerteza e pela necessidade de rápida adaptação. Também se encaixam bem no pluralismo, na inovação e no comportamento quero-tudo essenciais da geração pós-guerra. O pós-modernismo convida indivíduos a experimentarem múltiplas visões de mundo e mesmo múltiplas identidades, a serem trocadas à vontade como um novo par de sapatos.

O Surgimento do Guru de Negócios

As últimas décadas têm testemunhado um crescimento drástico no uso de consultores (especialistas do conhecimento) pelas corporações. Entre 1987 (o *crack* da bolsa dos EUA, a era dos abusos de informações privilegiadas e outros escândalos) e 1992, corporações dos EUA dobraram seus gastos com consultores, da ordem de US$14 bilhões anuais. Em uma estimativa, mais de trinta e um mil gurus hoje alardeiam seus produtos no mercado.[4]

Suas palavras de ordem sugerem um foco mutante ao longo do tempo. No início dos anos 80, a maioria dos especialistas aconselhava sobre "ciência da gestão"; mas pessoas como Tom Peters, Robert Waterman e James McGregor Burns estavam, nos anos 70, promovendo a necessidade de "toda uma nova mentalidade corporativa", "transformação" e "sinergia". No fim na década de 80, vários *best-sellers* de negócios adotaram o tema intuitivo para transformar a gestão de ciência em uma "arte" que exigia não só pragmatismo como também paixão. Logo, o setor do conhecimento de negócios cindiu-se em dois campos, cada um conferindo *status* de celebridade a seus destacados especialistas autores de *best-sellers*. O crescente interesse em gurus de negócios com conhecimentos de espiritualidade se iniciou justamente no momento em que a cultura dos gurus da consultoria corporativa especializados em dinâmica organizacional sinérgica estava decolando no início dos anos 90. (Sobre este último assunto, ver Peter Senge, Gary Hamel e Rosabeth Moss Kanter.) Os temas se uniram nos muitos livros sobre a "alma" de um empreendimento de negócios.

Contornos da Busca Espiritual de Hoje

Embora essas tendências tenham contribuído para a espiritualidade de hoje do local de trabalho, a adaptação da religião para fins de negócios não é novidade. O *Poor Richard* de Benjamin Franklin* reempacotou o Calvinismo e o aplicou ao sucesso nos negócios.

---

* N.T.: O cientista, escritor, inventor, gráfico, estadista e economista Benjamin Franklin escreveu os volumes do *Poor Richard´s Almanack*, em que o autor, supostamente o "Poor Richard", divulgava máximas e ditados propalando a crença protestante.

Charles Dickens e o reverendo Horatio Alger criaram narrativas seculares de jovens rapazes adotando a disciplina protestante, bons hábitos pessoais, companheirismo e ambição para melhorias terrenas. O *Poder do Pensamento Positivo* do reverendo Norman Vincent Peale foi descendente direto desse tipo de popularização.

Em cada uma dessas obras, algum ordenamento divino das condições para o sucesso terreno era acessado através de qualidades de caráter e piedade. O movimento de hoje mais uma vez acoplou o desejo pelo sucesso com o desejo de levar uma vida boa e significativa. Os rótulos e o conteúdo, no entanto, mudaram radicalmente. As autoridades das principais igrejas tradicionais geralmente não representam esse acoplamento. A espiritualidade personalizada e secular o faz.

Espiritualidade Secular

A assim chamada espiritualidade secular dos dias de hoje não diz respeito a secularismo no sentido normal da palavra (significando pensamento científico moderno e racional), e sim a uma espiritualidade que não é governada pela elite eclesiástica de uma tradição religiosa judeu-cristã confissional.[5] *Espiritualidade secular* é um termo usado pelo Dalai Lama, por exemplo, para descrever práticas e crenças generalizadas budistas que são acessíveis a todas as pessoas, sem a estrita ordem religiosa do budismo tibetano em sua forma institucional. Na verdade, a espiritualidade de hoje é igualmente encontrada no místico e no mundano, no científico e no irracional, no terapêutico e no pedagógico, no pessoal e no universal.

Muitos programas de espiritualidade advogam explicitamente a importância de se ter uma religião pessoal desenvolvida, mas se abstêm de endossar um dogma ou posicionamento teístico específico. Poucos dos programas populares se aliam a qualquer instituição eclesiástica.

Essencialmente, os novos programas seculares estão apresentando alternativas espirituais à igreja, mas não necessariamente à fé das pessoas. A participação de cristãos não-conservadores é significativa. Muitos relatam que esses novos livros e seminários os ajudam a fazer conexões entre seus sistemas de crença e aquilo que fazem no trabalho. Um entrevistado episcopal disse:

> Minha empresa nos fez participar de um *workshop* de liderança realizado fora de sede, dirigido por uma pessoa que estava basicamente ensinando *Covey*. E passamos por muitos exercícios espirituais, compartilhamos histórias sobre alguns de nossos momentos mais difíceis no trabalho, nossos sonhos, você sabe, esse tipo de coisa. Não vi isso como sendo anticristão. Apenas fez muito sentido sobre como poderia ser mais forte quanto a me trazer inteiro para minha vida, incluindo a de trabalho. Se estou mais equilibrado e consciente de minhas prioridades, se posso me valer daquele eu interior, posso ser melhor cristão quando as coisas enlouquecem no trabalho.

Os programas de espiritualidade secular não excluem explicitamente cristãos ou ateus, desde que apóiem valores humanísticos. Na verdade, objetivam a *todos* e, em muitos casos, *tudo*. Diz um devoto da nova espiritualidade que trabalha no mercado imobiliário: "As pessoas de negócios têm que se conscientizar de que essa coisa espiritual é a chave. Quero dizer, elas têm que saber como se trazerem inteiras para o mercado. Isso vai transformar os negócios."

O que Querem Dizer com Espiritualidade?

Em sua essência, todos esses programas parecem entender a espiritualidade como um acesso à força sagrada que impele a vida. Quer estejam falando de criatividade, força interior, identidade essencial, código da alma ou lógica sistêmica na natureza, esses programas buscam aumentar a consciência pessoal de forças criativas e geradoras da vida que inspiram espanto, reverência e extraordinário poder. Inversamente, implicam uma oposição moral/religiosa a hábitos, estados mentais ou ações de negócios destruidores de vida.

Um cristão conservador ou tradicional poderá imediatamente se voltar para o credo de Nicéia para nomear essa força e objetar quanto à sugestão de qualquer outro nome. Mas o perfil religioso geral dos norte-americanos é mais eclético e sincrético em sua compreensão religiosa. Um grande número dos que abraçam partes dos programas da espiritualidade não tem qualquer problema com a natureza vaga dos termos; ela os permite customizar as novas mensagens espirituais para suas próprias crenças mais profundas. Na verdade, muitos enfatizam que sua espiritualidade não é a mesma coisa que sua religião. Ela opera em um nível diferente.

A maioria dos programas de espiritualidade nos negócios procura evitar controvérsias sectárias. Refletindo o significado-raiz da palavra latina para respiração, ou sopro de vida (*spiritus*), a espiritualidade é freqüentemente considerada como significando o cerne essencial da vida, intensa consciência de estar vivo ou a faculdade da intuição.[6] Alguns autores associam espiritualidade a conceitos religiosos como o Espírito Santo; outros não identificam sua origem. Stephen Covey define espiritualidade como "sua essência, seu centro, seu compromisso com seu sistema de valores. É uma área muito privada de sua vida e de suprema importância. Ela se vale das fontes que o inspiram e elevam e o unem às verdades atemporais de toda a humanidade".[7] Peter Block, em *Stewardship: Choosing Service over Self-Interest*, diz: "Espiritualidade é o processo de viver um conjunto de valores pessoais profundamente arraigados, de honrar forças ou uma presença maior que nós mesmos. Ela expressa nosso desejo de encontrar significado em, e tratar como oferenda, aquilo que fazemos. ...Há em cada um de nós um desejo de investir nossas energias em coisas que têm importância."[8]

A definição de Block é mais precisa do que a maioria. Reflete vários temas que entremeiam todo o movimento da espiritualidade e trabalho: o ser interior, forças maiores do que o indivíduo e uma busca por significado no que fazemos na vida diária, incluindo atos de benevolência ou momentos de sucesso.

Mas não duvide: nenhum desses programas defende o hedonismo irrefreado, o puro egoísmo, o materialismo excessivo, a adoração do diabo ou qualquer um dos estereótipos negativos lançados contra eles por seus críticos. Até mesmo os mais ostensivos títulos de prosperidade no mercado evangélico acabam por falar da prosperidade e das "verdadeiras riquezas da vida", e se baseiam em devoção e em ajudar outros a resolver seus problemas. Nenhum deles, no entanto, tenta replicar uma ética de total desprendimento, sofrimento e sacrifício tal como se pode encontrar em algumas teologias tradicionais cristãs modeladas em um Jesus sofredor.

Nossa definição básica da nova espiritualidade como acesso à força sagrada que impele a vida nos ajuda a compreender o conteúdo, a finalidade e as medições de sucesso nos programas correntes. Conexão ao sagrado é essencial, como também o é conexão aos padrões ou poderes que impelem atos criativos. Isso é verdadeiro no nível pessoal além de no organizacional. Acesso espiritual diz respeito à consciência e experiência do sagrado, não a impor uma posição política ou associação a uma instituição religiosa. Assim também é medido em resultados afirmadores da vida: paz de espírito, uma organização com *empowerment*, relações comunitárias mais fortes, criatividade, novos produtos, um balanço anual lucrativo. Mesmo a medida mais óbvia do sucesso – se o programa ou livros de espiritualidade consegue entreter e estimular o público que foi contratado para "treinar" – é em si uma idéia positiva e afirmadora. Um livro é oferecido como ato de amizade, não como imposição de dogma. Uma corporação patrocina um programa não só para melhorar desempenho, mas também para afirmar que valoriza o "eu interior" do funcionário.

Por que Espiritualidade?
Quatro Necessidades Sentidas

Como sugere nossa definição geral de espiritualidade, esse movimento é expressão contemporânea de preocupações antigas e comuns quanto à natureza e ao propósito da vida, de transcendência; aos princípios universais, ao bem-estar material e ao propósito moral da forma pela qual todos esses se manifestam na vida prática.

Mas por que essa forma em particular? Exatamente sobre o que há toda essa empolgação? Mesmo que os peregrinos de hoje estejam embarcando por caminhos largamente diversos para a consciência religiosa, e entrevistados tenham descrito diferentes padrões de integração, um núcleo de insatisfação e formas de retorno esperado forma suas idéias quanto à natureza da espiritualidade e àquilo que deve abordar em suas vidas. Muitos desejam salvar suas almas dos falsos valores e da desumanização da cultura dos negócios. Todos se voltam para a espiritualidade como meio de serem mais eficazes. Chamamos esse núcleo de "as quatro necessidades sentidas", que formam metas relacionadas, porém distintas, na busca espiritual da pessoa de negócios:[9]

1. Consciência emergente do eu sagrado (alma).

2. Harmonia com uma ordem superior (equilíbrio).

3. Conexão com comunidade (comunidade sagrada).

4. Moralidade religiosa consistente (ética cristã nos negócios).

Nem toda pessoa de negócios ou corporação pesa todos os quatro tipos de foco espiritual igualmente, e assim nenhuma única tensão econômica impulsiona a busca espiritual. Exemplos mais leves do novo movimento freqüentemente falham, não apenas por intelectualismo, mas porque subestimaram uma das quatro necessidades, em termos de acesso ou de aplicação. Por exemplo, muitos dos programas do tipo sinta-se bem sobre a auto-estima logo perdem força espiritual por deixarem de abordar a comunidade ou os aspectos éticos da busca espiritual de hoje. Programas sóbrios e éticos podem não possuir poder necessário por negligenciarem o cultivo da conexão entre ética e engajamento pessoal em ética, para o que é necessário desenvolver conhecimento do eu sagrado e conexão com comunidade.

O isolamento dos quatro elementos subjacentes pode ajudar clero e pessoas de negócios a localizarem conceitualmente todos os aspectos díspares do movimento da espiritualidade enquanto circunavegam o universo espiritual da fé e do trabalho.

Consciência Emergente do Eu Sagrado (Alma)

Nenhum anseio parece ser mais difundido do que a busca pela recuperação da significância pessoal. À medida que empregos, casamentos e identidades mudam com a velocidade de uma cibermensagem, as pessoas experimentam uma extrema fragmentação de identidade. A elas é dito que têm que "se reinventar". A mídia, cujo sangue vital é a novidade, bombardeia as pessoas com novos produtos para mudar sua imagem. Empresas celebram modelos de resistência e atividade dignas de super-heróis. O efeito é implacável sobre o valor e a identidade próprios. Como um homem nos disse: "Tenho esses chapéus diferentes que uso, e cada um deles me diz para fazer algo diferente. Quando se envolve no trabalho, você pode se ver como estranho a você mesmo. De repente, você quer apenas encontrar o 'verdadeiro eu'."

Como esse homem, muitos buscam alívio da confusão reconectando-se ao que variadamente denominam seus "eus" interiores, "eus" autênticos, espíritos interiores ou almas. As pessoas sentem que perderam suas almas apesar do sucesso material, ou como resultado de estresse e fracasso nos negócios. Na verdade, um livro recente explicitou a conexão de forma bastante clara em seu título: *Losing Your Job – Reclaiming Your Soul: Stories of Resilience, Renewal and Hope* (Perdendo seu Emprego – Retomando sua Alma: Histórias de Resiliência, Renovação e Esperança). Como indica a linguagem sentimental, tal busca envolve coração *e* mente; ela deve ser emotiva e esperta para ser autêntica.

A conexão ao "eu" verdadeiro é especialmente problemática na cultura corporativa atual, que envia sinais altamente ambíguos ou contraditórios sobre identidade. Henry Ford se lamentava dizendo que tudo que queria era um par de mãos e em vez disso recebeu uma pessoa inteiramente nova. Mas, pelo menos aquele par de mãos podia ir para casa à noite e deixar o emprego de lado para se tornar uma pessoa real. Espera-se dos trabalhadores de hoje que tragam seus "eus inteiros" para o trabalho, que sejam "tudo aquilo que podem ser", que "pensem fora da caixa", que se valham de sua criatividade para a solução de problemas. É pedir muito. Descrentes à luz dos fracassos do raciocínio do iluminista, mas incertos quanto a quem é o eu verdadeiro, buscam desesperadamente por novas ferramentas.

O movimento da espiritualidade procura oferecer essas ferramentas. A maioria dos novos programas vende a crença otimista de que acessar nossa espiritualidade permite acesso a um "poder interior" inspirador e adaptável no trabalho. O *empowerment*, na verdade, é uma característica importante da busca por alma da pessoa de negócios, um novo tipo de compulsão protestante por melhoria e eficácia pessoais. Também, como as formas mais antigas de protestantismo, esse poder é suspeito de ser intimamente ligado ao nosso relacionamento com o divino, reminescente das idéias cristãs de vocação, ou de devoção secular.

A realidade, no entanto, pode ser menos recompensadora. Como observa Richard Sennett em *The Corrosion of Character*, a mensagem corporativa de *empowerment* freqüentemente ocorre dentro de parâmetros altamente controlados. Gerentes "com *empowerment*" podem na verdade ser impotentes para evitar uma ação que ameace diretamente o desempenho de seus grupos – uma demissão, uma retração ou uma fusão – apesar de repetidas demandas da empresa no sentido de que exerçam responsabilidade pessoal. Ser você mesmo, urgem, pode ter efeito de *des*empowerment do ponto de vista de carreira quando conflita com as metas daqueles no topo da corporação.

Esses sinais confusos quanto à identidade e a autovalor estão por toda parte nos negócios. Até mesmo uma questão aparentemente trivial, como espaço de escritórios, se torna fonte autocontraditória de autodefinição. Trabalhadores de hoje, por exemplo, são prováveis de ter seu próprio espaço de trabalho separado por paredes ou divisórias ou então localizados em suas residências, um arranjo que é freqüentemente alegado ser representação de uma maior valorização de individualidade e autonomia. Na verdade, no entanto, funcionários podem ser proibidos de exercer escolhas pessoais ou auto-expressão na decoração das paredes de seus cubículos e serem obrigados a estar disponíveis "vinte e quatro por sete", sem tempo para atividades pessoais. De forma semelhante, programas de desenvolvimento pessoal que parecem encorajar um "eu" novo e autêntico podem se mostrar altamente repressores daquele "eu" se aquele "eu" gosta de fumar ou comer demais – ou rezar no local de trabalho.

Em suma, o trabalhador está preso em um estonteante ciclo de encorajamento e negação do seu "eu" autêntico. Um mundo de tal forma dominado por ilusão e contradição incentiva a desilusão. Funcionários aprendem a disfarçar o "verdadeiro eu" até mesmo de si mesmos. Condições implacáveis de concorrência os aprisionam em um modo que não se encaixa em sua compreensão do que significa ser objeto incondicional do amor de Deus.

Tal confusão apenas centelha um interesse espiritual ainda mais profundo: quanto maior a percepção de inadequação pessoal, mais intensa a busca para recuperar o sentido do pessoal sagrado. Essa recuperação, entretanto, vê conexão com o "eu" como exercício não de autonegação (como gostariam de acreditar alguns místicos religiosos) e sim com o valor muito protestante de automelhoria. Até mesmo exercícios budistas que visam à perda do "eu" se transformam em técnica para amealhar poder pessoal. Qualquer que seja o teologismo, a necessidade sentida é de um outro "eu" mais valioso, mais interessante, mais eficaz, mais próximo à imortalidade – um "eu" mais feliz do que aquele que acompanha os números.

Outros embarcam na espiritualidade para fins de autodescobrimento, achando que devem cultivar um melhor senso daquilo a que uma vida significativa e identidade dizem respeito. Disse um entrevistado: "Os momentos melhores no trabalho, quando realmente sinto que estou vivendo uma vocação para os negócios, são quando estou em uma situação que acabou bem e eu genuinamente colaborei para esse resultado por ter-me doado."

Mais uma vez, geralmente se espera que essa meta seja compatível com continuar a trabalhar em um cenário de geração de lucros. Na década de 60, a fórmula para a auto-expressão era "ligue-se, sintonize-se e caia fora". Hoje, a fórmula espiritual é mais provável ser "ligue-se, sintonize-se, e ligue-se, ligue-se, ligue-se..." Como nos disse um homem: "Passei dez anos obcecadamente perseguindo o sucesso em minha empresa, e o tempo todo sentia que eu era uma boa pessoa. Mas, cada vez mais, sinto-me apenas vazio." Aqueles que efetivamente tiram uma folga são prováveis de fazê-lo em momentos cuidadosamente circunscritos, freqüentemente apenas para pular de volta para a pugna econômica sem diferimento espiritual.[10]

Embora programas de espiritualidade descrevam a essência do "eu" como sagrada, essa busca pelo "eu sagrado" tende a ser apenas pouco associada à religião. Mais provavelmente, esse tipo de espiritualidade é reconhecido em sensações de auto-expressão e na felicidade e realização no trabalho (daí a fácil troca do interesse espiritual pelo interesse nos segredos do sucesso). Um entrevistado observou: "Apenas sinto que deveria estar fazendo alguma coisa que desse mais satisfação pessoal no trabalho. Creio que Deus dá a cada pessoa um talento singular e que o meu talento são os negócios. Mas da maneira que os negócios estão hoje, é demais. Quero encontrar um meio de estar nos negócios sem perder o senso de que estou realmente contribuindo para algo". De modo geral, tais pessoas não estão buscando descobrir o sagrado em um "eu" totalmente independente de Deus. Longe disso. Muitos entrevistados ligaram seu senso de auto-expressão e de contribuição pessoal no trabalho à sua crença no amor de Deus para com cada indivíduo, o Deus de sua crença cristã. Nem todos achavam que Deus tinha um plano para servir a Seus propósitos através de suas vidas nos negócios, mas muitos haviam experimentado algum senso do apoio ou da presença de Deus, por mais indireto que fosse, em momentos ocasionais de suas carreiras. Na verdade, Gallup relatou que mais de 45% dos entrevistados que eram religiosos afirmavam ter alguma consciência de Deus no trabalho. A necessidade sentida é para o *despertar* desses momentos pontuados de transcendência com mais freqüência.

Três metas são importantes aqui: experimentar o sagrado pessoal da conexão com Deus, desenvolver uma compreensão da natureza da condição humana e encontrar meios práticos para aplicar tal conhecimento. Um entrevistado aludiu a essa combinação ao dizer que se sentia particularmente importante não se tornar "uma pessoa menor" à medida que crescia em seu papel corporativo. Tais anseios se mostram em grupos de oração e programas de espiritualidade em práticas e leituras que afirmam indivíduos com respeito à parte mais profunda de seu ser, para além do tempo.

Harmonia com Uma Ordem Superior (Equilíbrio)

Se a busca atual por espiritualidade é experiencial e individualista, não é inteiramente egocêntrica, apesar da forte participação da "geração eu". A espiritualidade de hoje deriva muito de sua energia de uma convicção de que tudo tem o seu lugar em uma ordem superior à circunscrita pelo "eu". Essa ordem apresenta um padrão para harmonia, crescimento, eficácia e finalidade última. Certas idéias, como a de serviço ou de harmonia cósmica, constituem a mediação espiritual. O influente livro de gerência de Robert Greenleaf, *Spiritual Leadership*, utiliza a idéia de serviço, modelada na vida de Jesus, como pedra fundamental da produtividade econômica e da liderança pessoal.[11] Espiritualidade diz respeito a descobrir essa harmonia e o alinhamento com ela. Os termos mais freqüentemente utilizados são "perspectiva" e "equilíbrio".

Embora as cosmologias variem largamente – da nova ciência a metódicas disciplinas religiosas para a vida –, a discussão prática da harmonia sagrada geralmente se resume na busca por ordem (mesmo no caos), holismo e integridade ecológica. Um programa tentou expressar todos os três em seu título *"The Three D's to Spirituality: Diet, Discipline and Deity"* (Os Três D's para a Espiritualidade: Dieta, Disciplina e Deidade).

A perda de perspectiva espiritual é o desequilíbrio. Assume muitas formas: carreirismo extremado, dependência excessiva na capacidade humana de controlar o universo, metas estreitas, comercialismo crasso, visões de curto prazo que levam à destruição de recursos naturais, a autoconfiança do sucesso, o desespero do fracasso. A recuperação da perspectiva sacral, portanto, é um meio de evitar que as pessoas caiam na armadilha da mentalidade corporativa que desequilibra o indivíduo, um estado que não é nem pessoalmente recompensador nem eficaz, em última análise.

Poucos entrevistados apresentaram suas visões cosmológicas em detalhes de um catecismo, embora muitos se sentissem atraídos aos diversos relatos popularizados das abordagens do pensamento sistêmico, da nova ciência e da holística. Eram mais prováveis de expressarem sua busca por equilíbrio e perspectiva em declarações emotivas e não-lineares, conectando-se a uma ordem de mundo (incluindo o mundo natural) inerentemente sacra. Por exemplo, um entrevistado falou da necessidade de "voltar aos trilhos", um esforço auxiliado pela freqüência à igreja. Outro buscava renovação espiritual na natureza e via a natureza como intimamente ligada a Deus. Isso, por sua vez, convidava à reflexão quanto a sábios cuidados com o ambiente nos negócios e da necessidade de se ter "estações" de esforço intenso e de relaxamento.

Um homem achava importante o fato de sua igreja estar impondo uma falsa ordem à sociedade por deixar de reconhecer novas descobertas científicas que derrubavam certas suposições sobre o mundo animal. Essas opiniões antiquadas, afirmou, alimentavam preconceitos históricos quanto a gênero e quantidade sexuais. Abandonou sua igreja e sua religião de infância e embarcou em uma busca espiritual pessoal que o levou a crer que havia descoberto uma ordem cósmica na qual a diversidade era tolerada. Tinha dado a ele um grande senso de confiança, efetivamente levando-o de volta a ser capaz de aceitar uma doutrina cristã simples de amor e graça.

A espiritualidade nos dá um mecanismo de equilíbrio alinhado com significado maior através do oferecimento do *insight* para a compreensão e priorização de atividades ou metas. Ao reencenarmos os estados mentais associados a verdades maiores relativas à conexão e ao poder divino (perspectiva do sacro), aproximamo-nos do sagrado. Quando pessoas nos disseram como a religião e a espiritualidade influenciaram suas vidas, freqüentemente comentavam essas duas funções. A busca por harmonia raramente diz respeito apenas há um horário sobrecarregado. Também envolve a redefinição de suposições religiosas básicas para se conformarem à compreensão do indivíduo de como o mundo funciona.

Uma mulher nos disse que havia se inscrito em um seminário de espiritualidade para se equipar para fazer a escolha correta quanto a decisões de carreira que enfrentava e que afetariam sua vida familiar. Ela discutiu sua necessidade de técnicas de gestão do estresse como caminho para a felicidade profissional e pessoal: "Eu realmente me empolgo com meu trabalho. Preciso equilibrar minhas prioridades e acho que uma vida espiritual mais profunda me ajudará a fazer isso. Não se pode esperar até que tudo tenha acabado para decidir o que é realmente importante. Minha crença religiosa me ajuda a manter as coisas importantes em mente."

Outra pessoa, que freqüentava um programa secular sobre nova ciência e espiritualidade, achava que fazia grande sentido dentro de sua orientação cristã:

> Existe uma ordem e não compreendemos a metade dela. Logo que a ordem racional e linear se afirma, há uma decomposição para o caos e isso forma um princípio reorganizador por si só. Você sabe, a coisa da fumaça de cigarros. Isso é mágica para mim. É a mão de Deus no universo. Estou fascinado com isso em e por si mesmo, mas também penso ser uma analogia de

minha vida. Quando você deixa entrar um pouquinho de caos em sua vida, um pouco de tempo não planejado, um pouquinho de afastamento, acontecem as coisas mais espantosas.

A busca dessa pessoa dizia respeito primariamente a encontrar técnicas mentais para "afastamento" de formas que replicassem esse padrão e conectassem essas idéias a Deus. Observou outro: "Não se pode ser cristão sem reconhecer que você não está aqui para os seus propósitos, e sim para os de Deus. Para mim, há uma conexão aqui com a ecologia. Não se pode deixar de ver que precisamos operar em harmonia com a natureza se formos estar em harmonia com o plano de Deus. Minha espiritualidade aprofunda minha motivação para fazer alguma coisa nessa área."

Alguns entrevistados efetivamente se afastaram da nova ciência e voltaram aos exercícios monásticos dos primórdios da cristandade para recuperarem um estado de consciência abertamente religiosa e recarregar suas baterias. Outros procuraram reforço comunal dessa perspectiva através de freqüência à igreja ou aos grupos de oração. Novos sites na Internet que objetivam servir a esses exercícios espirituais, como Beliefnet.com e Faith.com, estão se multiplicando rapidamente.

Dada a pesada ênfase no experiencial e no autodescoberto, mesmo em abordagens disciplinadas e metódicas, a busca por harmonia (como recuperação do "eu sagrado") encontra satisfação em uma emergente conscientização de uma realidade sagrada. O principal desejo é o de um processo de conexão com essa perspectiva sagrada, mais do que o desejo de uma apresentação estática de uma cosmologia hermética. Tal religião experiencial e personalizada não é o que a maioria dos leigos tem associado à religião tradicional dos domingos.

O que pode parecer mais desconfortável a alguns eclesiásticos é como a nova espiritualidade utiliza o estudo da ordem cósmica para modelar e estabelecer *benchmarks* de atividades nos negócios para promover a lucratividade. Enquanto leis econômicas bíblicas mais antigas freqüentemente se concentravam em métodos de restrição de lucros (usura) ou em redistribuição de bens para a comunidade, espera-se da espiritualidade de hoje que produza um retorno intensificador de negócios, mesmo que diga respeito a mais retorno financeiro. Enquanto um ponto de vista religioso possa exigir priorização hierárquica fixa dessas metas, a espiritualidade de hoje as vê *sistemicamente, em um processo de inter-relacionamento*. Tal relativismo desafia hierarquias religiosas tradicionais. Como afirmou uma pessoa, "Deus pode estar em uma conta bancária ou não. Depende".

Conexão com Comunidade (Comunidade Sagrada)

Tanto cristãos devotos com fortes afiliações à igreja quanto buscadores não-afiliados expressaram uma necessidade sentida por conexão mais profunda com comunidade. Afinal, esta é uma geração que, se não cresceu com Mister Rogers, é grata pelos seus filhos o terem assistido. Como disse Rogers, o incomum ministro e diretor de banco, ao ser destacado na capa da edição de "heróis" da revista *Esquire*: "Quanto mais velho fico, mais me convenço de que o espaço entre seres humanos que se comunicam pode ser solo sagrado."[12] O tratamento informado e surpreendentemente reverencial de Fred Rogers fala ao quão longe a celebração da conexão espiritual tem infiltrado a cultura.

Entrevistados e livros sobre espiritualidade expressam igualmente a necessidade de comunidade de muitas formas. Querem devolver algo, pertencer a algo maior do que eles mesmos, ser parte de uma equipe. Essas motivações todas se voltam para a rejeição da ganância e do interesse próprio irrefreados, mas a necessidade de conexão não é contraditória ao capitalismo. Enquanto a discussão de comunidade da igreja freqüentemente apresenta um indiciamento do capitalismo, os novos programas de espiritualidade ligam comunidade a estados espirituais de mente, conexão transcultural e respeito pelos outros. Não hesitam em apontar o valor intensificador para empresas de tais metas elevadas.

Alguns têm argumentado que a nova espiritualidade está de tal forma encantada com a intensificação de desempenho e auto-satisfação que noções religiosas *eleemosynary* (de caridade e esmolas) de comunidade e ação em nome dos desvalidos não podem em hipótese alguma ser levadas a sério. O quadro é menos claro do que isso.

Tanto os programas seculares quanto os religiosamente afiliados enfatizam a importância de relacionamentos, apelando para o desejo de sermos pessoalmente valorizados e de pertencermos. Muitos oferecem um exercício que é alguma variação da pergunta "Quem você acha que virá ao seu enterro, e o que gostaria que dissessem a seu respeito?" Como observa Ronald Green em *Religion and Moral Reason*, a maioria das tradições religiosas valoriza a comunidade, a necessidade de respeito, a causa maior que você mesmo e a obrigação para com os pobres.[13] Muitas autoridades religiosas enquadram essas preocupações como questão *eleemosynary* de dever e obediência. Os programas de espiritualidade mais novos vêem comunidade através de uma lente mais instrumental e terapêutica: comunidades sadias e harmoniosas são sinal de bem-estar pessoal e de saúde planetária (sem falar na espinha dorsal de uma corporação de primeira classe).

O viés experiencial e pragmático da busca espiritual parece ser um fator significativo, aqui. Ele define quem compõe comunidade e como a espiritualidade pode ser aplicada à comunidade. Os problemas mais urgentes de comunidade experimentados por muitas pessoas de negócios estão logo ali no cubículo ao lado. Sobrecarregadas e constantemente em viagem, tornam-se isoladas das necessidades cívicas locais, de amizades e atividades de longo prazo. A cultura do livre agente, a estrutura de propriedade instável e o aumento constante da desigualdade de renda de hoje apenas exacerbam o senso de isolamento e vergonha das pessoas de negócios. A orientação pessoal da nova espiritualidade é compreendida como meio para ajudar a abordar essas falhas, não perpetuá-las. Isso canaliza a espiritualidade para uma busca por empatia com outros, associação a uma comunidade moral e participação em ações justas. Os que buscam espiritualidade desejam experimentar o senso especial de realização que ocorre na cooperação, na justa concorrência (outra forma de relacionamento) e no trabalho em equipe.

Ensinamentos cristãos oferecem uma rica perspectiva desses anseios, mas freqüentemente de forma que restringe suas aplicações a situações que trabalham contra o lucro ou que estão fora do reino dos negócios. Comunidade diz respeito aos que estão fora do guarda-chuva corporativo, ou aos trabalhadores de salário mais baixo, como testemunhado pela demanda amplamente disseminada, baseada em fé, pelo fim do trabalho semi-escravo. Tal linguagem é limitada, no entanto, em sua capacidade de engajar os anseios das pessoas de negócios por melhor expressão espiritual de relacionamentos cooperativos e sinérgicos entre *todas* as pessoas. Também não reconhece o desejo largamente existente de mudar as muitas formas de abuso e injustiça que ocorrem em comunidades *dentro* de uma empresa. Essa distinção é mais aguda nas principais igrejas liberais; é menos sentida em círculos de negócios evangélicos, onde tanto a vida religiosa quanto a corporativa tendem a ser medidas através de atos relacionais.[14]

Por outro lado, os negócios freqüentemente celebram valores de comunidade em termos auto-interessados tais que tornam a noção absurda, contingente que é a padrões de propriedade e estratégias econômicas artificialmente construídos. Um dia, vocês vão todos sair e interagir com uma equipe dinâmica para trabalhar em um novo produto e no outro, a empresa abandonou aquela linha de negócios e o grupo é desfeito. Sob tais condições de curto prazo, relacionamentos são cada vez mais descritos de forma primariamente contratual e inerentemente hierárquica: acionistas, consumidores, competidores, os empregados e os desempregados, gerência, trabalhadores horistas, fornecedores, distribuidores. Até mesmo o público é definido como interessado na corporação, com certo valor custo-benefício sendo implícito. Essas condições podem limitar severamente idéias que dão algo em troca ao mesmo tempo em que criam comunidade respeitosa dentro da organização.

Apesar dessas dificuldades, mesmo os cínicos dentre nossos entrevistados da área dos negócios tendiam a procurar atividade comunitária significativa ao buscarem novos meios de revisar sua abordagem de negócios. Citaram novos programas de treinamento para funcionários iniciantes, modificação da cultura corporativa, melhores condições de trabalho, esforços de diversidade, *mentoring*, relações com fornecedores, voluntarismo e melhorias ecologicamente amigáveis nos produtos como exemplos. Essa variedade resulta em séria concorrência para os interesses de serviço social da pessoa de negócios; apresenta uma alternativa clara à autoridade baseada em fé. Por que não apoiar a causa social secular e evitar exigências dogmáticas sectárias?

Com efeito, o protestantismo tradicional tem sido especialmente cacofônico em relação à comunidade; talvez deva culpar a si mesmo pela falta de consciência social que percebe na comunidade de negócios. Embora nem de longe o primeiro a criticar a alegada cegueira social do protestantismo, R. H. Tawney foi talvez seu crítico mais eloqüente. Atribuiu-a ao viés individualista extremo da doutrina de Lutero, uma crença que afirmava ter "esvaziado" a cristandade de seu conteúdo social. Tawney afirmava que a ansiedade extrema quanto ao estado de nossas almas – uma marca do interesse no "eu interior" da espiritualidade de hoje – tornou-se de tal forma preocupante que poucos pontos de referência externos penetravam esse foco religioso.

A herança dessa tradição, em conjunto com o humanismo racional do Iluminismo, pode na verdade ter estabelecido o cenário para uma sociedade com valores mas sem ideais sociais. Muitos têm argumentado de forma persuasiva que esse individualismo bem-intencionado criou uma incapacidade psicológica chocante e irônica de suspender o auto-interesse pessoal em prol do grupo a não ser que haja uma afirmação altamente racional de melhor sobrevivência. Os atuais debates sobre seguridade social refletem esse estado de impotência: Como discernir de forma confiável os benefícios relativos dos programas sociais propostos quando a escala, a diversidade de beneficiários e a burocratização da ação social são tão difíceis de se avaliar?

Na ausência de clareza, a forte legitimação de uma preocupação com o estado de nossa vida interior pode estar repetindo o padrão do protestantismo. Os programas de negócios e de religião atuais freqüentemente tentam aliviar essa ansiedade com associações hooverescas* entre a feliz linha de resultados e a feliz comunidade.

A confusão referente à representação religiosa de comunidade e ao interesse na espiritualidade no trabalho foi ecoada pela incerteza dos entrevistados quanto ao peso espiritual de seus valores comunitários. Disse um capitalista de risco:

---

* N.T.: Referência a Herbert Clark Hoover, 31º presidente dos EUA, durante o período da Depressão. Ficou famoso por sua atuação na área de auxílio internacional contra a fome, tendo sido nomeado diretor de auxílio e reabilitação após o fim da Primeira Grande Guerra. Suas idéias constam de um pequeno livro por ele escrito em 1922, denominado *American Individualism*.

Tenho sido bastante ativo no trabalho comunitário ao longo dos anos – primeiro protestei contra a guerra, depois trabalhei em um sopão para pobres e fui tesoureiro de uma organização de abrigos local. E isso me dá grande satisfação. Simplesmente não sinto que estou direito por dentro a não ser que parte de minha vida envolva ajudar a outros. Acho que isso é religioso. Sim. É claro que isso é religioso em algum sentido.

Mas [essas atividades voluntárias] são muito separadas de meu trabalho. É tudo caridade. Então, no trabalho, ajudo pessoas e então sou recompensado. É diferente. Sinto que em algum ponto você tem que pertencer a alguma coisa que não tenha etiqueta de preço. O problema é que não vejo muito desse sentimento transbordando para o meu trabalho. Isso não deveria ser contra quem você é como pessoa de negócios, deve ser um acréscimo.

Para o teólogo ou ético sofisticado, tal otimismo tipo ter tudo pode parecer insuperavelmente ingênuo e despreparado para apoiar pessoas ao longo dos compromissos obscuros e compensações escusas envolvidos em agir produtivamente sobre sentimentos comunitários. Uma das principais críticas à nova espiritualidade é o otimismo e a instrumentalização terapêutica do sentimento comunitário.

Essas fraquezas são reais. Poucos esforços organizados de ação social parecem estar evoluindo a partir da nova espiritualidade. Mas, em nossa opinião, isso não significa que não haja um forte *interesse* em comunidade. Na verdade, nem a abordagem da igreja liberal nem o movimento da nova espiritualidade encontraram um meio de engajar coletivamente o verdadeiro valor atribuído à comunidade expresso pelos que buscam espiritualidade.

Claramente, expressões correntes de comunidade ainda não alcançaram um poder tão profundo quanto às tradicionais descrições religiosas de comunidades com sanção divina. Formulações tradicionais, entretanto, não estão preenchendo os novos anseios das pessoas por conexão entre espiritualidade pessoal e obrigações para com uma população globalizada e diversa – fora e dentro da corporação ou de comunidade religiosa específica.

Moralidade Religiosa Consistente
(Ética Cristã nos Negócios)

De acordo com Daniel Yankelovich, destacado analista social e co-fundador, juntamente com Cyrus Vance, da *Public Agenda Foundation*, a principal questão que está impulsionando a nova busca por crescimento espiritual é a confiança declinante da ética de líderes de negócios. Pesquisas revelam que quase 87% do público pensam que tem havido um declínio na moralidade social; 90% vêem uma ameaça à família e um declínio nos valores familiares. Após uma década de exame altamente público dos hábitos pessoais e das recompensas financeiras de líderes de negócios e de políticos, muitos se preocupam com os líderes da nação estarem fora de contato com os valores fundamentais do norte-americano médio. Olhando em torno de seus próprios locais de trabalho e de suas comunidades, pessoas condenam o que percebem como um declínio geral na ética pessoal. Uma crescente diferenciação de renda oferece evidência de favoritismo extremo no sistema de recompensas.

Entrevistados colocam a necessidade sentida em termos simples: tem havido uma decomposição da ética. Padrões comuns de decência se tornaram caóticos, em grande parte devido à ingenuidade dos negócios em se aproveitarem da volátil combinação de dinheiro, marketing e palpite. Uma imprensa ativa tem aumentado a consciência da decomposição moral da liderança, dando cobertura maliciosamente detalhada a divórcios litigiosos e hábitos de gastos de bilionários. A liberdade de expressão parece ser mantida seletivamente para apoiar os aspectos menos dignificantes da vida social. Entrementes, as bases sociais são negligenciadas: apoio à criança, saúde e segurança. Tal distorção amplamente disseminada dos impulsos democráticos norte-americanos tem disparado o que equivale a uma crise de nervos entre o público norte-americano.

O declínio da confiança na ética nos negócios não é novidade: tem estado em um constante padrão de largar e segurar desde o final dos anos 60. A reação a esse declínio, entretanto, mudou drasticamente. Nas décadas de 70 e 80, o público apoiou uma ampla gama de recursos governamentais para abusos éticos no mercado: EEO, leis de proteção ambiental mais rigorosas, leis mais rigorosas para responsabilidade civil por produtos, a Lei de Práticas Corruptas Estrangeiras

(*Foreign Corrupt Practices Act*) de 1977, as Diretrizes para Sentenciamento de Criminosos (*Criminal Sentencing Guidelines*) de 1991. Os últimos cinco anos viram um substancial afastamento de confiança nas soluções governamentais. Mas soluções alternativas não se destacaram na elevação geral dos padrões éticos nos negócios.

Muitas pessoas de negócios compartilham da preocupação moral do público relativamente a valores nos negócios. É alarmante ouvir até mesmo gerentes espertos e experientes confidenciando a crença de que os que chegam ao topo de uma empresa têm que ser capazes de abusar dos interesses de outros em favor de seus próprios.

Estarrecidas com os muitos exemplos de indecência corporativa e de uma cultura sem escrúpulos, as pessoas sentem necessidade de uma recuperação de embasamento moral e de pertencerem a uma comunidade moral. Ambas são corretamente acopladas à espiritualidade. Mesmo em suas formas mais existenciais, o espiritual é por natureza a avenida que leva a uma vida moral. Como disse o teólogo James Gustafson: "Todo o nosso ser, existindo na medida de fé que é nossa, toma decisões morais."

As muitas demandas por integridade e conexão estão encontrando uma audiência pública porque o público precisa reaver um senso de que a ética é importante, de que há um significado negativo em qualquer ato de desonestidade, de quebra de promessa, injustiça e interesse próprio covarde. Parafraseando Iris Murdoch, a presença de tanta violência e banalidade na moralidade dos negócios causa danos à vida interior.

As pessoas desejam se sentir bem em relação ao lugar onde trabalham, desejam sentir que sua corporação representa algo do qual podem se orgulhar. Os que colocam isso em termos religiosos dizem: "Gostaria de saber o que significa ser uma boa pessoa de negócios cristã." O expressivo viés dessa observação não focaliza a busca por ética religiosa consistente relativa a regras proibitivas de conduta, e sim a possibilidade de experimentar ação honesta e criativa no mercado. Assim, a necessidade de força ética é canalizada para o reinvestimento na vida empresarial com padrões de contribuição, generosidade controlada e virtudes tais como honestidade e coragem para empreender retribuição por erros cometidos.

Revelação espiritual e progresso revolucionário são, mais uma vez, evidentes na discussão dos entrevistados sobre a quarta necessidade sentida. Falaram de uma urgência moral de se olhar os negócios "com novos olhos", "paradigmas diferentes" e "reorientação de prioridades". Não procuravam "cair fora" e sim fazer as coisas de modo diferente. Com freqüência, mencionaram empresas socialmente progressistas como a *Tom's of Maine*, a *Timberland* ou a *Malden Mills* como modelos empolgantes. Parte foi muito além de responsabilidade social; os líderes dessas empresas haviam declarado ter interesses religiosos ou espirituais que levavam consigo para o trabalho.

A nova espiritualidade trouxe uma resposta terapêutica e holística à quarta necessidade sentida. Elevados padrões éticos são colocados como extensão lógica de metas de auto-expressão e de automelhoria em vez de como puros paradigmas morais oriundos do raciocínio. Um "eu" melhor é um "eu" moralmente mais elevado. O simples cumprimento das leis não basta. Deve-se melhorar a ética nos negócios através da autotransformação espiritual. Alguns programas religiosos personalizam o ético através da discussão da aquisição de *discernimento*. O programa da *Woodstock Business Conference*, por exemplo, é completo e explora idéias jesuítas de discernimento e como poderiam ser aplicadas a decisões éticas no trabalho. Outros encorajam a formação de parcerias de oração, cujos participantes responsabilizam uns aos outros por elevados padrões éticos no trabalho.

A Resposta da Nova Espiritualidade

Em 1910, Emile Coué publicou um *slogan* para a cura: "Todos os dias, de todas as formas, estou ficando cada vez melhor."[15] Quase um século depois, defensores da nova espiritualidade entoam um refrão semelhante. Como vimos, o atual interesse espiritual sugere que muitas pessoas de negócios estão buscando conhecimento e expressão mais profundos de seu "eu interior", procurando conexão com estados mentais e padrões de vida transcendentes. Querem viver uma vida de significado, querem ser mais eficazes na solução de problemas, precisam de conexão com outras pessoas; e ao longo de tudo isso otimisticamente supõem que ao descobrirem esse "eu sagrado e autêntico", verão que pode ser um "eu" bastante nobre. A nova espiritualidade parece ser atraída para idéias de atitude acima de obediência, para moralidade existencial (o "amor ouvinte" de Paul Tillich) acima de lei doutrinal. Axiomas simples (faça aos outros) e testemunhos biográficos têm dominado a conversa. Tais abordagens não oferecem orientação sobre como as muitas idéias morais paradoxais do cristianismo seriam seriamente integradas para satisfazer as quatro necessidades sentidas.

Alguns críticos do novo movimento concluíram que isso é apenas um desejo otimista (até mesmo egoísta) de ter tudo, ficar rico e sentir-se bem com isso. Nós somos um pouco menos cínicos. Interpretando esse interesse como expressão de necessidades profundamente sentidas, tentamos enfatizar desde o início o potencial espiritual e econômico desse movimento, e não suas falhas.

Os oferecimentos da nova espiritualidade têm mostrado conhecimento ao responderem às quatro necessidades sentidas. Muito de sua popularidade pode ser atribuído ao fato de as necessidades serem urgentes e que a atividade religiosa pessoalmente experimentada que confere o auto-empowerment há muito tem sido negligenciada pelas igrejas. Sem dúvida, muitas formas da nova espiritualidade são altamente romanceadas. Com Deepak Chopra, o pacote inclui um "eu" mais magro, livre de estresse e, provavelmente, eterno. Sua linguagem paira entre o evocativo e o exótico. Promete os meios para controlar a fronteira científica e emocional, para atrelar o desconhecido. Nada é sem propósito. Tudo vai de acordo com o plano. A sincronicidade está em toda parte. Como certa vez exortou a amiga de Ralph Waldo Emerson, Margaret Fuller, aceite o universo.

Esta não é uma psicologia religiosa pessimista ou mórbida. Na melhor das hipóteses, a nova espiritualidade associa o transcendente a uma ética da criação, da alegria, da elevação da auto-estima e utilidade. É assim que programas de Doze Passos se valem de uma conexão entre a cura e o conhecimento de que a pessoa essencial não está em isolamento total, mas relacionada a um poder maior. Isso, por sua vez, leva à funcionalidade na vida. Assim, também, para Covey e outros, a gestão do tempo é de primordial importância, pois regula a capacidade de se salvar a alma.

Esses programas funcionam? Muitos adeptos examinam e escolhem aquilo que acreditam funcionar para eles. Quanto a pessoas pré-tecnológicas que batem tambores durante uma eclipse, basta que a lua volte.

Apesar da ausência de provas empíricas de eficácia, seria tolice subestimar a força da nova espiritualidade simplesmente por não se equiparar ao intelectualismo das formas eclesiásticas de religião ou filosofia acadêmica. Seu poder de colocar idéias não-materiais, dignificantes e conferidoras de *empowerment* no mapa mental de pessoas de negócios é inegável – e muito mais penetrador da cultura empresarial do que a maioria das atividades religiosas tradicionais. Sua falta de juramentos formais a torna adaptável e acessível a uma população de negócios em constante mutação. Os gurus são carismáticos e (por enquanto) surpreendentemente livres de escândalos, quando comparados ao tele-evangelismo dos anos 80; mas, sem um sistema de apoio burocrático, não está claro até onde sua autoridade pode ser apoiada. A expansão dos negócios de Covey para o Franklin Planner e suas atividades sociais tem encontrado alguma descrença e acusações de trivialização de sua mensagem.

Claramente, em termos de resposta eficaz às quatro necessidades sentidas, a nova espiritualidade está atualmente à frente do grupo religioso. Mas essa espiritualidade será capaz de incorporar a vontade de criar um capitalismo humano quando confrontada com pontos de vista verdadeiramente opostos? As próprias condições da atratividade da nova espiritualidade impõem limites reais à capacidade desse movimento de abordar problemas sociais complexos, incluindo impulsos de ganância e do mal. Desde que o programa de espiritualidade seja o mais recente interesse do CEO, haverá pouca resistência substantiva dentro da empresa. Conclusões proféticas raramente são estendidas para a controversa arena da livre discussão pública.

Os negócios claramente precisam de novas maneiras de criar metas comuns que recompensem investimento em comunidade, acesso eqüitativo a poder econômico e dignidade humana. As visões de mundo e os exercícios mentais em transformação se provarão mais fecundos do que uma estreita orientação para o livre mercado na realização dessa tarefa? A espiritualidade transformará como empresas respondem a formas de esforço capitalista exploradoras e sugadoras de significado? A abordagem personalizada e experiencial à comunidade renderá sabedoria e poder político suficientes para que tenham efeito positivo sobre problemas sistêmicos, tais como questões de comércio eqüitativo e de direitos humanos? Muitos atualmente criticam a espiritualidade como sendo inadequada para os problemas de injustiça, fome, conflito mundial e desastres econômicos e ecológicos.

Como comentou Wendy Kaminer, o movimento da nova espiritualidade diz respeito essencialmente a uma promessa de felicidade. Ninguém é mau, apenas menos evoluído.[16] A nova economia apenas requer uma nova adaptação.

É precisamente essa faceta voluntária e terapêutica que mais atrai pessoas para o *shopping-center* espiritual e que mais perturba muitos teólogos sérios. Religiões, como observou Craig Dykstra, fazem exigências de seus crentes.[17] Elas impõem uma autoridade além do raciocínio e da vontade humanos que exige o compromisso de indivíduos para que a vida seja vivida de determinada forma. O aspecto "exigido" da religião é exatamente aquilo que a espiritualidade secular evita. Nesse livre mercado, o exercício de arbítrio relativo à expressão da alma não institucionaliza seus ensinamentos em exigências sociais ou políticas.

Esses programas são freqüentemente baseados em afirmações de que a vida é basicamente boa. Muitos éticos cristãos não estão felizes com esse ponto de partida, observando que a vida *não* é basicamente boa para uma grande parte do mundo (incluindo os que ocupam os mais altos cargos corporativos). Na verdade, nossa avaliação da literatura sobre espiritualidade revelou poucas referências a qualquer coisa que se aproximasse de uma forte definição do mal, apesar das muitas expressões de empatia com pessoas que se sentem perdidas, magoadas ou ameaçadas. Não fica claro como a religião tradicional, institucionalizada, pode ter sucesso ao adentrar essa arena sem se banalizar.

Podemos olhar o movimento da nova espiritualidade de duas maneiras. Empírica e conceitualmente, há bases para vê-lo como um pesadelo moral, ingênuo e despreparado para tempos difíceis. Mas também podemos vê-lo como uma resposta positiva a novos anseios de recuperar o sagrado e, ao mesmo tempo, estarmos equipados para lidar com as intensas questões econômicas de hoje. A religião tradicional parece não ter oferecido um caminho para a satisfação desse anseios. A nova espiritualidade preenche a lacuna deixada para trás. Não está apenas mudando a face dos negócios; está mudando a face da religião norte-americana.

A nova espiritualidade, então, é uma contribuição legítima, mas com limites genuínos. Sua visão da vida de negócios é indubitavelmente mais rica do que uma sem espiritualidade. Sua visão da vida como um todo, no entanto, parece ser mais pobre, restrita que é por uma ambição inegociável de criar utilidade para a corporação, qualquer que seja a forma. Conexão com visões de mundo independentes dos negócios e embutidas em expressão rica da condição humana também é necessária para a sobrevivência da alma.

Muito provavelmente, o segundo estágio do movimento da espiritualidade está em formação, para compensar as áreas menos sólidas e sustentar atenção para questões importantes. As pessoas já estão procurando expandir sua busca espiritual para aprender mais sobre expressões tradicionais de religião, como evidenciado por vários Web sites religiosos que estão experimentando uso extensivo. Alguns, como Belief.net, mantêm uma forte orientação leiga e experiencial, objetivando pessoas interessadas em conhecer as várias tradições de sabedoria que têm oferecido orientação na compreensão da condição humana. Outros, como Faith.com, que conecta a pessoa a mais de 170 grupos, oferecem uma nova câmara de compensação para atividades denominacionais.

Tais inquirições seguirão para o contexto dos negócios? O acúmulo de conhecimento religioso não-comprometido estimulará uma nova vitalidade das igrejas? Os contornos do movimento da nova espiritualidade sugerem que, a não ser que as igrejas demonstrem uma forte conexão com as principais forças econômicas e sociais enfrentadas pelas pessoas de negócios, a não ser que compreendam e honrem as quatro necessidades sentidas, oferecerão pouca concorrência pela alma da pessoa de negócios.

Reflexão

- Como observamos neste capítulo, muitas pessoas se sentem divididas entre quem são como seres espirituais e quem são no trabalho. O quão importante é para você ser capaz de trazer seu "eu autêntico" e seus valores religiosos para o seu trabalho?
- O quão bem você está gerenciando essa tarefa? (Pense em um exemplo concreto de como sua fé afetou seu trabalho: quais das quatro necessidades sentidas estavam ativas ou estavam sendo suprimidas nesse incidente?)
- Quanta desconexão você vê entre a maneira pela qual você e outros abordam os negócios e a maneira pela qual você aborda a espiritualidade ou a religião?
- A frase "espiritual mas não religioso" o ajuda a negociar as reservas que possa ter quanto a estabelecer uma conexão demasiadamente estreita entre valores religiosos e a vida de negócios? Por que sim ou por que não?

Ação

- Engaje-se em oração e meditação para evocar consciência sagrada.
- Com ouvido atento, procure ouvir sinais da nova espiritualidade e das quatro necessidades sentidas ("eu sagrado", harmonia e equilíbrio, comunidade, ética) em seu local de trabalho (e em sua igreja, se freqüentar). Como essas expressões estão mudando a maneira pela qual as pessoas trabalham em conjunto, competem e formulam os propósitos da organização?
- Se ainda não formou um grupo de estudos para discutir fé e trabalho, use esse teste de ouvir para começar a buscar um grupo de pessoas interessadas em questões de espiritualidade, ética, religião e negócios.

2

Entre Dois Mundos

Tentativas de Integrar Religião e Negócios

Não se pode argumentar que a religião tem um papel nos negócios. São totalmente diferentes. Claro, meus valores interiores se sobrepõem, porque é isso que sou, mas isso não é religião.
– Pessoa de negócios cristã.

Um dos mais importantes testes de uma religião é sua capacidade de permitir que crentes levem uma vida de acordo com seus princípios básicos. Como indica a epígrafe acima, para a pessoa de negócios de fé cristã existem poucos caminhos coerentes para a integração da religião do Novo Testamento às atividades de uma vida de negócios moderna. Propósitos oponentes, ideologias contrastantes e quadros temporais fundamentalmente diferentes podem deixar os cristãos com poucas conexões entre a religião que conhecem aos domingos ou na privacidade de suas casas e as demandas do local de trabalho. Para essas pessoas, o horizonte da cristandade – o que Susan Langer chamaria de "visionamento religioso" – se distancia à medida que adentram o domínio dos negócios. Algumas, felizmente, deixam para lá, citando a separação da igreja da vida pública. Outras anseiam por algum meio de fortalecer as conexões mas encontram pouca ajuda em suas idéias de religião.

Como observado no capítulo anterior, a nova espiritualidade oferece várias maneiras para a integração das preocupações da alma e as da corporação, abrangendo desde a universalização de sua linguagem até um foco em *empowerment* e experiência religiosa personalizada. Vemos o sucesso dessa abordagem personalizada na distinção comum afirmada por muitas pessoas de negócios: "Sou espiritual mas não religioso no trabalho."[1] Ao dizerem isso, essas pessoas não estão necessariamente rejeitando as verdades fundamentais do cristianismo; na verdade, não estão vendo qualquer conexão entre aquilo que entendem ser religião e suas próprias vidas diárias.

Os programas da nova espiritualidade não são de muita valia nessa área. Ou não abordam problemas de religião institucionalizada ou oferecem concepções de Cristo que trivializam a mensagem religiosa. A forte separação institucional de igreja e governo (que determina a lei que governa as corporações) completa a esquizofrenia espiritual. Religião aos domingos, espiritualidade às segundas.

Como Pessoas de Negócios Lidam com Isso

Como nos tornarmos "uma só pessoa" como cristãos? Como a religião se torna ativa na parcela da vida diária que ocupa mais tempo, a saber, o trabalho? Em nossas entrevistas para este livro, além de nas realizadas para o anterior, *Believers in Business*, descobrimos que pessoas de negócios desenvolveram uma ampla gama de estratégias para lidar com isso, projetadas para ajudá-las a reter sua fé e ainda mantê-la separada de algumas ou de todas as partes de seus negócios. É importante compreender o que esses padrões podem oferecer e como podem também limitar uma forte concepção da integração de fé e trabalho.

Um problema mais amplo ligado à integração é a natureza vaga do termo *religião*. As pessoas o compreendem de muitas formas, com poucos vocábulos para comunicar as diferenças e fazem poucas distinções na terminologia que efetivamente empregam. Na verdade, muitas das pessoas que entrevistamos não puderam oferecer uma explicação precisa de que tipo de fé ou atividade religiosa queriam dizer quando diziam que "fé", "religião" ou "espiritualidade" era uma força em suas vidas de negócios.

Não surpreendentemente, suas estratégias para lidar com isso refletiam essa ambigüidade à medida que tentavam trazer algum sentido ao seu desejo simultâneo de limitar como a religião é praticada no local de trabalho e ao mesmo tempo reter suas identidades privadas como cristãos praticantes.

Três aspectos da religião constituem os parâmetros aproximados do território através do qual estamos viajando: (1) os *mecanismos institucionais* de uma religião; (2) sua *mensagem* (regras e revelações); e (3) *experiência religiosa* (estado de consciência), que algumas pessoas chamam de fé ou espiritualidade. Pôr a religião em prática diária pode envolver uma área apenas, ou alguma combinação de todas as três facetas. Por exemplo, o senso de religião nos negócios de uma pessoa pode dizer respeito às regras éticas apresentadas em mensagens bíblicas ou de igrejas; e de outra pode dizer respeito à emergência de experiência de consciência religiosa através de meditação, adoração, ritual ou oração. Outras podem sentir que sua religião nos negócios diz respeito a estabelecer algum tipo de relação com instituições oficiais da igreja – freqüentar a igreja ou contribuir com tempo e dinheiro corporativos para uma caridade de serviço social baseada em fé, ou convidar um ministro para liderar um grupo gerencial em oração.

Nosso modelo de integração (Figura 2.1) demonstra o espectro de estratégias utilizadas por pessoas de negócios e clero cristãos para lidar com a questão. Nos dois extremos estão os Secularistas, que não esperam integração, e os Ressacralizadores, que esperam integração total. Nenhuma das abordagens apresenta um modelo viável para uma pessoa de fé cristã na corporação moderna. Entre essas duas, há um conjunto mais tumultuado de estratégias – os Cínicos, os Justificadores, os Generalistas, os Atomistas e os Infiltradores – que variadamente esperam tudo, desde integração esporádica até a parcial. Essas estratégias também se deparam com severas limitações de religião como força relevante.

Nesta seção, veremos o que essas estratégias para lidar com a questão significam para pessoas de negócios. Na seção seguinte, veremos o que significam para o clero.

	Pessoas de Negócios						
Nenhuma possibilidade de integração		Ocasionalmente possível				Nenhuma distinção	
	Secularistas	**Cínicos**	**Atomistas**	**Infiltradores**	**Generalistas**	**Justificadores**	**Ressacralizadores**
	Nenhuma fé religiosa	"Dois reinos" niilistas	"Dai a César" Congregante obediente	Intuitivos, disfarçados	Nenhum exemplo concreto	Apologistas, evangelho da prosperidade	Nenhum capitalismo democrático

Desconexão

	Profissionais da Igreja						
Nenhuma possibilidade de integração		Ocasionalmente possível				Nenhuma distinção	
	Secularistas	**Cínicos**	**Atomistas**	**Infiltradores**	**Generalistas**	**Justificadores**	**Ressacralizadores**
	(alguns negócios da igreja)	Almoestadores, cães de guarda, anarquistas	Pedaços de clareza	Conexão suposta mas não explicitada	Videntes, retirantes	Românticos	Mandarins, déspotas, monopolistas

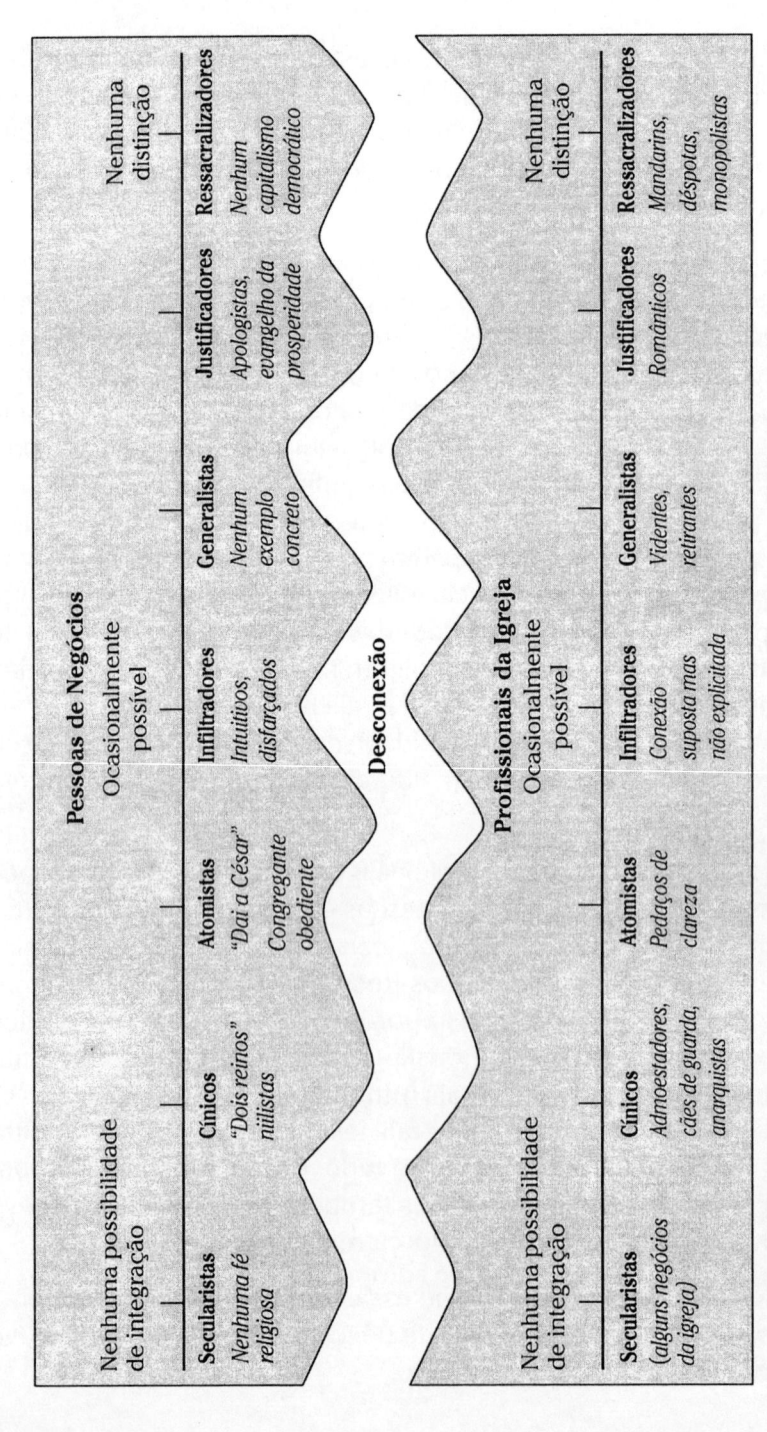

Figura 2.1. Modelo de Integração para Fé e Negócios: Sete Estratégias Cristãs para Lidar com a Questão.

Secularistas: "Você Pode Acreditar no que Quiser, mas não Traga para o Trabalho"

Integração não é uma questão para Secularistas porque religião não é uma questão. Um Secularista típico poderia dizer: "As pessoas estão livres para acreditar em seja lá o que quiserem e adorar qualquer Deus que quiserem. Mas quando querem trazer sua religião para o trabalho, é aí que eu estabeleço o limite". O Secularista é tão provável de ser agnóstico ou ateu quanto um cristão que acredita na separação radical dos domínios.

Ironicamente, essa expectativa de um ambiente de negócios mental e ético inteiramente secular parece convidar uma grande tolerância e concordância entre agnósticos e crentes de diferentes fés. Permite que compartilhem convicções humanitárias quanto à ética correta nos negócios sem atrapalhar as coisas. Como demonstra a popularidade da prática budista, podem até mesmo participar do mesmo tipo de exercício mental para evocar determinados estados de consciência associados à espiritualidade e aos estados mentais não-racionais, procurando intensificar sua imaginação criativa ou sua apreciação estética. Inteireza psicológica, dignidade humana e o bem-estar da sociedade podem ser valores extremamente importantes para o Secularista. Embora essa estratégia seja obviamente eficaz para o estabelecimento de uma base moral comum em uma população de negócios diversa, tem uma falha séria. A visão Secularista nega qualquer possibilidade de um foco religioso sobre essas questões.

Para uma pessoa de fé, este é um preço alto. Ou se adota uma visão de que os negócios são um mal necessário inteiramente fora dos valores e propósitos cristãos, ou uma visão de que não há quaisquer meios pelos quais as bênçãos da fé poderiam superar os perigos de zelo religioso mal dirigido. Essencialmente derrotistas, os Secularistas confundem liberdade e expressão religiosa com nenhuma expressão religiosa. A visão de mundo religiosa, usando a expressão de Clifford Geertz, não apresenta qualquer papel interpretativo na condução de negócios dos Secularistas.

Ressacralizadores: "Caminhar com o Senhor a Cada Passo"

O absolutismo dos Secularistas é equilibrado na outra ponta da escala pelo absolutismo dos Ressacralizadores, pessoas que imaginam uma vida econômica inteiramente governada por sua religião, sem qualquer distinção entre sagrado e secular na cultura de negócios. Usando a expressão de Peter Berger, os Ressacralizadores buscam restaurar o manto sagrado sobre a corporação, sujeitando cada atividade empresarial a uma autoridade baseada em religião. Como era verdadeiro no mundo do monge da Idade Média, todos os modos de escolha econômica seriam subordinados à vontade interpretada de Deus.

A estrutura do Ressacralizador sugere um abençoado estado de utopia. O que poderia ser melhor do que buscar aderência total à sua religião em todos os aspectos da vida? Caminhar com o Senhor a cada passo no mercado? Recriar estados sagrados de consciência através de oração e ritual regulares? Servir o mundo com uma ética baseada na Bíblia?

Mas tais expectativas de total integridade religiosa nos negócios não são assim tão benignas à luz da história. Qual religião deveria dominar? Ressacralização requer a reintrodução da cultura religiosa no local de trabalho e alguma forma de autoridade baseada em religião sobre as decisões institucionais. Essa estratégia implica permissão para que uma autoridade religiosa designada faça exigências privilegiadas de pessoas no trabalho, ou que pessoas de negócios assumam mais autoridade religiosa do que a igreja. Os perigos são bem conhecidos a partir da história. O estabelecimento de perfis com base em *status* religioso tem historicamente convidado numerosas formas de intolerância e perseguição institucionalizadas, desde a pilhagem e os horrores da Conquista* até as medidas econômicas anti-semitas da Alemanha de Hitler.

As dificuldades da Ressacralização são muitas: a Bíblia não estabeleceu uma planta baixa para o capitalismo pós-industrial moderna e Jesus não tinha uma agenda explicitamente econômica. Seus pensamentos sobre as criancinhas não se estendiam a injunções contra o trabalho infantil. Mesmo que se interprete a Bíblia de forma literal, a maioria das condições do capitalismo moderno não é abordada no livro sagrado.

---

* N.T.: No original, *The Conquest*, ou "A Conquista", freqüentemente, a Conquista Normanda. Referência à conquista da Inglaterra por Guilherme da Normandia, em 1066.

Na prática, os Ressacralizadores constituem um grupo muito pequeno. São geralmente encontrados em seitas e cultos ortodoxos, em alguns grupos monásticos ou em pequenas empresas fechadas localizadas no interior da faixa bíblica* onde a diversidade religiosa e a secularização ainda constituem força relativamente fraca na cultura. Ressacralizadores que favorecem arranjos econômicos comunitários ainda não conseguiram produzir um modelo competitivo inclusivo e sustentável para a produção de riqueza em grande escala. Nem encontraram um modelo social que sustente a família nuclear como tendo *status* religioso equivalente à organização doméstica monástica ou estatal. Essas falhas e a perda de diversidade apresentam sérias dificuldades para aqueles que buscariam uma conexão sem costuras entre sua cristandade e seus negócios.

Cínicos: "Você não Pode ser Fiel a suas Crenças no Mundo dos Negócios"

Cínicos podem professar uma crença particular em Deus, mas sentem que não há qualquer possibilidade para valores, consciência ou cultura verdadeiramente cristãos no local de trabalho. Como os Secularistas, eles não vêem qualquer espaço para religião de qualquer forma no local de trabalho: "Tento ser verdadeiro comigo mesmo", poderiam dizer, "mas todos sabemos que não é realmente possível no mundo dos negócios".

Essencialmente, cínicos adotam uma estratégia de niilismo. Desistem dos negócios como sendo instituição potencialmente ética e podem ter desistido de religião pelo mesmo motivo. Dada essa desilusão extrema, a ética de negócios do Cínico pode ser menos compatível com valores cristãos do que a dos Secularistas. Um Cínico típico observa: "Claro que gostaria de trabalhar em uma corporação ética, onde padrões elevados fossem recompensados. Mas em minha experiência, isso é ilusão. Os negócios recompensam os egoístas e os implacáveis."

Os motivos do Cínico para a adoção de uma visão descrente e de auto-interesse são miríade. Muitos são descrentes por reflexo em

---

* N.T.: No original, *Bible Belt* (faixa ou cinturão da Bíblia). Termo que designa alguns estados no sul dos EUA e parte do Texas onde o cristianismo fundamentalista e evangélico é levado extremamente a sério.

relação às forças corruptoras do dinheiro, que associam a materialismo, exploração e egoísmo crassos. Do ponto de vista de consciência religiosa, pouco encontram com que ressonar no local de trabalho. Compreendem religião como dizendo respeito a coisas mais elevadas e a associam a preocupações profundamente privadas sobre a morte e a vida (incluindo o sexo) – mas não a dinheiro.

Cínicos tendem a enquadrar questões éticas nos negócios primariamente como questão de necessidade. Para os Cínicos, o termo *ética nos negócios* é um oximoro. Você faz o que precisa fazer para realizar o trabalho, dentro de proibições vagamente traçadas quanto a matar (ou destruir o mercado). Cínicos podem sentir que sua identidade como cristãos tenha parcialmente formado seu caráter, mas não vêem qualquer conexão entre o cristianismo que conheceram na igreja e aquilo que fazem nos negócios.

A estrutura mental do Cínico não é apenas reativa; distancia ativamente negócios de religião. O Cínico busca constantemente excluir sentimento religioso da explicação de por que as coisas funcionam ou são apropriadas no local de trabalho. Eis um comentário cínico típico: "Sempre tentamos seguir a Regra de Ouro* em nossa empresa, não porque sejamos necessariamente religiosos, mas porque faz bom sentido em negócios. Não creio que possamos realmente afirmar que trazemos nossa religião para o trabalho. Sejamos francos, você jamais conseguiria. Tudo que pode fazer é tentar ser uma pessoa boa, mas não espere que as pessoas no topo compartilhem seus valores."

A desilusão pessoal com religião ou com os negócios freqüentemente aviva a rejeição de integração pelo Cínico. Cínicos podem estar afastados da igreja de sua juventude, estar perturbados pelas práticas de gestão da igreja ou podem ter sofrido um incidente perturbador em suas carreiras de negócios que assume um poder definitivo. Os negócios são verdadeiramente pagãos. Eles lidam com a questão através da separação de suas expectativas de negócios dos valores religiosos associados a elevados padrões éticos, coisa que é de longe mais eficiente do que lutar com um mundo onde tanto o mal quanto o bem existem simultaneamente. Um executivo de mídia que havia visto vários negócios extremamente agressivos ao longo de sua

---

* N.T.: "Faça ao próximo aquilo que gostaria que fizessem a você."

carreira e que prosperava juntamente com o crescimento de sua empresa, expressou seu entendimento de fé e trabalho da seguinte forma: "Essas pessoas (líderes de negócios) fazem algumas coisas muito boas, mas no frigir dos ovos não é a isso que o cristianismo diz respeito. De jeito algum. Não se chega ao topo nos negócios a não ser que se esteja disposto a colocar seus próprios interesses em primeiro lugar. Ficaria perturbado se as pessoas efetiva e seriamente tentassem trazer sua religião para o trabalho. Quando você toma uma decisão de negócios, ela deve ser racional, não algo meloso e sentimental. Seria totalmente irresponsável valer-se da fé para decisões de negócios."

Esse comentário ilustra como a estratégia do Cínico se vale da expectativa não-diferenciada de que para ser religiosa uma ação tem que ser dominada por todos os três elementos de religião: cultura e símbolo, ética e estado de consciência religiosa.

Justificadores: "Eu Apenas Tento Fazer o que Jesus Faria"

Justificadores têm uma idéia mental de uma integração quase que total de fé e negócios em um nível fundamental. Como disse um Justificador: "Eu apenas tento fazer o que Jesus faria. Deus é o nosso presidente do conselho."

Justificadores esperam substancial coerência e lidam com diferenças fundamentais entre estruturas capitalistas e cristãs através da construção de uma visão de mundo na qual não existem quaisquer contradições significativas. Explicam a pobreza, por exemplo, como lamentável porém inevitável em última análise – não como crítica a uma decisão pessoal de aprovar uma demissão. Tipicamente, Justificadores oferecem testemunhos desavergonhados da "eficácia" da religião. Digamos que uma pessoa aja com base naquilo que acredita ser um impulso baseado em religião. Digamos que o resultado seja economicamente bem-sucedido. Como interpretar isso? Justificadores têm uma resposta simples: a religião "funciona" no mercado. O executivo X se torna espiritual, sente-se mais calmo e deixa de ser tão abusivo com seus funcionários. A produtividade aumenta. Logo, a religião não só é compatível com os negócios; mas também é a chave para o sucesso nos negócios.

Embora refrescantemente integradoras, as extensões lógicas dessa visão são altamente perturbadoras. As recompensas materiais dos negócios são sempre sinais do favorecimento de Deus e aprovação de como os Justificadores se portaram? Uma série de lugares-comuns ligando padrões éticos e prosperidade são usados para reforçar essa suposição: faça o bem para se dar bem no mercado; a Regra de Ouro é o mais elevado princípio do capitalismo; seja honesto com seus clientes e eles permanecerão fiéis. Promessas bíblicas de prosperidade para o povo de Deus também podem entrar, resumidas pelo título de um livro de negócios evangélico: *God Wants You to Be Rich* (Deus Quer que Você Fique Rico).

A verdade, no entanto, é que a maioria desses lugares-comuns é constituída por resumos inofensivamente benevolentes da boa prática de negócios. O movimento "O Que Jesus Faria" (OQJF) é igualmente bem-intencionado. Contrariamente à visão do Cínico religioso, o Justificador não está necessariamente propagando um evangelho de ganância e hipocrisia totais. A clássica ética protestante do trabalho – trabalho duro, autodisciplina metódica, gratificação retardada e sinais de eleição* na prosperidade econômica – é tão provável marcar a ética de negócios de um Justificador quanto um sistema de valores de riqueza imediata. Só que Deus é essencialmente benevolente e ama o melhor. Ele está nos detalhes e qualquer detalhe da vida que promova nosso sentido de ética e prosperidade deve ser sinal da presença de Deus. Um telefonema oportuno, há muito esperado, de um banqueiro? O Justificador lhe assegura que Deus deve estar iluminando o negócio. Deus não é apenas bom; Ele é sócio.

Assim, o verdadeiro sentido de realização e contribuição derivado por pessoas de negócios de parte de seu trabalho torna-se infundido de significado religioso. Como observou o professor de Princeton, Robert Wuthnow, o surgimento de uma economia de serviços nublou distinções anteriores entre trabalho em troca de remuneração e serviço. A estrutura Justificadora reflete a mesclagem de fazer o bem a outros e se dar bem ao fazê-lo.

De forma semelhante, o Justificador pode ser parcialmente atraído a fóruns que ressacralizam a arena dos relacionamentos de negó-

---

* N.T.: Aqui, eleição refere-se aos "eleitos de Deus" e não à política.

cios. Suas reuniões de oração e grupos de apoio refletem essa meta, combinando momentos de oração, confissão e celebração de devoção religiosa com discussões de sucesso nos negócios.

Na melhor das hipóteses, o modelo Justificador é uma plataforma para responsabilidade perante uma ética de justa troca, serviço e vocação. Mas, como observou Tawney em sua discussão do protestantismo, o modelo também pode cultivar ansiedade extrema quanto ao estado da alma. Para lidar com isso, buscam-se sinais de graça interior no fato de prosperidade exterior. A causalidade é invertida: riquezas devem ser a justificativa de que se é uma pessoa de fé. Inversamente, a pobreza sugere degeneração moral e preguiça.

A maioria dessas suposições existe na meia-vida de discriminação não-expressa e apelos à necessidade. Tensão quanto a tratamento questionável de outros em prol da empresa, ou quanto a momentos de desempenho inferior, é mascarada pelo foco obstinado do Justificador em afirmar o apoio de Deus.

Como uma mentalidade Justificadora desvenda problemas morais? Não surpreendentemente, afirmações sentimentalizadas de testemunhos e o próprio mercado se tornam duas fontes de orientação. O Justificador intensifica a autoridade do mercado ao conferir a dos negócios. Usar metáforas de Jesus ou Deus como pessoa de negócios – a mentalidade de "O Que Jesus Faria?" – auxilia nessa assimilação.

Na prática, é claro, a estratégia Justificadora é geralmente mais sutil. Quando pressionados, muito poucos efetivamente reduzem sua compreensão de graça ao tamanho de suas contas bancárias. Concordam que os benefícios do capitalismo não são igualmente distribuídos. Mas em um nível profundamente operativo, a realização (especialmente a própria, por ser tão bem-intencionada) conforma o ordenamento divino do mundo que vêem na doutrina cristã. Por esse motivo, ataques religiosos ao sistema parecem ser extremamente provocativos aos Justificadores. O sucesso a que preço? À custa de quem? Tais perguntas geralmente suscitam um ataque: O que está querendo fazer? Matar a galinha dos ovos de ouro?

Olhando sempre para o lado bom dos negócios, Justificadores tendem a se atolar quando é questão de reconhecer a presença da dor na vida das pessoas. Há algum motivo religioso para ficar perturbado por padrões de remuneração que favoreçam os poucos ricos enquanto os pobres se tornam cada vez mais pobres? Sim, mas de que outra forma atrair o crescimento e a inovação dos melhores e mais capazes em sua empresa? Sem isso haveria pobreza ainda maior. Bradou um devoto capitalista de risco: "A quem cabe dizer o que é verdadeiramente cristão ao determinar quanto as pessoas ganharão? Jamais me preocupei com tais coisas. Simplesmente me concentrei em fazer o meu trabalho e as recompensas vieram. Isso faz de mim uma pessoa má?"

A atratividade desse posicionamento é muito forte, especialmente quando se está tentando vender a idéia de boa ética em negócios a outros. Como muitos dos chamados programas de espiritualidade secular, a visão do Justificador valida os negócios como saída para a expressão religiosa personalizada. Cria uma cocção de reencenação romântica do mundo dos negócios em um nível generalizado, apoiada pela justificativa moral de recompensas materiais. Justificadores explicam todos os sucessos (à exceção da exploração mais descarada) como exemplos de como, em última análise, Jesus provê a chave para a maneira correta de se fazer as coisas. Como nos programas de espiritualidade secular, aqui o empirismo não é muito importante.

Generalistas: "Minha Fé Tem Que Operar a Todo Momento"

Generalistas afirmam veementemente o poder da fé, mas limitam a arena de exemplos concretos de fé a cenários fora dos negócios. Testemunhos religiosos pessoais, sessões de oração na companhia de outras pessoas de negócios ou assuntos familiares são os faróis concretos da fé. Um exemplo clássico foi oferecido por um entrevistado: "Minha fé tem que operar a todo momento. Isso inclui o trabalho. Claro que é relevante. Tenho uma fé profunda. Jamais trai minha mulher."

Os saltos associativos do Generalista, em relação ao tópico de fé e trabalho, podem às vezes ser espantosos, como no exemplo acima, que salta da discussão de fé no trabalho para a fidelidade no casamento. Mas há um padrão definido nessa abordagem. Como os Justificadores, os Generalistas sustentam duas fortes convicções pessoais através das quais definem sua identidade profissional: capitalismo e cristianismo. Não tentam localizar sistematicamente a influência de um sobre o outro. Essa estratégia facilita se esquivarem das perguntas difíceis; essas jamais são feitas.

Alguns comentários feitos por nossos entrevistados explicam o tom e a profundidade da resposta Generalista. A palavra *apenas*, que usam com freqüência, sublinha as limitações que impõem à possível integração de fé e trabalho, apesar de seu otimismo: "Apenas acho que minha religião é importante para mim em tudo que faço. Não tento pensar nela o tempo todo. Ela apenas está lá." E outro: "Basicamente eu acho que as pessoas realmente bem-sucedidas nos negócios são bastante egoístas. Acho isso horrível. Mas não penso que é preciso ser assim. O importante é manter a perspectiva. Você apenas tem que manter sua crença em Deus. Isso resolverá as coisas."

Tais comentários, por mais simples que pareçam, freqüentemente representam uma crença profunda na fé cristã. O que falta é um vocabulário de comportamento concreto que sugerisse uma necessidade de transformação de certos aspectos dos negócios além de atitude. O Generalista, para utilizar o termo de Max Weber, possui uma ética de ideal mas não de ação, como demonstram os dois comentários a seguir: "Sempre pensei que minha religião fosse importante na vida diária, mas não procuro me emaranhar em teologia sempre que tenho (que tomar) uma decisão. Acho que se você apenas seguir a Regra de Ouro, terá tudo que precisa no local de trabalho." E "Não se poder ostentar sua religião de forma flagrante. É quem você é que conta. Sempre tentei ser decente e acho que isso advém de minha fé religiosa. Trabalho há anos em um serviço tutorial para crianças carentes."

Esse último comentário pode explicar por que algumas pessoas adotam uma visão Generalista da integração religiosa. Para lidar com as condições do pluralismo, o Generalista nos negócios não permanece totalmente em silêncio, mas se atém a exemplos que não de negócios, como caridade, vida familiar ou outros tópicos supostamente seguros. Nisso, ecoam o não-engajamento de muitas igrejas em questões de tomada de decisões nos negócios.

Generalistas tendem a ver um beco sem saída somente quando sua intuição lhes diz que algo está errado, ou se sofrem uma crise psicológica em face da má sorte. Pessoas de negócios Generalistas podem dizer que querem "algo mais" sobre a fé e o trabalho; mas quando confrontados com as perguntas difíceis sobre, digamos, pressões para a adição de um estilo de vida materialista que faz com que se negligencie a família em prol do trabalho, os Generalistas se refugiam na repetição de lugares-comuns sobre "apenas" manter as coisas em perspectiva. "O segredo", proferiu um sábio entrevistado, "é o equilíbrio".

Generalistas andam na corda bamba. A fé que sustenta seu pensamento de negócios é uma linha tênue, como neste exemplo clássico (o único exemplo concreto que o entrevistado foi capaz de oferecer): "Acho que sua fé aparece nas pequenas coisas. Não tento determiná-la, apenas sei que é importante para mim. Bem, está certo, eis um exemplo de minha fé como força no trabalho. Veja minha secretária. Ela teve um problema com seu noivo e um dia estava chorando em sua mesa de trabalho. Eu estava muito ocupado, mas parei tudo e tivemos uma conversa sobre suas idéias a respeito do casamento. Acho que se você for sensível às pessoas, isso é sinal daquilo que Deus está pedindo que faça."

O senso de piedade geral do Generalista é tão forte que pode mascarar ou desviar a intenção de detalhes incômodos. Não podem se dar o luxo de olhar para o turbilhão de demandas conflitantes. Sem qualquer estrutura para ajudá-los a raciocinar sobre os desafios religiosos dos negócios, sua fé é uma tênue corda bamba acima das demandas da vida diária. Uma Generalista orgulhosamente nos disse que ela se recusava a oferecer benefícios de seguro-saúde para abortos; na verdade, não oferecia qualquer tipo de seguro-saúde aos funcionários. Um gerente de uma empresa de serviços financeiros falou demoradamente sobre investimento socialmente responsável como sendo sinal de práticas cristãs. Quando solicitado a explicar o que era explicitamente cristão nesses investimentos e como isso afetava suas próprias práticas de negócios, pôde apenas afirmar: "Bem, eu não invisto em ações de empresas de tabaco."

Não é de espantar que o Generalista representa uma grande categoria de crentes dentre os que entrevistamos. Fechando os olhos para a maioria de suas práticas específicas de negócios, desenvolveram um bom mecanismo para lidar com a sensação de bem-estar com o mundo e o cumprimento de obrigações sentidas, assim testemunhando a sua fé. Não é surpresa o Generalista aparentar ser hipócrita a quem está de fora; nada atrai suspeita mais depressa do que uma alegação de perfeição.

Atomistas: "Dai a César"

Atomistas representam a alternativa pessimista aos Generalistas otimistas. São pessoas que têm fé religiosa mas sentem que é melhor manter os dois reinos separados, com intrusão apenas ocasional.

Atomistas tentam preservar a religião e seu encaixe com a cultura de negócios sujeitando ambos a uma espécie de compartimentalização mental. Linguagem, processos mentais, cultura, metas – supõem que todas essas coisas parecem muito diferentes de uma perspectiva de fé ou de negócios. No entanto, não são necessariamente hipócritas, assim como não era a admoestação elíptica de Jesus para "dar a César as coisas que são de César, e a Deus as coisas que são de Deus". Um entrevistado Atomista observou com tristeza: "Vim a crer que posso trazer minha fé para o trabalho, mas não minha religião."

Como esse comentário indica, Atomistas podem até compartimentalizar os vários aspectos da religião, através da atribuição de diferentes termos, dependendo do quão privado ou público for seu contexto. A fé, por exemplo, diz respeito à crença privada. Molda caráter e ética básica e talvez também sugira um ordenamento cosmológico que crie uma âncora conceitual para a resolução de problemas. Esses aspectos da religião, entretanto, operam de forma não-verbal ou de maneira deliberadamente disfarçada. A religião, em contraste, é equacionada a formas institucionalizadas, à igreja ou a denominacionais sem fins lucrativos. Esses aspectos parecem totalmente inadequados como autoridade direta sobre os negócios e sua cultura. A terminologia pode fazer com que Atomistas pareçam mais cínicos e anti-religiosos do que na verdade são. O Atomista categoricamente contra a religião no local de trabalho pode jamais mencionar que sente intimamente uma profunda dependência pessoal em fé, ética ou espiritualidade nos assuntos diários no trabalho.

Também verificamos que estratégias Atomistas eram especialmente evidentes entre aqueles cujas tradições religiosas concebiam caridade e boas ações como "pontos espirituais" no jogo da vida. Contribuições e atividades de serviço social fora do trabalho ou doações filantrópicas realizadas por suas empresas eram evidência suficiente de uma fé operante. As atividades da empresa relacionadas a lucros permanecem fora da discussão.

A ordenação mental do Atomista relativa a religião e negócios é composta de várias partes e papéis separados, das quais a religião é apenas uma. É um produto natural da modernidade, que vem impondo pressão extrema direcionada à especialização e à fragmentação desde a Revolução Industrial. Essas forças são de tal forma poderosas que até mesmo os programas sobre equilíbrio supostamente holísticos de hoje tornam-se sujeitos a estratégias atomistas. A vida se divide em pedaços cientificamente classificados de tempo despendido em cada papel, que somente promove mais atomização (três horas como pai ou mãe, oito horas como gerente, uma hora como freqüentador de igreja, e assim por diante). Nesse modelo, o Atomista poderia ver a freqüência à igreja como indicador-chave de fé e pensar nessa atividade como o exemplo essencial da religião. Aos domingos, "enche-se o tanque" através da participação em ritual, tirando folga do trabalho e evocando quadros de consciência de outro mundo. Mas não há qualquer necessidade percebida de diferimento tangível aqui. Qualquer expectativa de integração de religião e trabalho já é limitada por definições de religião que reforçam a separação dos domínios e os múltiplos papéis na vida.

Contrariamente ao cenário de pesadelo de C. P. Snow, o de duas culturas em guerra em nossa sociedade, as pessoas hoje resistem à capitulação total quer à ciência, quer à religião. Reconhecem certo grau de transbordamento ou referência simultânea a várias formas de saber, mesmo que não possam visualizar coerência total. A popularidade atual de programas de espiritualidade holísticos entre as pessoas de negócios é boa evidência desse desejo de sobrepujar a atomização.

Mesmo assim, a abordagem Atomista tem muitos atrativos. Na melhor das hipóteses, reforça a preciosidade da fé ao mantê-la separada, supostamente livre de contaminação pelas formas seculares de pensamento ou motivos mundanos como lucro. Evita impor sectarismo no local de trabalho. Infelizmente, essa estrutura também pode construir um beco sem saída espiritual. Sendo conceitualmente tão separada do mundano, é quase impossível traçar um elo entre idéias religiosas específicas e o cenário dos negócios. O Atomista é definido pelo quadro inteiro, mas as peças não se relacionam muito bem entre si. Como resultado, pode-se desenvolver personalidades múltiplas e conflitantes – ser uma pessoa no trabalho da qual se teria vergonha na igreja. Alguns Atomistas insatisfeitos descrevem esse padrão como "deixar a religião para trás nos bancos de igreja" ou "não ver a ligação entre domingo e segunda".

A fé é fundamentalmente vista como um ato de literal obediência a autoridades eclesiásticas ou bíblicas, mas somente onde as regras são tornadas explícitas. Dependendo da denominação, a fonte de regras bíblicas pode ser a interpretação pessoal, ou então ser mediada através de uma autoridade religiosa oficial, como o Vaticano. Dada a expectativa de pluralismo nos negócios norte-americanos, Congregantes Obedientes tendem a restringir suas estratégias de integração a suas próprias atividades pessoais e não tentam impor essas regras a toda a corporação. Esse modelo busca o estabelecimento aproximado do tipo de autoridade eclesiástica ou bíblica sobre a economia que operava em comunidades calvinistas e medievais (típico dos Ressacralizadores), mas sem expectativa de uma revolução cultural na sociedade. Integração é assim alcançada através de atos esporádicos e compartimentalizados. A história deste Congregante Obediente é um bom exemplo dessa dinâmica: "Éramos uma prestadora de serviços de informações, e um de nossos clientes era dedicado a prover informações sobre sexo seguro a adolescentes. Tecnicamente, não nos envolvíamos no conteúdo daquilo que pregávamos, mas o gabinete do cardeal nos abordou, reclamando desse serviço. A decisão era basicamente minha e eu discretamente encontrei um motivo pelo qual essa conta não poderia ser aberta. Não tentei transformar isso em política corporativa. Não haveria possibilidade e não cabe a mim levar minha religião a esse ponto."

Nesse caso, outros membros da mesma denominação objetaram a decisão e por fim chegou-se a um acordo relutante com o gabinete do cardeal sobre liberdade de acesso a esse serviço.

Esse resultado ilustra dois problemas-chave. O primeiro é o problema de permissão e honestidade: o Congregante Obediente não tem permissão para impor a posição da igreja à corporação e, portanto, deve se engajar em "dissimulação" do tipo mencionado anteriormente. O segundo é a falta de aplicação de compreensão religiosa. Se o Congregante Obediente se volta para a igreja ou para a Bíblia em busca de interpretação específica das regras do novo contexto de negócios, encontrará orientação insuficiente. As regras não acompanharam o mercado ou a atenção da igreja está voltada para um nível macropolítico tal que se torna inaplicável a uma situação de negócios específica. Sem recursos adicionais para orientação da igreja e sem qualquer vocabulário que traduza a visão de mundo religiosa para linguagem de negócios aceitável, o Congregante Obediente rompe o pensamento religioso nesse ponto, voltando-se para padrões secularizados em busca de orientação. Veja a discussão desse entrevistado relativa à visão de sua igreja da questão da dignidade do trabalho e de salário de subsistência:

> Concordo totalmente com a carta pastoral do bispo quando disse que precisamos reenfatizar a conexão entre trabalho e a possibilidade de dignidade humana. Salário de subsistência é uma questão separada e não tenho certeza de como se relaciona. Até aqui, a igreja se alinhou com alguns sindicatos em relação a isso, mas em grande parte não estamos em um negócio sindicalizado. Há muitos assalariados entrantes que trabalham em expediente parcial e salário mínimo é muito dinheiro para eles. É uma questão difícil. *Felizmente, não preciso pensar nisso em minha empresa* – pagamos tão acima do salário mínimo que salário de subsistência sequer é discutido.

As limitações auto-impostas dessa abordagem são óbvias considerando-se o comentário grifado, acima.

Como observou um congregante que rejeitara especificamente a estratégia dos Congregantes Obedientes: "A natureza do trabalho é dinâmica, flexível e de fluxo livre, não estática ou rígida." Passou então a falar de novas idéias de negócios, e de encontrar mais que seja útil na discussão secular de amor, deslumbramento, humildade e compaixão como qualidades de liderança do que das rígidas regras da igreja.

Infiltradores: "Minha Religião Parece se Infiltrar para Cima"

Os Infiltradores se posicionam entre os Atomistas e os Generalistas, esperando instâncias concretas ocasionais nas quais a religião "se infiltra para cima", para o consciente e para a solução de problemas. O modo de conexão pode ser uma regra ética, um senso de ajuda de Deus na manutenção de um posicionamento moral, uma obrigação específica para com um determinado grupo ou até mesmo o aparecimento ocasional na empresa de pares de negócios para participarem em atividades relacionadas à igreja. A descrição de um entrevistado de sua própria hesitação em deixar que a religião penetrasse os domínios dos assuntos de gerência foi a fonte de nosso termo para essa abordagem: "Sou profundamente devoto, ou pelo menos tento ser, e minha religião significa muito para mim. Não a igreja; minha religião. Mas não espero me valer de minha religião em minha vida diária. Não creio que seja apropriado. Só sei que parece se infiltrar para cima."

Infiltradores têm medo de impor religião em um cenário inapropriado, como o local de trabalho. Os valores de tolerância, oportunidades iguais e estar livre de discriminação são a pedra fundamental de uma força de trabalho diversa. Para que forçar? Externar crença religiosa pode ser um abuso de poder se implica pressão sobre outros para que suprimam suas próprias crenças. Diferentemente de Justificadores e Ressacralizadores, que ressuscitariam uma identidade cristã para a cultura corporativa, Infiltradores buscam uma forma de expressão religiosa altamente disfarçada. Essa abordagem tem sido a principal estratégia dos leigos protestantes liberais ao longo dos últimos trinta anos – uma religião privadamente significativa e publicamente irrelevante, citando Peter Berger.

Para permanecer relevante mas disfarçada, a fé do Infiltrador deve penetrar consciência e comportamento de formas indiretas e altamente sutis – tão sutis que pareça ser quase que irreconhecível até mesmo para os próprios Infiltradores na vida diária. O homem que descreve sua fé como infiltrando para cima é um exemplo. Uma mulher, encarregada de um programa de responsabilidade social em sua empresa, relata uma viagem de fé diferente, mas que chega à mesma conclusão: "Sou religiosa em certo sentido, mas após ter visto e experimentado a intolerância pregada pela igreja, não posso ser muito aberta para a idéia de fé em minha vida diária. No entanto, sei que tenho certas crenças religiosas básicas que não abandonaria, ou [que] seriam muito importantes para mim, se, digamos, eu estivesse morrendo. Entrementes, posso agir com base em minha consciência social de formas verdadeiras em minha vida nos negócios, maneiras que a igreja jamais empreendeu."

Ela supõe que o capitalismo é um sistema que recompensa investimento em coisas boas, seja um novo produto, treinamento de funcionários ou cidadania corporativa. Aspectos sociais do cristianismo assim se infiltram para cima nas atividades de responsabilidade social de sua empresa sem a bagagem do raciocínio religioso em si. Como indicam os comentários de ambas essas pessoas, uma estratégia de Infiltrador ajuda a pessoa de negócios a lidar com preocupações quanto à eficácia da igreja em ação, além das relativas a conflito sectário dentro de uma organização caso a religião fosse mais visível. Na verdade, entre nossos entrevistados esse tipo de estratégia – tipificado como "religião diz respeito à preocupação social" – foi mais freqüentemente expresso por protestantes liberais de congregações de áreas de alta classe média.

Infiltradores pensam na ética de negócios de duas formas. Podem favorecer termos secularizados e utilitários, como participação em uma atividade construtora de comunidade alegando estar desenvolvendo fundo de comércio no mercado ou, então, podem fazer um julgamento intuitivo que responda ao "que me parece certo em termos de meus valores pessoais", como se recusar a participar em um negócio escuso mesmo que aparentemente ninguém vá saber.

Infiltradores supõem que essas abordagens à solução de problemas são misteriosamente influenciadas pelo processo de infiltração, primariamente por seu efeito sobre caráter. Os que estão satisfeitos com esse modelo podem resistir ativamente à reflexão adicional sobre fé e trabalho considerando ser suspeitamente inautêntica ou banalizadora de uma experiência religiosa autêntica. Os insatisfeitos com esse modelo podem considerá-la como estratégia reserva necessária, acreditando que a igreja jamais participou da sociedade sem cultivar intolerância e conflito.

Um Padrão de Desalento

Observamos a emergência de um padrão desalentador a partir dessas estratégias desenvolvidas para lidar com o problema: cada uma das abordagens convida uma espécie de raciocínio sem saída ao colocar restrições limitadoras sobre os valores fundamentais de nossas corporações e religião. Sem qualquer linguagem com a qual explorar a fé ou para criar compreensão compartilhada na comunidade cristã, esses modelos deixam de oferecer o tipo de orientação ativa e poder transformador que faria do cristianismo uma força destacada e apoiadora na vida das pessoas como pessoas de negócios.

Na prática, a maioria das pessoas adota uma mistura de estratégias para evitar os excessos ou inadequações de cada abordagem. Podem, no entanto, estar simplesmente se deslocando da fé para os desafios do trabalho. Algumas das limitações desses modelos para lidar com o problema são óbvias: poucos mecanismos de aproximação entre contextos sacros e seculares, regras sem orientação prática para sua aplicação, pouca compreensão de significado religioso ou espiritual nas atividades de trabalho e o perigo de transbordamento despercebido (como proselitismo pesado) que pode não ser aplicação legítima do pensamento religioso no local de trabalho. Dadas essas limitações, é compreensível que muitos cristãos almejem formas alternativas de expressão religiosa para apoiar suas lutas diárias – especialmente porque a igreja freqüentemente reforça a separação dos negócios da cristandade em seus próprios modelos de pensamento sobre integração.

Estratégias para o Clero

Como podem ver na Figura 2.1, a igreja desenvolveu uma série de papéis familiares que ou se equiparam ao grupo de negócios ou provocam uma separação mental ainda maior de negócios e religião em seus três aspectos. Não surpreendentemente, os Secularistas não são representados no clero, excetuando-se uns poucos exemplos nos quais a igreja se torna puramente dona de negócios e ab-roga toda tomada de decisão e todos os símbolos culturais em favor de autoridade secular.

Cínicos

No clero, encontramos boa representação da visão niilista típica do Cínico. Este inclui os Admoestadores, os Cães de Guarda e os Anarquistas – representantes de igrejas cujo único posicionamento em relação ao capitalismo é contra ele. Cínicos entre o clero supõem que os valores da religião e dos negócios são desesperançosamente irreconciliáveis. A integração não é possível porque não importa o quão bem-intencionada ou pessoalmente devota uma pessoa de negócios possa ser, o capitalismo é visto como estrutura econômica irremediavelmente injusta. A participação em seus propósitos de soma zero é retratada como exercício contra os pobres.

Ironicamente, um Cínico da igreja pode não-intencionalmente estar contribuindo para um padrão mais baixo de comportamento dos negócios ao perpetuar uma estrutura mental niilista em última análise. Assim como os Cínicos deixam de levar em conta os motivos e as realizações de pessoas dentro do sistema de negócios, pessoas de negócios descartam a igreja como fonte de orientação – ao mesmo tempo em que ainda esperam que uma espiritualidade ou sistema de crenças profundamente personalizada entre em funcionamento nos momentos certos em sua próprias carreiras honestas.

Atomistas

Os Atomistas religiosos são persuadidos de que a redenção é alcançada com pedaços de tempo de negócios e dinheiro dedicado a atos caridosos, manutenção de atividades da igreja, e assim por diante. Esse clero pode dar as boas-vindas à pessoa de negócios como chefe de um comitê de finanças ou como principal doador para o fundo de construção, mas outros aspectos da identidade profissional do congregante são isolados do reconhecimento da igreja. Esse grupo inclui clero que freqüenta o sopão regularmente para se comunicar com os pobres e desabrigados, mas jamais se aventura a sentar-se à mesa com um líder de negócios em um cenário corporativo.

É interessante notar que essa abordagem Atomista impede o clero de entreter plenamente a possibilidade de integrar a fé às suas próprias responsabilidades gerenciais. Satisfeito com relegar a possibilidade religiosa a ritual, ensinamento e ação social fora do apoio dos negócios podem perpetuar gerência e responsabilização desconfortavelmente ruins na direção da igreja.

Atomistas são também um exemplo interessante de como essas estratégias destinadas a lidar com o problema podem ser bem-intencionadas mas limitadoras na prática. Um dos mais populares programas habitacionais para os pobres no país engaja pessoas de negócios e doadores corporativos na efetiva construção de casas com seu "capital de suor". Em todos os aspectos uma experiência maravilhosa, o programa não obstante atomiza sua própria literatura para desenfatizar suas raízes religiosas conservadoras quando apela para empresas. Também não pudemos encontrar exemplos significativos de empresas que haviam participado desse programa terem mudado seus hábitos de empréstimo ou outras atividades relacionadas a habitação. Tendiam a descrever a atividade como "construção de equipes" e fazer o bem um "presente" para seus funcionários que retornavam para a comunidade.

Como esse exemplo ilustra, a visão Atomista permite alguma integração de ação social religiosa e compromisso corporativo, mas fracassa essencialmente em sustentar essa missão religiosa uma vez terminado o projeto específico.

Generalistas

Videntes e Retirantes são dois tipos de Generalista religioso. O Vidente focaliza uma ousada visão nova de eficácia, coragem moral e justiça social no mercado, passando por cima de fatores sociais ou financeiros complexos ao enfatizarem um resultado utópico alcançado através de ação sobre questões únicas.

O movimento Jubileu sofreu tal simplificação em alguns círculos religiosos. A profética chamada para o perdão de dívidas de países em desenvolvimento busca mudar um aspecto do capitalismo sem destruí-lo. Mas deixando de abordar (senão solucionar) problemas reais de roubo e brutalidade que acompanham o uso ilegal desses empréstimos em muitos países por si suscita perguntas difíceis sobre o uso subseqüente para o qual o dinheiro liberado será empregado. Mesmo que se coloque a culpa pela falta de mecanismos de responsabilização sobre as nações credoras, os problemas de implementação e o potencial de financiamento do roubo não podem ser desconsiderados.

Mas responsabilidade financeira e respeito à lei não são assuntos típicos de relevância cristã. Na ausência de mecanismos concretos para o engajamento em tais debates, Videntes fecham a lacuna com enchimento retórico e polêmico. Certos aspectos do capitalismo, como a preservação de mercados competitivos, são especialmente vulneráveis à omissão. Os Videntes também gostam muito de concepções idealizadas da corporação progressista, o novo modelo de "capitalismo que se importa". Ostentam visões românticas e generalizadas da *Body Shop* ou da *Ben and Jerry's* para serem admiradas e premiadas, ao mesmo tempo omitindo os motivos mundanos e mistos que são parte integrante daquelas empresas. O lucro, parece, acontece automaticamente para aqueles que se importam.

Religiosos Retirantes vêem a integração religiosa ocorrendo em cenários e papéis fora do local de trabalho. A igreja pode patrocinar um retiro, por exemplo, no qual pessoas de negócios são encorajadas a se valerem de sua fé e abordar seus relacionamentos matrimoniais e deixar o trabalho de lado por uns dias. Claramente, essa atividade pode ter algum efeito sobre a capacidade de uma pessoa de negócios de liderar com responsabilidade, mas não oferece um modelo de *integração religiosa direta*. Outros exemplos são as publicações e os seminários baseados na fé projetados para auxiliar pessoas de negócios em seu esforço para integrar fé e trabalho, mas que deixam de se engajar em qualquer tópico além de sexo, família ou testemunhos encorajadores de experiências do amor de Deus ou a profissão de afiliação pessoal à cristandade.

Justificadores

O mais notável Justificador com base em igreja é o pregador do evangelho da prosperidade. Prometendo bênçãos materiais para o verdadeiro crente e carregado de exemplos sentimentais de como uma visão religiosa "produziu resultados", o Justificador religioso constrói um raciocínio essencialmente auto-servidor para o elo entre o cristianismo e o lucro. Os frutos oferecidos por essa abordagem têm sido amplamente colhidos por certos televangelistas (mas não se limitam a eles).

Ressacralizadores

Religiosos Ressacralizadores adotam uma abordagem de despotismo benigno sobre o mercado, em grande parte baseado em idéias alternativas de justiça distribuitiva. Defendem a redistribuição ou o monopólio para provocar curto-circuito nos mecanismos de mercado. Sugerem várias maneiras de sobrepujar um contexto competitivo: contribuição forçada para ideais do local de trabalho, como salário de subsistência; barreiras à entrada no mercado através de contratos exclusivos para promover o desenvolvimento; ou investimentos determinados pela igreja em produtos e serviços para clientes que não podem cobrir o custo de produção e capital.

Essa ressacralização de propósito, no entanto, não pode ser implementada sem a acompanhante ressacralização do poder. Medidas voluntárias, empreendidas a esmo, são improváveis de ser competitivamente sustentáveis no longo prazo, a não ser que sejam universalizadas em lei ou reenquadradas como contribuição sem fins lucrativos. Ressacralizadores assumem o papel de déspotas burocráticos afirmando um direito de autoridade religiosa, coisa muito semelhante aos mandarins da antiga China. Em vez de se tornarem uma voz política, o que nos parece inteiramente apropriado, Ressacralizadores extremados buscam estabelecer uma interpretação religiosa específica como participantes do jogo do poder político. A igreja se torna árbitro significativo das escolhas econômicas nacionais. Qualquer coisa a menos é retratada como não se importar com qualquer que seja o grupo que alegam representar.

Ao aceitar o novo padrão de escolha estratégica dos Ressacralizadores, o mercado realmente se transforma. Torna-se impulsionado pelo mercado. Mas o árbitro da escolha na ausência de mecanismos de mercado deve ser investido de poder estatal, uma condição na qual há menos responsabilização por maus resultados desde que as regras sejam seguidas. Em uma democracia pluralista, nenhum único grupo religioso é provável de atingir tal poder. Ressacralizadores devem, portanto, adotar estratégias amigáveis ao mercado nas quais a responsabilidade social é vendida com base em seu poder de mercado (como é o caso de muitos fundos de investimento social) ou então adquirir poder político. No primeiro caso, o propósito ressacralizador é efetivamente secularizado. No segundo, a separação de igreja e estado é violada, para o desconforto de muitas pessoas, por motivos políticos e econômicos. Ambas as questões são plenamente aparentes no atual debate sobre financiamento pelo governo de caridades baseadas em fé.

Por esses motivos, a estratégia de integração dos Ressacralizadores tem passado por uma série de modificações interessantes para acomodar mecanismos democráticos e de mercado. Uma das mais promissoras pode ser a relocação de esforços de desenvolvimento econômico baseada em fé para uma jurisdição sem fins lucrativos. O desenvolvimento de empregos, habitação para pessoas de baixa renda e serviços de saúde são todos esforços que redefinem as regras sistêmicas tanto no nível de entrada da economia quanto no nível superior (em termos de redistribuição na forma de doações caridosas). Novos conceitos como empreendedorismo social são possibilidades empolgantes para o reenquadramento das questões da pobreza de forma a se afastarem do modelo de despotismo da igreja mas não dos problemas de justiça na economia.

Por outro lado, essas estratégias raramente lidam com o significado religioso de seus efeitos secundários. Uma vez tornada competitiva a atividade econômica, ela não mais será baseada em fé? Se as medidas protecionistas continuarem, suscitarão outros problemas relativos a justiça. Vejamos, por exemplo, a habitação para pessoas de baixa renda. Muito do desenvolvimento subsidiado aprovado pela igreja produz habitação a preços muito próximos da taxa de mercado quando os projetos são concluídos – *se* chegarem a ser concluídos. O subsídio do empreendedor imobiliário é realmente justo?

Ouvimos muitos da esfera acadêmica e da igreja assumirem um tipo de autoridade *ex cathedra* sobre a economia e as pessoas de negócios. Dada sua posição em instituições sem fins lucrativos entre colegas que tendem a compartilhar uma ideologia anticapitalista, podem se tornar excessivamente confiantes na autoridade que carregam. Para a pessoa de negócios que está do lado de fora, essas decisões podem parecer ingênuas ou mesmo hipócritas, uma tola desconsideração pela alimentação da galinha dos ovos de ouro. O problema aqui não é o seu questionamento do capitalismo, mas a ausência de uma voz diversa com interesses diferentes para considerar e debater, de forma plenamente informada, as alternativas estratégicas.

Pensando em Novas Estratégias de Integração

Cada estratégia que apresentamos neste capítulo entretém alguma possibilidade de integrar fé religiosa e, como tal, é útil. Mas cada uma também possui uma certa qualidade sem saída que a impede de ser uma conexão robusta entre a fé e as difíceis complexidades dos negócios da forma pela qual as pessoas as experienciam. Deixam de traçar uma linha no chão que resista a pressões mas mesmo assim ofereça um caminho para a criação de riqueza. Ainda mais perturbador, as estratégias religiosas institucionais em particular parecem ser gatilhos da retirada. Pessoas de negócios pensam em espiritualidade e trabalho com confusão sem nuances entre fé pessoal, convicção e afirmações de domínio institucional que levam ao conflito sectário.

Essas estratégias que visam lidar com o problema tendem em direção a um estado de entropia moral e intelectual. Idéias de integração são de tal forma sobrecarregadas por parâmetros dualistas que opõem os negócios à religião cristã e criam sistemas fechados nos quais a fé pode desempenhar apenas um papel limitado. Em vez de se tornar uma força energizadora, a religião chega rapidamente a um estado de quietude, desligada por irrelevância ou inadequação esperadas relativamente à vida de negócios. Muitos dos programas baseados em fé mais recentes que visam dar maior apoio a crentes engajados em negócios podem acabar replicando essas idéias fundamentais com resultados similares. Isso explicaria em parte o fracasso de muitos em se estabelecerem de forma significativa.

Também nos chamou atenção como os profissionais de negócios e religiosos espelhavam as estratégias uns dos outros, apesar de suas diferentes ideologias econômicas. Os padrões são realmente enraizados. Ambos os grupos estão transformando capitalismo e cristianismo em uma proposta "ou-ou", uma escolha exclusiva entre dois domínios distintos ou entre a livre empresa e um modelo econômico que suprime condições voltadas para o secularismo que apóiam a livre iniciativa. (Em termos clássicos, essas incluiriam a legitimação do lucro, o livre acesso aos recursos de produção e a livre troca.)

Espiritualidade e fé cristã exigem mais do que serem ingenuamente "boazinhas" ou bem-intencionadas. Em nossa definição de espiritualidade, sugerem vários *benchmarks* adicionais:

• Um engajamento com forças destruidoras da vida, quer geradas por escalonamento de salários, escolhas de produtos ou relacionamentos pessoais no trabalho.

• Consciência religiosa, que não significa rezar o tempo todo e sim encontrar espaço na vida de trabalho para os momentos pontuados de transcendência que representam conhecer Deus.

• Justiça – uma paixão que está marcantemente em falta ou reduzida para muitas pessoas de negócios de hoje.

Idéias atuais sobre religião e negócios fazem muitas pessoas se afastarem desse engajamento mais profundo muito antes de haver uma transformação substantiva de seus locais de trabalho. Dada a tênue estrutura conceitual mesmo em suas próprias igrejas e as diferenças radicais dos domínios, isso é compreensível, mas não útil. Ou prejudicam os negócios ou prejudicam a religião.

Claramente, precisamos de uma nova estratégia que ofereça aos cristãos uma possibilidade mais rica de integrarem sua fé a suas vidas de negócios. Assim como o movimento de espiritualidade secular abriu novos meios radicais de pensar em resolução de problemas de negócios, assim também comunidades cristãs devem desenvolver concepções de religião como um poderoso recurso para a mentalidade de negócios.

As estratégias destinadas a lidar com o problema aqui descritas constituem um início fértil para começarmos a crítica. O profissional de igreja e a pessoa de negócios devem examinar cuidadosamente suas estratégias pessoais para compreenderem o quão profundamente impulsionam ou limitam o significado religioso *do* trabalho e o impacto religioso *sobre* o trabalho. Conceitos mais poderosos para conhecermos Deus em nossas vidas devem evoluir não apesar do forte contraste entre os domínios, mas por causa dele. Um bom lugar para começar é pela lacuna observada em todas as estratégias, entre aspectos personalizados e experienciais da fé por um lado e a gama total de ética nos negócios com que a maioria das pessoas de negócios se depara, do outro.

Essa lacuna não é provável de ser abordada a não ser que as igrejas desenvolvam um novo formato relacional com a comunidade dos negócios de forma a aproveitar o conhecimento dos negócios em um primeiro estágio do esforço conceitual.

Se um novo modelo for ser desenvolvido, parece ser imperativo que representantes de ambas as comunidades se engajem nesse desenvolvimento em conjunto. Como logo descobrimos, no entanto, conflitos profundamente arraigados de visão de mundo, cultura e autoridade entre a igreja e profissionais de negócios reforçam uma tendência de evitar a realização de uma jornada espiritual sobre responsabilidade profissional *em conjunto*. Nossas entrevistas revelaram que apesar de um crescente interesse na conexão negócios-trabalho entre leigos, há pouco diálogo igreja-negócios no momento. Por mais desencorajador que isso seja, uma estratégia superficial para manter a religião viva, mas em sua caixa, não é melhor. Em vez disso, devemos compreender por que a separação tem sido de tal forma severa e o que a está impulsionando hoje.

Reflexão

- Reveja as sete principais estratégias para lidar com a integração de negócios e religião. Qual delas o descreve melhor?
- Quais as vantagens e limitações dessa visão em sua experiência de quem você é no trabalho e o quão bem você se sente ancorado em seus valores essenciais?
- Quais as estratégias mais comuns que você tem observado entre pessoas de negócios e clero? O que acha de seu posicionamento?
- Quando você muda de estratégia, o que lhe pareceria diferente em seu comportamento nos negócios ou nas ações de sua empresa?

Ação

- Convide um pequeno grupo de pessoas de negócios e pelo menos dois clérigos para uma refeição para discutirem as estratégias para lidar com o problema da integração. (Você poderá copiar a Figura 2.1 e distribuí-la nesse encontro.)

- Peça ao grupo que descreva os tipos que observa com mais freqüência e os efeitos que vê no comportamento de negócios.

- Como essas estratégias se comparam à maneira pela qual você observa colegas de negócios discutindo ou praticando a chamada espiritualidade secular?

- Se estereótipos destrutivos estão impedindo a inquirição, peça tempo e compartilhe essa observação. Note o que o grupo está observando e reveja essas observações após ler os Capítulos 5, 6 e 7.

3

Não é Nosso *Modus Operandi*

A Resposta da Igreja aos Negócios

Não tento interferir nos negócios deles. Não teria os conhecimentos especializados, mesmo que pensasse ser certo aconselhá-los. Mas tenho um relacionamento pessoal muito estreito com várias pessoas de negócios em minha congregação.
— *Clérigo protestante.*

Jack, um gerente em uma grande empresa, é católico relapso. Vê as políticas sociais da igreja com desânimo, mas sente uma forte conexão pessoal com a religião. Valoriza ser uma boa pessoa no trabalho, significando ser atencioso, honesto e, se possível, generoso. Ele nos contou a sua história.

Ele precisa fazer uma escolha: decidir se a empresa deve ou não continuar a oferecer sua política atual de pagar por determinados tipos de invalidez. É generosa, tratando qualquer invalidez como invalidez total e o reclamante bem-sucedido recebe o benefício total por toda a vida. Novas circunstâncias econômicas e padrões mutantes dos reclamantes tornaram a política uma contínua fonte de prejuízos para a empresa. Além disso, muitas pessoas portadoras de invalidez ainda são capazes de trabalhar, mas não nos seus empregos anteriores. Parece eticamente absurdo que a empresa financie seu lazer vitalício, embora por direito legal seja esse o contrato.

Ao avaliar a reformulação desse tipo de política, Jack reúne uma panóplia de argumentos utilitários para decidir se é moral e financeiramente correto encerrar ou modificar essa oferta. Ele raciocina que a concessão dos benefícios prejudicará muitas outras pessoas ao consumir uma parcela tão grande da receita da empresa. Custos de seguro subirão em outras categorias e empregos serão perdidos. Além disso, a política encoraja as pessoas a mentirem. Sabe-se que corporações que buscam dispensar trabalhadores dizem a seus funcionários que aleguem invalidez total como forma de garantir uma renda continuada e até mesmo procurem médicos que reforcem essas reclamações.

O utilitarismo secular, quando aplicado de forma humanística, media o problema, levando em conta os diversos grupos interessados afetados. Mas, quando Jack começa a chegar a essa conclusão, um segundo nível de significado se intromete, um que tem que ser denominado "baseado em religião". Ele se vê pensando na dignidade humana, sobre "defender uma abertura das possibilidades da vida", como defendeu João Paulo II em *Centesimus annus*. Jack sempre gostara dessa frase e ela freqüentemente surge em sua mente como um mantra.

O programa de invalidez sob exame não abre as possibilidades da vida. Degrada o reclamante, a seu ver, e ameaça o ganha-pão de funcionários e acionistas. Mas simplesmente encerrar todas essas políticas por serem provavelmente não-lucrativas também é inaceitável: algumas pessoas realmente precisam de benefícios de invalidez total permanente. Sua empresa pode optar por oferecê-los ou a decisão recairá sobre o Estado?

Ele poderá resolver o problema com uma olhada rigorosa nos números, encontrando uma estrutura de estabelecimento de preços para tais apólices de seguro que os disponibiliza (mas apenas a pessoas em empresas excepcionalmente generosas ou que possuem os recursos para financiá-los). Em vez disso, Jack estabelece uma força-tarefa de médicos, executivos de companhias de seguros e clientes. Após alguns anos, uma série de práticas inovadoras emerge para aliviar o custo desse tipo de seguro. É criada legislação que aprova escalas graduadas de indenização por invalidez, assim permitindo indenizações parciais e a oportunidade para exigir que os reclamantes procurem algum tipo de trabalho. Além disso, a empresa trabalha estreitamente com um dos principais hospitais de reabilitação em sua área para desenvolver novas terapias e equipamentos que permitam mais mobilidade para pessoas inválidas.

Um cínico diria que a religião nada tem a ver com esses resultados. O programa inteiro ganha mais dinheiro para a empresa. Jack diz que uma combinação de bom-senso nos negócios (ética secularizada) e algo mais profundo tem a ver com como ele valoriza a vida humana, uma visão que ele atribui à sua religião e acha que não deve negligenciar.

A ironia da situação é que Jack quase não reconheceu esse processo de fé em sua própria vida de trabalho até o momento de nossa entrevista. Está de tal forma acostumado a ver sua igreja como sendo hostil aos negócios em seu setor industrial e a suas extensas políticas familiares sobre educação infantil e controle da natalidade que erigiu um filtro secular para sua consciência. Uma decisão de negócios pode ser pessoalmente significativa, mas é basicamente uma questão secular.

Jack não está sozinho. Ambivalente quanto às políticas sociais e econômicas de sua igreja, à vontade com os mecanismos éticos da racionalidade esclarecida, ele deixa de explorar a conexão entre fé e trabalho. No entanto, ele acredita que está ali em seu coração e às vezes anseia por uma carreira na qual possa acessar de perto a dinâmica da religião e da espiritualidade: um senso de significado maior; e uma consciência de um mundo maior do que os negócios, de comunidade, de certo e errado – as coisas que definem humanidade e definem uma identidade cristã. Essas características de preocupação religiosa tornam-se necessidades sentidas em sua vida. Não são plenamente articuladas e nem necessariamente motivo para desespero, pois a pessoa de negócios é essencialmente otimista. Mas quando Stephen Covey repentinamente apresenta um padrão para a eficácia no trabalho que ecoa o desejo de equilíbrio e humanidade buscados por Jack, ou quando a autora Meg Wheatley sugere haver uma nova explicação quanto à ordenação do universo que por acaso apóia muitos dos valores que mais admira e quando ambos os programas sugerem a esse gerente estressado ao extremo que não só é possível mas também essencial pensar nessas coisas como parte de seu papel nos negócios, a idéia se mostra poderosamente atraente. Ele mergulha nesses programas em busca desse fim. Que apoio similar Jack e seus colegas nos negócios têm por parte da igreja? Nem de perto o suficiente.

As extensas pesquisas sociais de Robert Wuthnow de dados vindos de uma grande amostra de alegados cristãos de todas as denominações sublinham a lacuna de entendimento entre negócios e religião que examinamos no capítulo anterior. Em suas palavras: "As pessoas não estão estabelecendo conexões entre a espiritualidade e suas vidas diárias. Estão preocupadas com suas próprias necessidades econômicas e não sentem que as igrejas estejam atendendo às necessidades."[1]

A nova espiritualidade, por outro lado, *está* respondendo a essas necessidades. Como comentou Al MacDonald, homem de negócios, membro do conselho e fundador do *Trinity Forum* (uma organização leiga para altos executivos): "As igrejas simplesmente não estão fazendo o suficiente nessa área. Se estivessem fazendo até mesmo um esforço com pouco entusiasmo, teríamos fechado as portas. Na verdade, as pessoas estão se acotovelando para participarem de nossos retiros."

A Tradicional Resposta da Igreja aos Negócios

O que as igrejas e instituições eclesiásticas estão fazendo? Como estabelecem seus próprios termos de engajamento com a vida econômica?

Durante a década de 90, emergiram duas tendências principais nas igrejas liberais: foco na voz pública da religião e a promoção do voluntarismo em uma sociedade pós bem-estar social. Os últimos anos, como observa Martin Marty, testemunharam um súbito aumento de atenção acadêmica à religião na vida pública.[2] Muito desse bom trabalho diz respeito a uma "religião civil" generalizada que oferece uma base comum de convicção quanto a valores sociais.[3] A outra vertente principal de atividade acadêmica relativa a religião pública tem-se concentrado no estudo daquilo que instituições religiosas (ou, no jargão corrente, "instituições baseadas em fé") estão e deveriam estar fazendo em benefício do bem-estar público. Ambas essas áreas de concentração têm tendido a desprezar aquele mundo de meio-caminho que existe entre o público e o privado: a corporação.

Muito embora a igreja há muito venha examinando minuciosamente os sistemas econômicos e os princípios de investimento, esses estudos ou têm sido desprovidos de conteúdo específico de negócios, ou têm apresentado uma visão de tal forma ultrapassada de assuntos de negócios que se tornam irreconhecíveis no contexto do século XXI. Como as igrejas podem se reconectar a suas tradições específicas? A diversidade e os pontos de vista religiosos leigos e acadêmicos sobre a vida econômica se expandem, indo desde a teologia da libertação até o neoconservadorismo, evangelhos cristãos de prosperidade e novas formas de investimento social, modelos de cura espiritual de doze passos e seminários gerais sobre liderança. Qual modelo de orientação e autoridade a igreja deveria adotar?

A resposta tradicional da igreja a questões econômicas pragmáticas tem adotado três formas principais: (1) afirmação ideológica; (2) ação social e (3) relacionamentos.

Afirmação Ideológica

Nenhum documento religioso na história recente tem sido mais amplamente disseminado do que a carta pastoral de 1986 da Conferência Nacional de Bispos Católicos dos EUA, "Justiça Econômica para Todos: Carta Sobre o Ensino Social Católico e a Economia dos EUA". Notável por sua inclusividade de visões diversas entre os bispos na discussão e adoção desse documento, constitui bom exemplo de uma declaração ideológica religiosa.

O documento expõe uma declaração detalhada dos princípios pelos quais os católicos devem abordar a vida econômica moderna. Principais entre estes, estão a dignidade das pessoas, a solidariedade para com os pobres e a subsidiariedade (um princípio de disseminar o trabalho e a responsabilidade entre aqueles da igreja mais bem qualificados para realizar a tarefa).

As igrejas sempre têm se mostrado à vontade com tais abstrações. Não surpreendentemente, freqüentemente buscam abordar sérias preocupações econômicas e sociais do dia através de declarações ideológicas cuidadosamente argumentadas. Se há um problema, então teorize sobre ele – preferivelmente em termos normativos. (Por exemplo, qual *deveria* ser o critério para a definição e medição do dever de um cristão para com a vinda do Reino de Deus, relativamente aos pobres?) Alguns desses argumentos são redigidos como esclarecimentos de um ponto teológico anterior; outros são colocados como "mandamentos", regras normativas sobre o que fazer em determinadas situações.

Tais tratados são distribuídos a paróquias ou instituições acadêmicas na esperança de se lançar uma semente. Assim, em setembro de 1999, tanto a igreja Católica Romana quanto a Metodista Unida sinalizaram seu crescente interesse na fé e no trabalho emitindo mensagens-amostra para o Dia do Trabalho. Essas declarações, institucionalmente alinhadas com grupos de mão-de-obra organizada, enfatizavam responsabilidades cristãs para promover justiça no mercado ao lutar em favor "dos que vão trabalhar dia após dia, pouco ganhando enquanto labutam humildemente".[4]

Como estrutura para a resolução de problemas, essa resposta tem recebido o mais alto apoio da elite da igreja: as escolas de teologia e os eclesiásticos denominacionais. Para esse grupo, *fazer* alguma coisa significa redigir um trabalho posicional e *discuti-lo*. Exemplos abundam, desde as muitas descrições de comportamento ético nos negócios advindas de faculdades de administração afiliadas aos jesuítas até as cartas pastorais católicas e os trabalhos posicionais das denominações protestantes.

Para muitos da igreja, sermões e trabalhos posicionais constituem uma resposta forte. A suposição não-declarada é a de que o caminho para a relevância já foi suficientemente percorrido uma vez articulada uma posição teologicamente apropriada – mesmo que o destino final ainda não tenha sido alcançado. A profundidade desse viés se torna aparente quando consideramos a abundância de argumentação teológica referente a por que uma nova linguagem que abranja a paisagem moral da religião e a sociedade pluralista precisa ser desenvolvida, e então a comparam à ausência de exemplos vivos da linguagem na prática.

Ação Social

O engajamento direto em ação social é outra resposta religiosa-chave para as questões de fé e negócios. Entrevistamos vários clérigos para este livro que citaram a ação social como evidência primária de sua preocupação de serem relevantes aos negócios. Com efeito, os negócios eram o ponto focal de sua mensagem enquanto procuravam encorajar congregantes a se preocuparem em assumir responsabilidade pela abordagem aos males da sociedade; mas os negócios eram relevantes apenas enquanto podiam ser considerados como fonte de injustiça, não de sua cura. A fé exigia uma posição acima e contra a atividade de negócios e de tudo que parecia representar.

Os comentários de um clérigo liberal protestante da área de Boston são típicos. Quando perguntamos se ele e sua congregação estavam fazendo alguma coisa na área da integração de trabalho e fé, ele respondeu entusiasticamente: "Sim. Estamos muito preocupados com justiça econômica. Nossa igreja foi uma das primeiras de nossa denominação a boicotar empresas da África do Sul." Disse também: "Estamos auxiliando diariamente aqueles excluídos do sistema econômico e tentando fazer com que as pessoas de negócios de nossa congregação que têm mais a se envolverem mais."

Não que esses sentimentos sejam não-apropriados, mas deixam um resíduo de outras suposições. Retratam os negócios como uma força negativa a ser combatida e direcionam a atenção econômica dos congregantes para domínios fora da arena efetivamente experimentada por pessoas de negócios. Respostas como essas demonstram como a igreja levanta um certo pano de fundo que enquadra sua tendência de engajar em atividades relacionadas ao sistema econômico, mas não às pessoas que nele vivem. Uma conclusão lógica seria a de que a ação social cristã é ou uma atividade negadora (direcionada à interrupção de negócios) ou, se positiva (como envolver pessoas de negócios em ação social), uma a ser desviada em direção a atividades que não de negócios, como mecanismos não de mercado para a provisão de alimentos, abrigo ou serviços de saúde. Nada disso prepara a igreja para abordar a vida econômica da forma pela qual pessoas de negócios e seus colegas a experimentam.

Uma organização de serviços sociais baseada em fé, por exemplo, afirmou dizer respeito primariamente à justiça econômica. Acabou demonstrando que 90% de seus recursos estavam sendo despejados em programas para a juventude para combate às drogas. Quando perguntamos como isso oferecia uma chance para que os negócios se engajassem em justiça econômica, explicaram-nos que na verdade queriam dizer que os negócios poderiam contribuir com dinheiro para corrigir os abusos da injustiça sistêmica. Seus programas para a juventude eram corretamente tidos como abordando problemas de raiz que eram parcialmente função do sistema econômico, e que isso evitaria a participação na economia principal mais adiante. Mas como se pode esperar que pessoas de negócios façam algum tipo de conexão dessa posição a seu próprio trabalho e os problemas efetivos sobre os quais têm algum poder em suas vidas profissionais?

Relacionamentos

Na segunda resposta, a igreja se engaja ao sistema econômico em vez de às pessoas que nele trabalham. A resposta número três vai ao outro extremo, engajando-se às pessoas que por acaso estão nos negócios mas não às atividades e aos papéis que desempenham no trabalho. Vários clérigos avaliaram seu impacto sobre os congregantes em sua busca pelo aprofundamento de sua fé e de seu trabalho pelo *status* de suas amizades. Recordemos as palavras de um pastor, citadas na epígrafe que abre este capítulo; aquela pessoa continuou dizendo: "... Sou pessoalmente muito próximo a várias pessoas de negócios em minha congregação. Algumas delas têm atravessado muita coisa, pessoalmente. Temos um bom relacionamento."

Essas pessoas formaram esses relacionamentos primariamente através do exercício de tarefas pastorais oficiais (casamentos, funerais), participando mutuamente nos rituais da igreja, buscando aconselhamento pessoal ou familiar e, em alguns casos, recebendo uma espécie de patrocínio pessoal com um importante congregante de negócios. O pastor era convidado a acompanhar os líderes de negócios em viagens para jogar golfe ou à Terra Santa. Esses atos de amizade encorajavam ambos a compartilharem suas perspectivas de vida e eram formas tangíveis de tornar o clérigo parte da vida do congregante de negócios.

Outros pastores citaram momentos em que auxiliaram uma pessoa de negócios a atravessar uma crise familiar, uma perda de emprego ou outro momento difícil. A afeição e o *insight* para o caráter um do outro permaneciam por muito tempo depois, manifestando-se no fato de a pessoa de negócios estar aberta a pedidos especiais de recursos financeiros para uma necessidade da igreja ou em retribuir o apoio e o aconselhamento quando o pastor atravessava um momento de turbulência. Tais relacionamentos eram inegavelmente importantes tanto para o congregante quanto para o pastor; ambos os relatavam como indicadores de um saudável respeito de ambas as partes, apesar de reservas em grande parte não-expressas quanto às suposições econômicas um do outro.

O que Está Realmente Acontecendo Aqui?

Cada uma dessas respostas tem sido fortemente legitimada nas tradições da igreja institucional. Clero e teólogos as descreveram como sendo boa indicação de que a igreja "está fazendo algo" em termos de envolvimento em questões de fé e trabalho. É importante, portanto, reexaminar o que as igrejas estão *fazendo* para compreender aquilo que estão *realizando*, já que parecem existir limitações inerentes aos *insights* e às mudanças produzidos por essas respostas em meio aos leigos de negócios.

A primeira resposta, não-surpreendentemente, reflete a linguagem e as preferências temperamentais das pessoas que as geram. A orientação teórica de uma declaração ideológica e o cenário não de negócios no qual as respostas dois e três ocorrem sugerem uma tendência a favorecer abordagens orientadas para a comunidade dos profissionais de igrejas e acadêmicos. Não é incomum um pastor que vocifera sobre um tratado teológico parafrasear no mesmo nível macro e despersonalizado.

O clero é versado em distinções teológicas sobre uma religião que alega ter posse total de sua alma mas não exige oração em tempo integral. Oferece exemplos concretos baseados em experiências domésticas ou psicológicas, mas analogias a um meio de negócios são apenas parcialmente aparentes. Essa abordagem indireta pode simplesmente ser demasiadamente sutil para a mente pragmática, abrangente demais para adentrar a estreita passagem do comércio. A pessoa de negócios tipicamente possui muito menos afeição por retórica e argumentação teológicas. Várias pessoas nos disseram ter participado de sessões de aulas bíblicas para adultos nas quais se viram ávidas para ler uma carta pastoral ou passagem bíblica sobre questões econômicas, mas verificaram que a discussão rapidamente se esvaziava quando chegava a hora de criticar a prática efetiva. Ou os participantes se mostravam temperamentalmente indispostos a extensas sondagens textuais ou as habilidades de conhecimento do pastor acabavam logo após as abstrações terem sido plenamente definidas.

Inversamente, uma platitude ou parábola contemporânea que desagradava o pastor como sendo demasiadamente boba ou ingênua poderia tocar uma corda profunda entre as pessoas de negócios e ser repetida entre pares. Entusiasmo em relação a uma argumentação teórica religiosa por si mesma era muito menos freqüente.

Vários relatos de experiência na interpretação de um tal tratado confirmaram um efeito distanciador básico do foco sobre discussão teológica. Se a pessoa de negócios concordasse em que o conceito era importante, os meios de se efetuar essas posições na prática raramente eram discutidos. (Um bom exemplo seria o conceito de solidariedade.) Resultado: nenhuma compreensão de aplicação no mundo real. Em outros casos, se a pessoa de negócios discordasse das aplicações que estavam sendo sugeridas (como interpretação de solidariedade fundamentada na teologia da libertação), encontrava meios de evitar um confronto que pudesse pôr em risco o relacionamento com o sacerdote. Isso se assemelha à reação de muitos católicos norte-americanos em relação ao posicionamento da igreja quanto ao controle da natalidade: não discuta isso com seu padre. O relacionamento distanciado resultante tem sido bem documentado relativamente a gênero e questões sexuais, mas tem sido muito menos discutido relativamente a pessoas de negócios e às posições econômicas da empresa.

O engajamento significativo em ideologia teológica requer a superação de problemas de linguagem e uma transição da orientação geral para a específica; requer também legitimação na forma de um ouvinte disposto.

Vários pastores expressaram frustração relativamente a incidentes nos quais um alto executivo na congregação os hostilizara com um ataque categórico a um posicionamento de justiça social da denominação (como a África do Sul, ou demissões). A pessoa de negócios não admitia qualquer resposta e os pastores consideraram ser fútil e desnecessariamente arriscado responder a tal obtusidade. Resultado: nenhuma discussão ou *follow-up* significativos referentes à posição da igreja.

Nesse caso, uma forte cultura de se evitar conflitos existente na congregação, apoiada por normas religiosas que esperavam harmonia em uma congregação, fez com que ambos os grupos profissionais evitassem tirar proveito de qualquer oportunidade para uma exploração mais profunda de posições teológicas e o que diriam a um cristão no mercado. Claramente, portanto, a primeira resposta da igreja (redigir uma posição esclarecendo a teologia) faz certo sentido mesmo que apenas por não ser capaz de danificar seriamente as relações com leigos da forma que a discussão de opiniões sobre diferentes contextos de negócios mais delicados o faria.

Para pastores cujos empregos dependem da boa vontade de suas congregações, tal harmonia não é questão trivial. O modo de ação social (resposta dois) sofreu similar diminuição de efeito sobre as pessoas de negócios quando submetido a minucioso exame, mesmo que ao mesmo tempo tenha encontrado reforço entre os pares e autoridades do clero. A ação social defendida era muitas vezes de tal forma limitada – ou se radical, direcionada tão distantemente da comunidade local da congregação – que suscitou discussão quanto à utilização de recursos da igreja em vez da bússola espiritual profissional da pessoa de negócios. Em uma igreja, um projeto utilizando recursos da igreja para subsidiar um novo tipo de habitação gerou enorme controvérsia sobre ser esse um uso apropriado de recursos. Congregantes se enfureceram (e se dividiram) sobre se a igreja deveria se envolver nesse tipo de atividade.

O que *não* ocorreu foi o reexame da estrutura de concessão de empréstimos dos bancos da comunidade. Por quê? Porque congregantes de negócios, vários dos quais eram banqueiros e agentes imobiliários de destaque, estavam confiantes de que não havia práticas discriminatórias sérias que obrigariam revisão e mudança radicais.

Quer estivessem certos ou não, o resultado dessa desatenção foi não serem estimulados a considerar quaisquer meios alternativos pelos quais procedimentos bancários e de concessão de empréstimos poderiam ter mais bem servido esses bairros – pelo menos não do ponto de vista religioso. Quando um de seus colegas, um devoto episcopal, mais tarde pensou em financiar mais caixas automáticos em seu bairro, recusou-se terminantemente a ver isso como possibilidade para ação religiosa profética. Mais uma vez, a forma e o foco específicos da resposta da igreja deixam de provocar congregantes de negócios a voltarem seus esforços para a transformação dos negócios de formas que promovam uma sociedade justa e apoiadora da vida para todos.

De forma semelhante, a avaliação do relacionamento negócios/pastor (resposta três) provou em muitos casos impor sérias restrições a qualquer consideração franca da relevância da igreja aos papéis e decisões vocacionais do congregante. Ao sentir-se "próximo" do congregante-pessoa de negócios como pessoa, o clero e o congregante assumem talvez mais uma conexão ao *ethos* de trabalho da pessoa de negócios do que seria verdade. Em muitos casos, essa suposição jamais foi testada. Questionamento adicional durante nossas entrevistas revelou que os relacionamentos eram primariamente fortalecidos em situações fora das atividades profissionais de tomada de decisões da pessoa de negócios – em momentos de lazer, tempo junto à família ou a serviço da igreja. O transbordamento vocacional que cada um supôs ser importante era extremamente vago, cuidadosamente protegido de qualquer teste dos pontos de vista uns dos outros através do exame de práticas efetivas para as quais os congregantes tinham o poder e o conhecimento.

Claramente, há fatores-surpresa que restringem cada uma dessas respostas que sugerem uma lacuna significativa entre a relevância pretendida e o suporte efetivo oferecido pelos modos de orientação-padrão oferecidos pela igreja. Dadas as muitas fontes alternativas de orientação sobre ética, espiritualidade e gerência das quais as pessoas de negócios se valem, ou a freqüentemente expressada opinião, em nossas entrevistas, de que prefeririam "se virar sozinhos" em vez de procurar *input* institucional na compreensão de fé e trabalho, é importante que profissionais da igreja revejam como respondem a questões econômicas e tomadas de decisão de negócios.

Aprendendo com os Programas de Espiritualidade Seculares

O movimento da nova espiritualidade desfruta de sucesso popular arrebatador na comunidade de negócios, assim como muitos fatores estão enfraquecendo a capacidade da igreja de ser voz destacada na exploração da espiritualidade, da ética e do trabalho. O que está acontecendo? A igreja consegue aprender alguma coisa com os modos de resposta que esses programas oferecem? Depois de ter assistido pessoalmente a alguns dos programas, falar com participantes e leitores dos livros relacionados a esses programas, e de ler mais de uma centena destes, nós mesmos achamos que valem a pena serem considerados pelo seu *insight* de como a igreja poderia mudar seus padrões e fortalecer sua voz.[5]

Síntese

Os programas de espiritualidade seculares se deslocam sem costuras da apresentação de tradições e práticas espirituais extremamente destacadas para idéias altamente sintetizadas que supõem uma integração radical de todas as grandes religiões em um único termo (como *cosmos*). Esse paradigma é freqüentemente utilizado para enquadrar a espiritualidade como sendo forma suplementar de sabedoria, em vez de uma forma concorrente que exige dominância absoluta sobre a vida e o pensamento do crente. Esses livros fazem conexões plausíveis entre a ciência e o espírito; também unem as duas coisas. Essa união é tão holística e eclética quanto pretende conferir *empowerment*. O argumento é pós-moderno: gerentes precisam cultivar e disciplinar vários níveis de consciência para uma vida equilibrada e liderança eficaz. Como disse Robert Bellah ao resumir o pensamento pós-moderno: "Reconheceremos que tanto na cultura científica quanto na religiosa, só o que afinal encontramos são símbolos." Ele observa que há uma demanda constante para tradução entre vocabulários científicos e imaginativos.[6] Esta é a tarefa que os programas de espiritualidade seculares assumem com prazer.

Informações Antigas São Novas

O movimento da espiritualidade secular também deve seu crescimento à relativa falta de educação religiosa e em ciências humanas entre a população de negócios. O autor de *best-sellers*, Deepak Chopra, por exemplo, salpica amplamente seus livros com citações de textos Védicos*, Shakespeare e Blake. O material não só é interessante como, para muitas pessoas, é novidade. Ao longo dos últimos trinta anos, as principais igrejas católicas e protestantes vêm perdendo devotos dentre os que freqüentam regularmente a igreja. Da mesma forma, tabus quanto à educação religiosa nas escolas e uma estratégia de silêncio religioso na corporação ao longo das décadas de 70 e 80 isolaram as pessoas de negócios de formas de educação religiosa outrora familiares. A novidade vende e para muitos dos participantes desses programas as antigas estruturas religiosas orientais, antigas práticas culturais e formas pré-modernas de pensamento criativo são território intelectual especialmente novo e exótico.

Muitos dos programas e livros são apresentações grandemente popularizadas da nova ciência ou uma história do pensamento ocidental e oriental. O pós-modernismo abre o caminho para a incorporação de duas formas quase que contraditórias para se lidar com a globalização: tornar-se tribal e tornar-se global. Vimos vários programas para executivos cujo conteúdo era primariamente uma avaliação histórica da descoberta científica e das crenças das civilizações pré-modernas, tudo em nome da reenergização da conexão da pessoa de negócios à sua alma – além de quaisquer poderes de solução de problemas que viessem a ocorrer. Nesses programas seus defensores vêm, com razão, que mudanças na ciência que levam a uma nova visão do mundo implicam mudanças em nossa compreensão de nós mesmos. Em vez de afastar essas informações ou de se concentrar nos potenciais horrores de nova ciência que tenham saído errados, esses livros abraçam isso como uma entusiasmante metáfora para fazer as grandes perguntas sobre nosso lugar e poder no universo.

Em contraste a essa agenda de liberação mental, as bases fundamentais da cristandade e dos ensinamentos da igreja podem ser

---

* N.T.: Relativo aos Vedas, os quatro livros religiosos hinduístas que servem de base para a milenar tradição cultural indiana. Escritos em sânscrito a partir de 2000 a.C., os Vedas incluem mitos, narrações históricas, hinos etc.

supostas como menos interessantes, uma antiga história com associações regressivas (ou possivelmente opressoras). Concepções mais maduras de teologia cristã – modos históricos de expressão religiosa como as recentemente celebradas pela popular Irmã Wendy e a história religiosa judeu-cristã – são em grande parte desconhecidas, não ensinadas nas escolas e não objeto de uma linguagem popular até muito recentemente.

Construindo Pontes

A maioria dos programas seculares de espiritualidade focaliza a criação de novas pontes entre a aprendizagem mais nova e mais antiga e um contexto de significado pessoal e de gestão de negócios. Como diz um livro de espiritualidade: "Místicos corporativos têm uma forte conexão com sua intuição e sabem utilizá-la onde faz diferença."[7]

Alguns chamam isso de ponte entre alma e ciência, ou entre espiritualidade e negócios. Os contextos para os quais servem de ponte tendem a se agrupar pesadamente em torno de auto-empowerment, relações interpessoais e projeto organizacional, mas essas dinâmicas se mostram evidentes em todos os aspectos da vida corporativa, do processo de criação de inovação tecnológica entre padrões industriais globais ao trabalho criativo em equipe no desenvolvimento de uma nova campanha publicitária.

Nenhum Absolutismo Moral

O ponto é importante: a maioria desses programas não demanda obediência total, e sim apenas um investimento do preço do ingresso e de quaisquer produtos subseqüentes que se deseje adquirir. A associação é transitória, voluntária e contratual – um seminário, a compra de um livro, compartilhado com um amigo ou colega de trabalho, mas sem pressão para "crer". A crença não é monitorada e as pessoas levam os pedaços de que gostaram. Um evento patrocinado por uma empresa pode impor participação obrigatória em determinados ritos, mas esses ritos são deliberadamente empacotados como caminho para o autodescobrimento e a auto-expressão, trabalho em equipe e novas formas de solução de problemas – não como um desafio para adotar alguma crença confissional específica.[8] Ao não adotar um posicionamento de absolutismo moral, esses programas reduzem o custo para aceitação. Se parte do material vier a se mostrar errado, ou não seja do agrado do consumidor, ainda há a possibilidade de algum aproveitamento legítimo.

Novas idéias apresentadas dessa forma não são muito ameaçadoras e, assim, são prováveis de serem consideradas. Melhor ainda, a aprendizagem é explicitamente trazida de volta à sua aplicação em negócios. Esses programas são enquadrados como referentes ao sucesso nos negócios, não importa o quão profundamente também mergulhem no significado individual, na psique, no cosmo ou em motivos para apoiar princípios éticos.

Dada sua abordagem apoiadora e amigável ao usuário, poder-se-ia perguntar, com razão: A espiritualidade secular e o evangelismo leigo amigável aos negócios estão promovendo a cultura da ganância que tanto incomoda a igreja tradicional? Se assim for, por que a igreja desejaria seguir suas técnicas? A resposta está além de nosso conhecimento, apesar de muita certeza quanto a isso por parte de outros. Não vemos qualquer evidência de uma causalidade específica entre a espiritualidade secular e instâncias específicas de ganância. O que está claro é que esses livros estão começando a reenquadrar expressão religiosa e suas implicações práticas. Oferecem algum preparo para a integração de preocupações espirituais sejam quais forem suas falhas.

Comunidade

O ponto de partida é uma busca religiosa auto-expressiva e personalizada. Kant disse que a pergunta mais importante é "Quem sou eu?" Essa pergunta tem assumido significado infinito no mundo pós-moderno de identidades intercambiáveis. A mutabilidade da auto-identidade torna atraente a promessa de um novo "eu", mais espiritual; as pressões intensas sobre a força pessoal interior a tornam urgente.

Na tradição cristã, esse tipo de força feliz era expresso mais freqüentemente nos hábitos de uma vida sadia do que em uma busca misteriosa por harmonia interior ou eficácia do local de trabalho através de conduta ética. Para alguns freqüentadores de igrejas que entrevistamos, encontrar um meio de harmonia com os propósitos de Deus no trabalho diário era entendido como mandamento para *parar* de trabalhar. Disse uma pessoa: "Preciso apenas abrir espaço para as coisas importantes, como família. A religião me ajuda a lembrar de abrir esse espaço. Você vai à igreja para ser lembrado das coisas realmente importantes da vida. É assustador dizer não ao trabalho."

Outros freqüentadores de igrejas não se contentavam em confinar a religião à família e aos espaços formais sagrados da autoridade da igreja. Eram receptivos a programas que oferecessem alguma vênia para expressão religiosa em seus papéis de trabalho.

Para muitas pessoas de negócios, a corporação é a coisa mais próxima à comunidade que têm após a família. Disse um entrevistado: "Há pessoas realmente legais em minha empresa. Adoro os momentos quando tem um projeto e trabalhamos em conjunto e você faz o impossível. O *espírito* disso – se pudéssemos engarrafá-lo. Todos têm alguma coisa a oferecer se você estiver no caminho certo. Quando você trabalha produtivamente com pessoas, você cria tolerância. As pessoas começam a aceitar umas às outras, com verrugas e tudo. Você fica curioso sobre quem elas são. Você as vê de forma um pouco mais clara porque valoriza a contribuição de cada pessoa. Isso me traz muita satisfação."

A nova espiritualidade enquadra comunidade como algo sem limites, que ocorre dentro e fora da corporação. É um conceito paradoxal de outras formas também, algo do qual um indivíduo precisa participar e com o qual precisa cooperar ao mesmo tempo em que continua sendo um pioneiro auto-suficiente. Alguns vêem isso como evidência de uma conspiração corporativa, mas há também uma inclusividade aqui na qual todos podem satisfazer seus anseios, ser bons e ficar ricos. (Os ecos do positivismo do século XIX estão em toda parte.)

Um forte fio secundário no movimento é a busca por novos modelos de negócios que sejam responsivos à comunidade. Várias conferências destacaram tópicos combinados de espiritualidade pessoal e o que são chamados de modelos de negócios socialmente responsáveis. Uma multidão de críticos sociais argumenta que a visão protestante, enfatizando individualismo, automelhoria e vocacionalismo, inevitavelmente (mesmo que inadvertidamente) separa valores comunitários de suas raízes religiosas em uma forma comunal de associação institucional sagrada. O movimento da nova espiritualidade adota essas mesmas formas de expressão religiosa e de humanismo esclarecido e oferece ferramentas terapêuticas para combater tendências anticomunidade. A observação de Troeltsch, de um dualismo fundamental no cristianismo entre o individualismo absoluto em nossa relação com Deus e o absoluto universalismo relativamente no que diz respeito à igualdade final de todas as pessoas, é menos paradoxal no movimento da nova espiritualidade. "Fazer aos outros" é apenas outra faceta da intensificação da espiritualidade pessoal através de conexão com a verdade universal.

Conexões com a Terra

A terra, também, é fonte de espiritualidade e comunhão, especialmente nos programas que oferecem informações sobre práticas religiosas pré-modernas ou não-ocidentais. A nova espiritualidade responde aos interesses ecológicos da geração pós-guerra. Seus conceitos poéticos e científicos sobre a ecologia e o holismo estimulam um forte elo espiritual pessoal com a natureza, da qual a conexão a novos poderes é derivada. Pedras são passadas de mão em mão, ajudando a conectar os participantes do grupo uns aos outros e à terra. As marcas nas pontas de nossos dedos são assemelhadas aos padrões desenhados na areia pelo vento que traz a vida (citado como crença dos índios Navajo em um livro sobre espiritualidade secular); observe-as e saiba algo sobre as origens de sua composição relativamente ao universo. Velas são acesas para focalizar a concentração. Enfrentam-se o fogo e as corredeiras, e o calor da tigela que contém a sua sopa é conscientemente assimilado – combustível para conexão com forças vitais maiores.

No meio do caminho entre a compreensão racional pós-moderna de estados psicológicos e a antiga conexão mágica com a natureza, tais práticas não são posicionadas como devoção em si, mas ninguém está demasiadamente preocupado com teologia sistêmica aqui. A contemplação do caos, por exemplo, leva à contemplação da natureza, *loops* de *feedback* e ao *stewardship*, a responsabilidade de cuidar disso tudo. A participação na descoberta essencial desses padrões orgânicos é enquadrada como atividade fértil, em vez de atividade de autonegação.

Até mesmo metas éticas entram através da passagem de "conexão" com forças espirituais naturais e modelos de um "eu autêntico". Expressões de gratidão e respeito são abundantemente perseguidas assim como o são exercícios de sondagem de nossos valores de vida mais profundos. O pacote é exótico, mas conexões desse tipo não são coisa nova. Os mais respeitados e racionais pensadores ingleses também prefaciavam suas conclusões éticas com observações sobre a natureza humana.

Uma Visão de Mundo Benigna e Eclética

Por trás da cosmologia e da técnica desses programas, há uma visão de mundo essencialmente terapêutica e benigna. (Não se deve ceder à ira porque destrói nosso sono. A finalidade da vida é a felicidade universal.) Se isso tudo parece ser utópico, é mesmo. A linguagem romantizada, poética e altamente pluralística também reflete esse utopismo, apresentando um contraste vivo ao pessimismo admoestador ou territorialismo observados pelos entrevistados ao se depararem em alguns momentos com as visões da igreja sobre negócios.

Linguagem Inspiradora

O drama da linguagem da nova espiritualidade é inevitável. Operando com base em atratividade para o consumidor em vez de na pressão da culpa ou o poder institucional, a nova espiritualidade deve embutir um forte elemento de entretenimento e inspiração em sua linguagem, o que não é tão diferente da estreita conexão entre drama e religião nas práticas de devoção pré-modernas e dos primórdios do cristianismo. Essa linguagem pode parecer messiânica, rastreável ao seu carismático guruísmo de celebridades e suas afirmações de compreender o futuro.

Afinal de Contas, Não é Tão Novo Assim

Todos esses atributos também caracterizaram os pensadores positivos do século XIX, cujo ecletismo mente-corpo foi tão cuidadosamente descrito por William James em *Varieties of Religious Experience*. Embora o movimento jamais tenha resultado em cooperação institucional entre os gurus e não tivesse transmitido adequadamente uma fundamentação religiosa para sustentar adeptos ao longo dos horrores das primeiras duas décadas do século XX (pense na Primeira Guerra Mundial e nos excessos dos trustes de negócios), não devemos descartar os pontos fortes de tais abordagens. Como notou James, sua linguagem quase não era suportável para o pensador educado; mas ele também observou que tinham um poderoso potencial religioso para pessoas mais otimistas. Entre estas, ele incluiu a pessoa de negócios.

O que Podemos Aprender?

A teologia da nova espiritualidade tem uma série de falhas óbvias (especialmente no que diz respeito a sua falta de atenção para a má sorte, forças sociais sistêmicas e o mal no mundo). Não obstante, tem muito a oferecer aos que desejam aprender mais sobre a revitalização da religião na vida diária. Essa justaposição de alma e negócios, com seus padrões holísticos, foco contemporâneo e profundo pragmatismo, possui uma grande atratividade para pessoas de negócios que professam as formas cristã e eclética de fé. A atratividade reside em como dignifica o papel da pessoa de negócios, em sua afirmação autoritária de que alma é importante, em sua ética de inclusividade e em sua afirmação de que podemos acessar a alma em vez de separá-la dos assuntos de negócios.

Embora excessivamente romântica e, freqüentemente, se assemelhando a nada além de literatura de ficção científica, a linguagem tem sucesso em entusiasmar as pessoas e é acessível. Os livros de Chopra e de Covey vendem em múltiplos de milhões de dólares, enquanto Randy Komisar, Ken Wilber e Lama Surya Das conhecem o prazer de serem autores de *best-sellers*. Mais importante, esse movimento não tem medo de ser contaminado pelo mundo dos negócios. Os livros e programas freqüentemente falam das baixas espirituais entre os gerentes que nunca ouvem, ou da pessoa que volta para casa derrotada e estressada devido ao excesso de trabalho, à dificuldade para estabelecer prioridades e à falta do senso de realização.

O perigo de tais abordagens personalizadas, como observa Michael Walzer, é a perda de reforço social para compromisso religioso e um senso de distanciamento de nossas próprias convicções mais profundas na arena pública da vida. A espiritualidade secular modifica o pluralismo negociado ao supor que temos uma possibilidade inerente de integração e que sua expressão se evidencia através de observação, disciplina mental e padrões cognitivos, não pelo dogma.

Nós preferimos mudar essa avaliação ligeiramente. Esses livros e programas realmente tendem a assumir uma base de potencial humano que é essencialmente otimista. No entanto, não dizem que o *status quo* representa uma realização bem-sucedida desse potencial. Longe disso. É por isso, argumentam, que seus programas são tão necessários. Ênfase em valores mudados aqui é claramente menos radical do que no cristianismo tradicional; mas em sua abordagem indireta à ética, esses programas podem estar, não obstante, provocando uma resolução ética renovada. Ao atribuir benefícios psicológicos, espirituais e econômicos a paradigmas de sistemas para tolerância, resolução de conflitos, criatividade e bem-estar ecológico, esses movimentos realmente proíbem muitos dos comportamentos exploradores do capitalismo *laissez-faire* ou dos mercados de livres agentes.

O utilitarismo essencial dessa abordagem e seu apelo aos que professam algum tipo de fé cristã personalizada ressaltam o fato de que o movimento da espiritualidade secular não é efetivamente uma religião, mas uma nova *face* de religião na forma de uma ponte entre a religião e as atividades diárias. Como tal, a igreja deveria estudá-la tanto pelas suas bem-sucedidas técnicas de ponte quanto por sugestões de como poderia oferecer acesso autêntico ao sagrado elemento da vida. O teólogo Craig Dykstra está correto em pensar que a igreja não pode simplesmente imitar o movimento da espiritualidade secular no atacado para aproximar o relacionamento distanciado. Pode, no entanto, explorar os muitos atributos positivos do movimento da espiritualidade secular para revitalizar comunicação e compreensão do cristianismo em um contexto contemporâneo que inclui a participação dos negócios.

Há, no entanto, muitos obstáculos significativos. A polarização fundamental entre Deus e humanos expressa nos Antigo e Novo Testamentos é de difícil reconciliação com o holismo do movimento da espiritualidade secular. A ética social cristã na tradição de Reinhold

Niebuhr (possivelmente a forma dominante da ética liberal cristã contemporânea ao longo dos últimos quarenta e cinco anos) enfatiza a cruz, não o dharma. Há uma enorme diferença entre nos encontrarmos através do sofrimento e autonegação e "nos soltarmos" e "irmos conforme a maré".

Esses problemas à parte, há uma série de lições importantes para serem consideradas pela igreja e pelos leigos relativamente a como as igrejas principais abordam os negócios – no que dizem, no que afirmam e no como o dizem.

Compreender o Apelo do Positivismo

É importante ter consciência de impulsos otimistas e essencialmente tolerantes que atraem pessoas para esse movimento e que a apresentação tradicional da religião freqüentemente sufoca esses sentimentos. Associar "espírito" a auto-aceitação, sentimentos para com outros, crença e ética de uma maneira que enfatize a psicologia sobre o dogma é um palco natural para a consideração da "lei transcendental do amor", que James Gustafson observou ser o imperativo central da ética cristã.

A mescla de assuntos espirituais com a legitimação da realidade pela nova ciência não deve ser totalmente trivializada por ser aplicada a problemas de negócios. Esses modelos são receptivos a conhecimento contemporâneo que aparenta ser essencial para que possamos viver neste admirável mundo novo. Sugerem explicações para a ordem natural das coisas em um momento no qual a genética e o relacionamento mente-corpo estão derrubando as definições da natureza humana. Em contraste, o cristianismo como apresentado pela igreja pode parecer social e cognitivamente regressivo, atado a hábitos sociais e economias agrícolas dos tempos bíblicos, matador de espírito ou simplesmente não aplicável à vida contemporânea.

Levar a Alma da Pessoa de Negócios a Sério

O ponto mais importante relativo ao movimento da espiritualidade secular é que ele leva a alma da pessoa de negócios a sério. O ponto de entrada da possibilidade religiosa é personalizado em vez de ser sistêmico, eliminando o legítimo temor de que a religião exige a adoção de idéias totalitárias mais associadas ao sectarismo do que ao globalismo. Esse movimento sinaliza constantemente que leva o contexto dos negócios a sério como arena para identidade espiritual, fé e comunidade – tão imperfeita quanto qualquer arena na vida, mas muito melhor que a fome.

Em seu cerne, o movimento da espiritualidade secular diz respeito a fazer parte na próxima era de sucesso nos negócios sem perder sua alma. Quando a igreja ridiculariza esses programas e se desvia de qualquer associação positiva com negócios, ela está descartando aqueles que sentem verdadeira tensão no trabalho e um anseio agudo por uma integração sagrada de fé. Cristãos estão buscando novos modelos de fé e um novo significado no trabalho. Provavelmente leram um dos livros da nova espiritualidade ou assistiram a um seminário e sentiram que sua celebração particular do espírito os ajudou em seu trabalho.

Encorajar Atividade Caridosa

A espiritualidade é um ato social, não apenas um programa de disciplina e conscientização. Evidências mostram que as pessoas se engajam mais em caridade quando são ligadas a uma igreja. À medida que os novos grupos de espiritualidade amadurecem e recebem *feedback*, alguns estão começando a se mover para além do apoio interpessoal, leituras de textos sagrados e breves rituais de oração, para papéis menos personalizados e mais socialmente ativos.

Uma rede religiosa *in-house* em um grande banco em Boston, por exemplo, começou realizando reuniões de oração regulares em um local sossegado a cada mês; logo adentraram o fluxo de programas de doações grupos de apoio da empresa. Tornou-se um "grupo de rede de apoio" oficial, juntamente com o grupo de recursos gays e lésbicas, o grupo de pais solteiros, o grupo de aconselhamento de pais, o grupo dos Alcoólicos Anônimos, o grupo de ação de diversidade e o grupo de apoio a cancerosos, para citar apenas alguns. Cada um desses grupos recebe controle sobre uma quantia fixa de recursos financeiros atribuídos pela empresa e destinados a organizações comunitárias e sem fins lucrativos. A rede religiosa se uniu ao grupo de recursos de gays e lésbicas para contribuir conjuntamente com um programa de hospícios para aidéticos. Fizeram uma segunda aliança com o grupo de recursos de diversidade para financiar um programa de educação extracurricular para crianças em uma comunidade carente. Tais esforços sugerem que uma nova forma de ação social baseada em religião parece estar emergindo dentro das corporações, iniciada por pessoas de negócios.

Conexão à Literatura de Sabedoria

Praticamente todos os movimentos da espiritualidade secular se preocupam em ver o sagrado na vida diária. As antigas disciplinas das quais se valem para acessar essa sacralidade (como a idéia de consciência enfatizada por tradições jesuítas e budistas) têm estado em grande parte ausentes do tradicional cristianismo ocidental. Para muitas pessoas de negócios cristãs, o engajamento em ritual e linguagem sagrados durante um dia atarefado desperta uma orientação religiosa que se mostra bastante satisfatória. Vejamos, por exemplo, uma popular leitura do Torá em Nova York, liderada pelo rabino Burton Visotzky. Não há qualquer agenda de integração. Participantes são simplesmente convidados a compartilhar quaisquer reflexões que possam ter quanto à leitura – mesmo as advindas de suas próprias experiências, que regularmente incluem trabalho. Vários cristãos interessados no Antigo Testamento assistem, ávidos por mais exposição, à tradição da sabedoria bíblica.

Quando perguntei a um participante assíduo de um grupo de almoço cristão o que tirava de suas sessões mensais, respondeu: "Não sei ao certo. Não consigo apontar algo que ouço sobre práticas de negócios ou a Bíblia (nessas sessões). Mas sinto muito prazer em participar. Onde mais você pode ouvir as palavras de São Paulo no meio do dia na companhia de um grupo de executivos muito poderosos?"

Não há dúvida de que as críticas lançadas contra a nova espiritualidade – Wendy Kaminer a denominou "espiritualidade Lite" – são freqüentemente bem merecidas. Claramente, algumas pessoas estão apenas buscando terapia de bem-estar. Igualmente sem dúvida, a nova espiritualidade envelhecerá com rapidez a não ser que encontre uma nova infusão de exotismo religioso inusitado. Mas como dois autores que coletivamente viveram e amaram a rica herança religiosa de Boston por mais de sessenta anos, e que também observaram o impacto positivo do movimento de espiritualidade secular sobre pessoas de negócios, achamos que a igreja deveria estar aprendendo com esse movimento e modificando seus próprios modos de contribuição para a compreensão dos negócios pelos cristãos. Simplesmente zombar da nova espiritualidade em prol de elevado intelectualismo ou de religiosidade centrada na igreja é, no mínimo, um desperdício de oportunidade e o negligenciamento de uma necessidade profundamente sentida pela congregação.

Reflexão

- Que exemplos de "viver e defender a vida humana" você vê em sua própria experiência de negócios? E nos negócios em geral?
- Onde você vê violações significativas desse princípio?
- Você observa alguma visão de mundo religiosa que faça diferença nesses dois resultados? Por que ou por que não?
- O que suas observações lhe dizem quanto à relevância de princípios baseados em fé em sua observação dos negócios?

Ação

- Anote afirmações-chave de valores ou obrigações que reflitam seus ideais de responsabilidade dos negócios ou o significado do trabalho.
- Faça um diagnóstico de suas respostas. Alguma delas é tirada de afirmações denominacionais, sermões ou outros textos eclesiásticos? Se não, por que não?
- Em caso afirmativo, como você compartilha essa sabedoria com pessoas de outras fés (ou sem fé) nos negócios?

- Se já leu um livro secular ou já tiver ouvido um discurso sobre valores ou espiritualidade nos negócios, o que aprendeu referente a seu comportamento nos negócios?

- Compare aquilo que se mostrou mais útil em sua escolha de textos de sabedoria do ponto de vista espiritual e do ponto de vista prático. (Como pré-tarefa, poderá coletar transcrições de partes dos materiais-fonte e compartilhá-las com o grupo em sua reunião.)

- Se fizer parte de um grupo de estudos, teste quanta diferença observa entre a maneira pela qual as pessoas de negócios e os eclesiastas expressam *insights* de negócios baseados em religião. Se verificar uma diferença, anote e discuta os pontos fortes e fracos de cada uma.

4

Testando o Relacionamento

Mapeando uma Estrutura para Integração de Igreja e Negócios

Adoro os domingos. Adoro as segundas-feiras. E tem a minha fé e isso está separado de ambos. O que eu realmente não compreendo é qual o relacionamento que têm entre si, ou qual deveria ser.

– Pessoa de negócios luterana.

Ao sugerirmos que a igreja encontre um modo novo, mais construtivo de responsividade às necessidades das pessoas de negócios, não estamos sugerindo que abandone as idéias fundamentais do cristianismo que por vezes criam tensões agudas para os crentes cristãos no trabalho. O desenvolvimento de um novo modo, entretanto, progride com mais rapidez se as pessoas são plenamente informadas. Neste capítulo, tentamos remover algumas escalas através de uma estrutura para criticar o relacionamento negócios-igreja existente em sua própria congregação. Seguem, na Parte II, vários capítulos sobre como padrões típicos de raciocínio tendem a eliminar possíveis continuações da igreja para os negócios.

Neste capítulo, apresentamos um mapa visual dos mundos da igreja e dos negócios que ilustra como interagem. Esse mapa não pretende ser uma classificação definitiva do relacionamento negócios-igreja em todas as denominações cristãs; a diversidade de respostas é demasiadamente grande para generalizarmos dessa maneira. Não obstante, é uma ferramenta útil para o autodiagnóstico do relacionamento negócios-igreja da forma pela qual você o percebe. Grupos eclesiásticos e de negócios apresentados a esse mapa relatam consistentemente que ele os faz rever e revisar suas estratégias atuais. Nós lhe encorajamos a testar sua própria experiência e seus esforços de integração com base nessa estrutura, tanto individualmente quanto em um grupo de estudos congregacional.

Domínios Relacionais-Chave da Pessoa de Negócios

A maioria das pessoas de negócios opera em cinco grandes domínios relacionais, ao longo de um *continuum* que vai do pessoal até o público (ver Figura 4.1):

- A *pessoa individual*.
- A *vida familiar* do indivíduo.
- O *setor privado* (o mundo corporativo).
- O *setor público* (o público que não funcionários e acionistas da corporação, mas com as mesmas afiliações nacionais e regionais que as instalações ou locais de mercado da empresa).
- O *mundo* (a arena pública que pode ou não ter negócios com a corporação do indivíduo, mas na qual o indivíduo tem algum senso de relacionamento através de cidadania, comunicações, ou outra indicação simbólica de mutualidade).

Na economia de hoje, esses domínios distintos estão entrando em colapso, à medida que pessoas trabalham em casa e fazem de sua hora do jantar um misto de telefonemas do escritório e conversas com as crianças. Nós os separamos aqui para fins de clareza e os classificamos de acordo com seu conteúdo de relacionamento. Mas representam mais do que relacionamentos. Cada domínio desempenha papel ativo na formação da identidade da pessoa de negócios, de seu

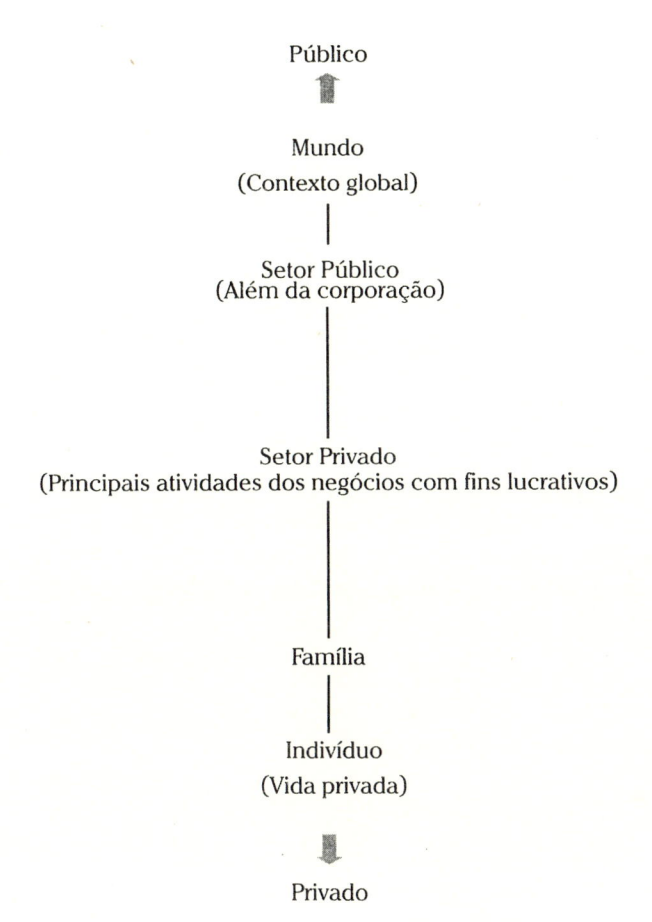

```
                    Público
                       ↑

                     Mundo
                (Contexto global)
                       |
                 Setor Público
              (Além da corporação)
                       |

                       |
                  Setor Privado
    (Principais atividades dos negócios com fins lucrativos)
                       |

                       |
                    Família
                       |
                    Indivíduo
                  (Vida privada)
                       ↓
                    Privado
```

Figura 4.1. Domínios Relacionais-Chave da Pessoa de Negócios (Sem detalhes da Corporação).

campo de jogo cognitivo e sua arena para o exercício do poder e de escolha. Esses são domínios pessoais de experiência que ditam ou implicam papéis, deveres, ações e sistemas organizacionais formais. Esses aspectos múltiplos dos domínios relacionais suscitam um conjunto mais complexo de problemas do que a definição de direitos e deveres para com os constituintes de um grupo de interesse (interessado).

A religião tende a abordar todos esses aspectos em algum grau. Por exemplo, se você tem uma família, supõe-se que tenha alguma obrigação de viver em relação à família em vez de como um agente completamente livre. Seu papel como pai exige sensibilidade à estrutura cognitiva de crianças e o dever de desempenhar as responsabilidades de cuidar delas. O mesmo é verdade para a cidadania ou associação a uma igreja, uma corporação, uma sociedade profissional, e assim por diante. O mapeamento de qualquer sistema requer certa quantidade de generalização. Condições do mundo real para qualquer pessoa podem, é claro, ser radicalmente menos distintas e hierárquicas do que nosso esquema visual. Na prática, os domínios freqüentemente se sobrepõem. Indivíduos entram e saem desses papéis diariamente. Para algumas pessoas, os próprios domínios são altamente atomizados. As responsabilidades de Margaret como executiva e seu personagem no trabalho em nada se assemelham a seu papel como mãe, quando está em casa com sua família. A aparência impecável de Dan a cada quarta terça-feira como autoridade e membro do comitê financeiro da igreja pode ser bem diferente da aparência do Dan que regularmente quebra promessas feitas a clientes e fornecedores ou mente a respeito de seus compromissos quando deixa de comparecer a uma reunião.

Para muitas pessoas nos negócios, o processo de negociação desses domínios tem-se tornado crescentemente estressante. Não mais é uma progressão do privado para o público. Na cultura de negócios atual, os limites entre a vida doméstica, privada e cívica, têm todos sido invadidos pela atividade corporativa.[1] Embora muitos na igreja tenham manifestado preocupação com a crescente corporatização da vida, há também uma tendência a não reconhecer esses papéis como parte inerente da identidade de um congregante e, portanto, como parte de sua identidade cristã.

Corporações, por outro lado, têm sido rápidas em demasia em sugerir meios para que indivíduos "gerenciem" esses domínios, desenvolvendo técnicas terapêuticas para lidar com a confusão e as afirmações concorrentes de cada área que demandam seu tempo e afeição. A vida familiar, por exemplo, é parcialmente regulada e desempenhada em programas de cuidados familiares patrocinados pelas empresas. Os estados emocionais mais profundos de uma pessoa de negócios e seus pensamentos mais privados (o indivíduo no primeiro nível) podem estar sujeitos ao escrutínio semipúblico da empresa (o domínio corporativo) dentro da estrutura terapêutica de um pedido de emprego, testes genéticos ou programas de desenvolvimento de funcionários ou de construção de equipes. A participação cívica é cada vez mais conduzida através de programas voluntários corporativos. Na verdade, orientadores de carreira profissionais hoje colocam executivos da via rápida nos conselhos das organizações caridosas corretas para o avanço de suas carreiras. De forma similar, amizades particulares podem se voltar primariamente para cenários do local de trabalho. Comunidade virtual, trabalho em casa e globalização estão complicando ainda mais a definição de *comunidade*. Muitos executivos de hoje estão mais familiarizados com o cenário e com as pessoas de uma instalação fabril na Ásia do que com a vizinhança do local em que moram. Tais mudanças na estrutura do trabalho sublinham o estado de transição extrema que tipifica a interconexão atual dos domínios e a compreensão do indivíduo de que valores e identidades governam o papel nos negócios, na vida privada, na congregação e na comunidade maior.

Papéis e domínios mesclados não obstante, a Figura 4.1 serve para marcar e destacar uma deriva geral dos domínios "para fora" do "eu", de acordo com intimidade e proximidade. Constituem uma base de experiência humana a partir da qual abordam questões religiosas e de negócios. Parte da busca espiritual de hoje, com sua ênfase holística, é uma tentativa de ordenar e compreender o significado dessa nova configuração de papéis pessoais em um cenário de negócios.

Funções Tradicionais e Papéis da Corporação (o Setor Privado)

As pessoas de negócios que entrevistamos expressaram grande preocupação quanto ao seu sentimento de que o clero realmente não compreende o mundo interno dos negócios, incluindo os diferentes papéis e funções que gerentes são obrigados a assumir em suas vidas profissionais em uma corporação, qualquer que seja o seu porte. Na Figura 4.2, o círculo sombreado representa o funcionamento interno do setor privado (esse era o domínio do meio na Figura 4.1). Contém um conjunto básico de funções e relacionamentos convencionais que são essenciais para os deveres da maioria dos gerentes, quer os desempenhem diretamente, quer dependam dessas funções para realizar suas próprias tarefas.[2]

(Círculo contendo:)
Relações com a Comunidade
Corporação como Entidade Pública
Comunicações Externas
Business-to-Business
Vendas, Marketing

Criação de Produtos ou Serviços
Sistemas Organizacionais
Relações com Funcionários
Funcionários Individuais

Figura 4.2. Funções e Papéis Tradicionais da Corporação (o Setor Privado em Detalhe).

As divisões são baseadas em tarefas funcionais e relações econômicas, mais uma vez deslocando-se ao longo de um *continuum* a grosso modo desde os relacionamentos mais personalizados e próximos (funcionários individuais, relações com funcionários, sistemas organizacionais, criação de produtos ou serviços) até um público mais amplo (vendas, *marketing*, *business-to-business*, comunicações externas, corporação como entidade pública, relações com a comunidade). Nenhuma dessas áreas pode ser omitida de uma empresa que espera operar com sucesso ao longo do tempo.

Esse detalhamento dá ao domínio do setor privado uma riqueza contextual mais profunda que não é tipicamente representada quando muitos clérigos e teólogos estereotipicamente retratam "negócios" ou "a cultura". Na verdade, sem uma descrição mais rica do domínio dos negócios, nenhum modelo para pensamento em religião e negócios pode alcançar até mesmo as influências mais óbvias sobre o comportamento e o raciocínio das pessoas em organizações.[3]

Um dos mais notáveis professores da *Harvard Business School*, C. Roland Christensen, revolucionou as teorias clássicas da administração quando desenvolveu um conjunto de estudos de casos altamente particularizado de corporações bem-sucedidas. Costumava lembrar novos pesquisadores de "verificar a caixa de entrada do gerente", argumentando que qualquer um que desejasse criar uma ferramenta pedagógica realmente útil para pessoas de negócios teria que capturar a estrutura mental provocada por uma caixa de entrada real. No mesmo espírito, nosso conjunto de categorias mapeia uma reconstrução mínima dos filtros que uma pessoa de negócios de fé provavelmente utilizará ao agir com base em suas expressões de fé "neste mundo". Deve ficar claro que, assim como na Figura 4.1, as categorias na lista que apresentamos aqui se fundem e estão em constante mutação nos negócios.

• O domínio dos *funcionários* inclui indivíduos tanto isoladamente quanto em relação uns aos outros. O relacionamento é tanto formal quanto informal. Esse domínio incluiria atividades variadas, tais como conversas entre colegas de trabalho, relacionamentos formais chefe-funcionário, uma linha de *chat* e muitas outras atividades marcadoras de grupos.

• *Relações com funcionários* é um subconjunto do primeiro domínio, representando as práticas formais relativas à conduta e ao bem-estar de funcionários relacionados a políticas oficiais e normas informais sobre como as pessoas são tratadas (incluindo estabelecimento de salários, benefícios, condições de trabalho e regras de comportamento).

• *Sistemas organizacionais* são os sistemas estruturais que estabelecem os padrões formais de responsabilidade, comunicação, tomada de decisões e operações em uma empresa.

• *Criação de produtos ou serviços* inclui o desenvolvimento-padrão de produtos ou serviços e funções de entrega, como pesquisa, inovação, criação de produtos, fabricação, verificações de qualidade, e assim por diante. Produtos e mercados múltiplos também devem ser compreendidos.

• *Vendas* e *marketing* incluem vendas, distribuição, estabelecimento de preços, garantias, e assim por diante. Essas funções podem incluir vendas internas e externas, contratos com múltiplos clientes e relações gerais com o consumidor que atendem a grupos além dos clientes imediatos.

• *Business-to-business* implica interações contratuais e pessoais com outras empresas como fornecedores, distribuidores, concorrentes, bancos, auditores externos, consultores, e assim por diante.

- *Comunicações externas* incluem representações de produtos e da empresa perante o público em geral.

- A *corporação como entidade pública* envolve seus relacionamentos com acionistas e atividades políticas formais como apoio a grupos de lobistas e legislação. Essa categoria também inclui todas as funções financeiras, contábeis e de controle, que determinam as representações financeiras perante o público e estejam sujeitas à regulamentação pública.

- O domínio de *relações com a comunidade* inclui "atividades cidadãs" na arena pública que não envolvam acionistas ou lobistas, a manutenção de instalações e contribuição (de dinheiro ou pessoal) a eventos e causas sem fins lucrativos.

Quando examinamos esse mapa, dois fatores são imediatamente observáveis. Primeiro, embora o termo *setor privado* descreva situação de propriedade, essas funções e papéis não dizem respeito apenas à propriedade. Segundo, os papéis e funções são múltiplos. Freqüentemente, apresentam tarefas e responsabilidades conflitantes. Embora pessoas de fora tendam a conceitualizar os negócios como uma monolítica máquina de realização de lucros, a pessoa de negócios de carne e osso na verdade habita um reino de nuances e relacional no qual deve focar simultaneamente dinheiro, poder, pessoas, produtos, informações e muito mais.

Pessoas de negócios não saem "ganhando dinheiro" o dia inteiro. Criam serviços, relacionamentos, símbolos e transações de muitos tipos com pessoas dentro e fora da arena corporativa. Todas essas áreas de foco têm, em última análise, forte influência sobre o senso de autonomia e responsabilidade da pessoa de negócios mas não necessariamente em proporção direta a seu efeito final sobre os lucros da empresa. Devem ser compreendidas como relativas a algo mais do que lucro.

Cada categoria potencialmente apresenta uma miríade de escolhas financeiras, éticas e psicológicas específicas para a pessoa de negócios e para a corporação. No ambiente de negócios de hoje, os limites dessas funções e papéis são freqüentemente instáveis, sujeitos a conflitos internos e a prioridades diferentes.

- Um antigo concorrente repentinamente decide usar sua empresa como fonte de alguns de seus componentes. Agora é ao mesmo tempo seu concorrente e seu cliente.

- Os funcionários estão cada vez mais participando de planos de compra de ações, o que os coloca tanto dentro da corporação quanto em suas beiradas, como acionistas que são membros de um público maior, mais independente.

- Uma reestruturação interna pode repentinamente tornar alguns de seus colegas de trabalho mais próximos parte de outra divisão da empresa, transformando-os de membros de equipe em competidores por recursos internos.

- Sua empresa é adquirida e de repente o alvo financeiro se modifica – juntamente com a composição de funcionários com os quais seus clientes trabalham.

As categorias na Figura 4.3 mostram pontos com base nos quais pode-se mapear atividades como essas. A Grosso modo, identificam áreas nas quais a pessoa de negócios vive e também podem pessoalmente esperar encontrar tanto dificuldades quanto a possibilidade para integração de fé, espiritualidade e trabalho. É exatamente a essa realidade que os programas de espiritualidade secular respondem.

Na vida real, como observado, as categorias nem sempre são tão simples quanto as de nosso mapa. O mapa, no entanto, representa uma lista de verificação mínima de áreas essenciais às vidas da maioria dos gerentes – e certamente à condução de um negócio bem-sucedido. Essas podem ser um mapa rodoviário para passar além de avaliações religiosas excessivamente generalizadas dos negócios ou estratégias para lidar parcialmente com a integração que discutimos no Capítulo 2. Um ponto de partida interessante para um diálogo sobre a fé prática é sondar não quantas dessas funções e papéis são compartilhadas pelo clero e pessoas de negócios, e sim como cada um atribui peso a esses papéis em seus campos de atuação.

Público
↑
Mundo
(Contexto global)

Setor Público
(Além da corporação)

Relações com a Comunidade
Corporação como Entidade Pública
Comunicações Externas
Business-to-Business
Vendas, Marketing
Setor Privado
Criação de Produtos ou Serviços
Sistemas Organizacionais
Relações com Funcionários
Funcionários Individuais

Família

Indivíduo
(Vida privada)
↓
Privado

Figura 4.3. Os Domínios Relacionais da Pessoa de Negócios (com Detalhamento; Sobreposição das Figuras 4.1 e 4.2).

Quais são mais prováveis de suscitar sentimentos de dever e auto-realização religiosamente consistentes?

Papéis Tradicionais da Igreja

O que a igreja pode fazer para ajudar as pessoas de negócios a integrarem fé e trabalho? Na procura por respostas a essa pergunta, consideramos útil identificar as principais categorias de atividades tradicionais da igreja e autoridade acima e à parte das preocupações de qualquer segmento específico da congregação. A Figura 4.4 mostra quatro principais tipos de papéis religiosos, variando em seu grau de participação ativa e passiva em assuntos mundanos: pregação em alguns casos, cura, ensino e ação. Esses papéis são posicionados relativamente ao *continuum* privado-público das figuras anteriores.

• *Sacerdotal* inclui sermões e outras funções da igreja, como ritual litúrgico e oficiar como autoridade eclesiástica. Em nosso mapa, está a meio caminho na escala para refletir a localização tradicional pública e privada da atividade sacerdotal e bem à esquerda para refletir sua natureza essencialmente passiva. Conduzidas publicamente dentro dos limites privados da igreja, as funções sacerdotais tendem a servir a indivíduos em um contexto congregacional privado ou semipúblico.

• *Cura* – cuidados pastorais – está embaixo e no meio de nosso mapa, ao lado da posição ocupada pelos domínios de Indivíduo e de Família na Figura 4.1. Isso reflete a localização principal de atividades pastorais da igreja como aconselhamento, visitas a enfermos e coisas semelhantes. Há também ocasiões notáveis quando a igreja procura participar na cura de toda a comunidade. Tal atividade recai na categoria de "ação", logo acima de "pastoral".

• *Ensino* – a tradição rabínica da igreja – é colocado no topo da estrutura, próximo a "Mundo" (Figura 4.1) como reflexo da universalização (em oposição a personalização) da maioria das atividades teológicas e doutrinais. Fica a meio caminho entre ativo e passivo. O ensino possui um elemento de ação pública implícita mais forte do que o desempenho de um ritual litúrgico, que é uma reencenação completa em e de si mesma, mas não é o mesmo que realizar os ensinamentos.

• *Ação* é a categoria de atividade relacionada à igreja mais socialmente envolvida, histórica e menos passiva, constituindo um viver de funções proféticas para transformar este mundo de acordo com os propósitos e o plano de Deus. Tal ativismo é geralmente social na igreja cristã, com a exceção de modelos hermetistas da vida diária. Muitos teólogos se posicionam a meio caminho entre o ensino e a ação.

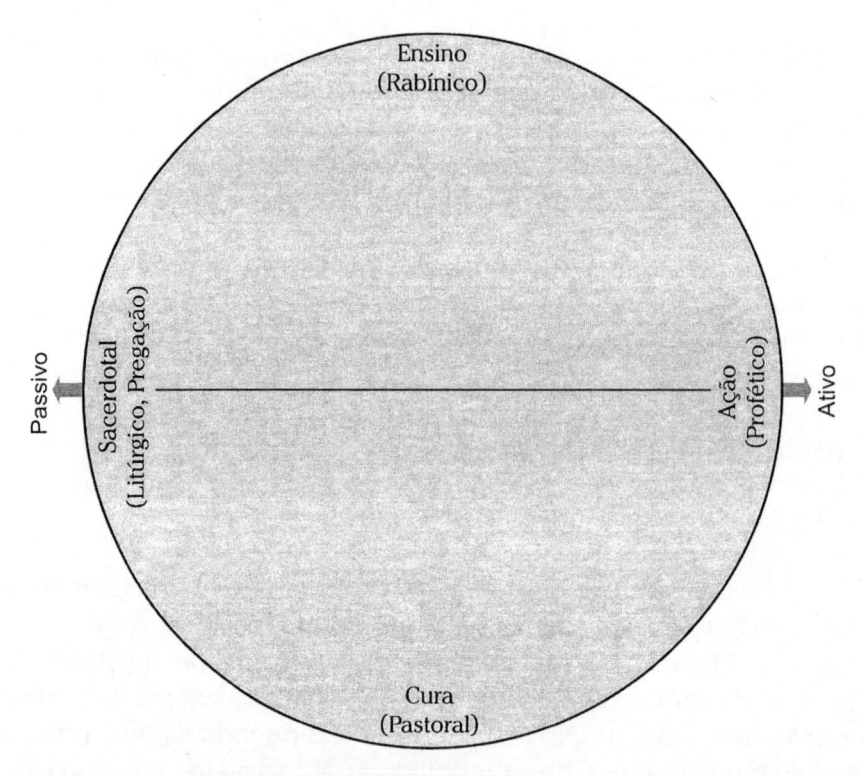

Figura 4.4. Funções e Papéis Tradicionais da Igreja.

Um grupo do clero, após ver este mapa, observou com ironia que eles mesmos tinham ainda mais uma função oficial que tentaram ignorar tanto quanto nós: eles também eram gerentes! Esses clérigos estavam absolutamente corretos. Para fins de discussão, no entanto, é útil manter as complexidades do setor privado intactas mas com o entendimento de que "gerência" é um rótulo alternativo para esse círculo, representando gerência de uma igreja ou de negócios.

Assim, quando sobrepomos as Figuras 4.1, 4.2, 4.3 e 4.4, o diagrama resultante (Figura 4.5) apresenta um campo de provas visual para a penetração das funções tradicionais e sagradas da igreja e o domínio dos negócios e da gerência. Você pode ver essa sobreposição, no entanto, como uma representação do mundo de *ambos* os grupos profissionais (com apenas ligeira modificação de "setor privado" para "gerência de atividades sem fins lucrativos" para as profissões religiosas).

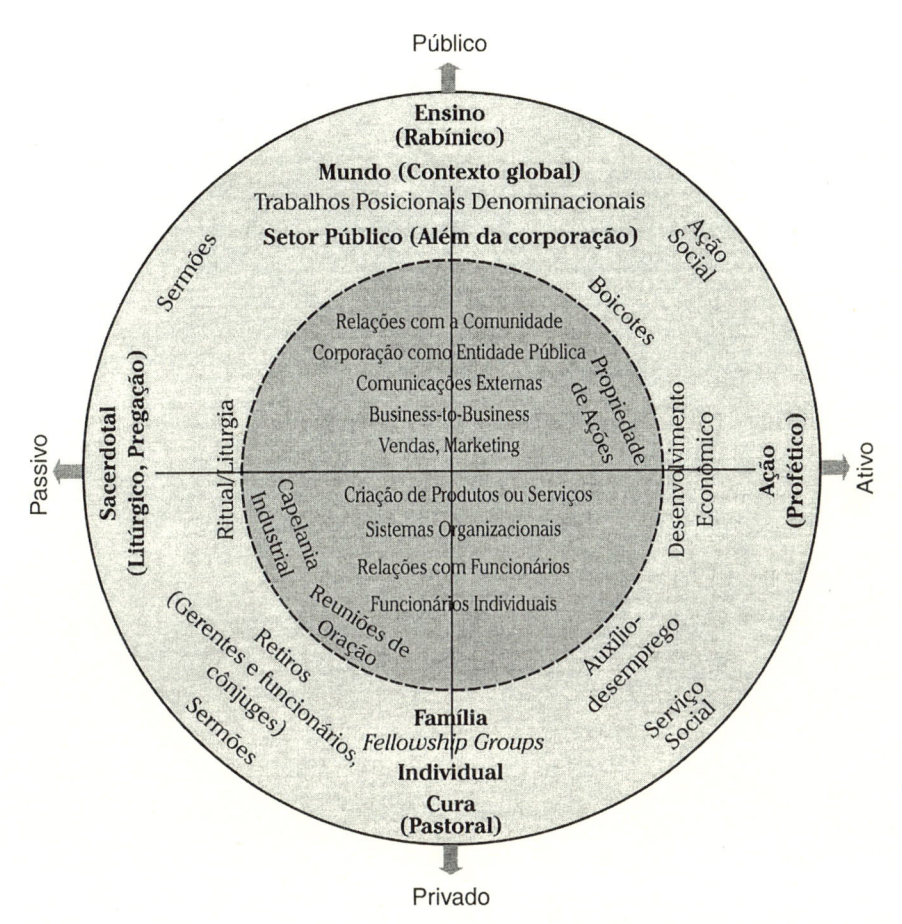

Figura 4.5. Atividades da Igreja Relativamente a Atividades de Negócios.

Mapeamento da Integração: Um Novo Caminho para o Problema

Quando vemos os dois domínios superpostos na Figura 4.5, podemos perguntar onde e como uma igreja em particular busca penetrar o domínio do setor privado com alguma forma do religioso. Se o sagrado é experimentado em ação ou como afirmação de um estado de consciência ou diferença cognitiva não importa. A questão para auto-avaliação é simplesmente esta: Onde a igreja, como você a conhece, representando a religião cristã, penetra o setor privado e de que forma funcional?

Por *penetração* queremos dizer que alguma atividade da igreja ou grupo leigo representante de uma organização baseada em fé realiza uma conexão religiosa ou resposta provocativa no interior do domínio corporativo que responda às preocupações vocacionais da pessoa de negócios. A integração efetiva reconecta essas atividades de negócios à ética religiosa ou à consciência espiritual. À medida que explorávamos as experiências de clero e de executivos, incluindo aqueles que haviam participado de atividades recentes patrocinadas pela igreja sobre fé e trabalho, a resposta se mostrava alarmantemente inadequada: muito pouca coisa.

A Figura 4.5 mapeia algumas das atividades típicas da igreja que se pretende sejam orientadas para os negócios, como relatado por entrevistados e consideradas em grupos de foco que contemplavam diretamente essa estrutura. Duas coisas se destacam:

1. O círculo sombreado está quase vazio.
2. É muito difícil encontrar qualquer penetração profunda do círculo sombreado que não seja negativa em sua mensagem e em seu conteúdo.

Vamos examinar cada fator individualmente.

Sermões

Considere, por exemplo, sermões que tocam em questões econômicas ou em algum aspecto da vida de negócios. Meio rabínicos, meio litúrgicos, são relativamente poucos. Os que existem, tendem a resvalar no aro do círculo do setor privado para focar mais os tópicos mais generalizados sobre negócios e o público (mais para a parte superior do quadro) ou as escolhas personalizadas como uma meditação sobre valores mal direcionados relativos a riqueza material e *status* no lar (parte de baixo do quadro, próximo a família). Um sermão que sugere uma perspectiva de fé relativamente ao estado de nossas almas e ambições financeiras privadas, mas que não aborda a estrutura da vida em nossos empregos ou carreiras pode ser bastante eficaz no redirecionamento das prioridades de um congregante, momentaneamente afastando-as do dinheiro e do *status*, mas não oferece auxílio sobre onde ir a seguir como pessoa de negócios. Como podemos efetivamente nos valer de ideais cristãos para a melhoria dos próprios negócios?

Vários clérigos com quem falamos disseram que ocasionalmente abordavam questões econômicas em seus sermões. Esses sermões, no entanto, tendiam a abordar um domínio de negócios não-específico, superficial, estereotipado ou algum mundo místico de um magnata. Um termo como *globalização*, por exemplo, era um código para sinalizar que a igreja sabia alguma coisa sobre os negócios modernos sem entrar nos detalhes desagradáveis. O foco religioso então passava direto por sobre o círculo sombreado de atividades de negócios em um cenário global, para objetivar, em vez disso, políticas macroeconômicas como o endividamento do Terceiro Mundo – um problema de preocupação cívica para um congregante, mas um que não entra no domínio pessoal do processo decisório nos negócios em grau significativo. De forma semelhante, apelos positivos para ajudar os pobres eram em grande parte direcionados às decisões financeiras privadas individuais quanto a doações a caridades, habitação ou escolas, enquanto as atividades de negócios eram retratadas como representativas da antítese desse dever sentido.

Liturgia

A liturgia era deliberadamente reservada para lugares fora do local de trabalho até a recente explosão de redes de oração nas empresas que, no entanto, são primariamente iniciadas por leigos e não pela igreja e tendem a se desviar do uso extensivo de liturgia. (Encontramos forte resistência a grupos de oração em empresas, especialmente entre protestantes tradicionais e não-cristãos.)

Várias pessoas de negócios relataram que haviam começado a tentar aprofundar suas vidas espirituais engajando em sessões de oração ou de leitura da Bíblia auto-iniciadas, sozinhas em seus escritórios. Algumas dessas disciplinas foram incentivadas por uma sessão de espiritualidade secular sobre meditação, que lhes dava um processo para incorporar suas próprias expressões religiosas a essas práticas. Outras realizaram saltos particulares do conteúdo generalizado de programas espirituais seculares patrocinados por suas empresas de volta para suas crenças religiosas.

Sessões de Oração de Grupos de Negócios

Sessões de oração de grupos de negócios, durante a semana ao café da manhã ou na hora de almoço, ficam bem na beirada do círculo sombreado, em um domínio público-privado equivalente a onde amigos estariam localizados (logo acima de família, ou logo no interior do círculo na posição de "funcionários individuais".

Essas sessões são, em geral, individualmente dirigidas, parcialmente litúrgicas e parcialmente pastorais. Crentes que participam geralmente compartilham rituais religiosos e oferecem cura e suporte uns aos outros. Alguns grupos de oração (notadamente entre evangélicos) penetram o círculo muito mais, compartilhando problemas de negócios de formas extremamente confidenciais e francas. Isto, no entanto, é raro, e os obstáculos ao patrocínio direto da igreja são muitos. No entanto, essa posição no "mapa" é provavelmente a que está passando pela maior mudança e atenção.

Afirmações e Posições Teológicas Denominacionais

Afirmações e posições teológicas denominacionais sobre a economia – como as cartas pastorais dos bispos, encíclicas papais ou um artigo nas revistas *Christian Century, Ecumenical Review* ou *Missiology* – são largamente rabínicas para uma audiência e contexto econômico amplos, às vezes globais. Universalizados em contexto e geralmente direcionados aos aspectos sistêmicos dos negócios (todo e qualquer negócio, mas nenhum em particular), ficam entre "setor público" e "mundo".

À medida que o conteúdo desses tratados se aproxima de atividades corporativas específicas, tende a se tornar negativo: desinvestir, interromper a produção do produto X, boicotar a empresa Y. Mensagens positivas têm sido mais gerais, como na exigência de que empresas devem concordar em ser ambientalmente amigáveis ou oferecer uma remuneração de sobrevivência. Vez por outra, perguntamos o que era uma remuneração de sobrevivência. Ah, essa é uma questão profunda.

Iniciativas de Desinvestimento

As iniciativas de desinvestimento do passado recente foram um bom exemplo da ênfase negativa em *não* fazer negócios à medida que a igreja começou a penetrar o círculo, ao mesmo tempo ignorando oportunidades para influenciar o negócio específico que estava sendo conduzido. As iniciativas da igreja visando o desinvestimento na África do Sul, por exemplo, dirigiram sua atenção e energia em sair deste país, mas não para as condições contratuais segundo as quais aquelas empresas seriam vendidas ou desmanteladas. Como observaram o teólogo de Notre Dame Oliver Williams e o professor de administração da Universidade de Nova York S. Prakesh Sethi, um grande número de males foi assim posto em jogo.[4] Entrementes, áreas dentro do círculo sombreado, como treinamento no emprego, nas quais as pessoas de negócios dispunham de mais poder e a necessidade era aguda, foram em grande parte deixadas de fora da agenda de desinvestimento da igreja.

Assim também, injunções para a interrupção de produção de determinados produtos ou de publicidade maciça sobrepujam as atividades da igreja no oferecimento de auxílio consultivo para o desenvolvimento de novos produtos e serviços mais responsáveis.

A atual crítica de programação de televisão e publicidade manifestada pela igreja segue esse padrão. Injunções positivas visando a enfatizar e celebrar valores familiares são bastante gerais, influenciando principalmente escolhas domésticas pequenas demais para penetrarem profundamente as considerações de mercado dos negócios. (Algumas igrejas, no entanto, estão agora emitindo listas "recomendadas"; há uma tentativa interessante, embora ainda não lucrativa, por parte do canal Odyssey para desenvolver tal entretenimento. A emissora foi formada por uma aliança ecumênica de igrejas.) A paixão, entretanto, tem sido pelos "não farás" – as recomendações de boicote de certos programas ou protesto contra anúncios com apelo sexual.

Ação Social

A ação social baseada na igreja freqüentemente diz respeito a alimentos, assistência à saúde e abrigo, de maneira que evitam a dimensão econômica dessas soluções.[5] Instituições baseadas em fé que se tornam ativistas em questões econômicas freqüentemente adotam um padrão que as impulsiona ativamente para fora do círculo sombreado, tanto em ação quanto em resultados. Irrefreado por exigências de realização de lucros ou de demonstrar qualquer força competitiva, o esforço de ação social baseado em fé pode efetivamente funcionar onde ninguém mais parece estar disposto ou ser capaz de fazê-lo, mas esses esforços não devem ser confundidos com atos que penetram o círculo sombreado. Tais parâmetros deixam de guiar a concepção de provisão de serviços da pessoa de negócios porque não oferecem uma ponte para modelos financeiramente viáveis.

Esforços de ação social tendem a depender de grandes subsídios baseados em afiliação de fé, ou da suspensão de procedimentos contábeis e estruturas de preço normais. O processo não só está fora das regras do círculo sombreado, como pode resultar na transmissão de uma mensagem de que a igreja (e, por implicação, a visão de mundo de negócios cristã) está acima de, ou despreocupada com, essas regras. Por implicação, indicadores normais de responsabilidade dos negócios são reduzidos a detalhes moralmente triviais. Foi o que aconteceu quando um projeto de habitação patrocinado pela igreja precisou levantar doações de emergência após ter fracassado em usar seus parcos recursos financeiros para contratar seguro. Quando o projeto foi destruído em um incêndio, não foi considerado apropriado responsabilizar pessoas por terem assumido riscos de tal forma desnecessários com o investimento. E o próprio grupo não divulgou os custos de suas técnicas de gestão em sua alegação de ter criado um paradigma viável para habitação de baixo custo merecedor de apoio corporativo.

O *New Era Fund* (Fundo da Nova Era) foi outro bom exemplo da tendência de "suspensão das regras de negócios" das iniciativas econômicas baseadas em fé. Esse mecanismo de investimento alardeava expectativas de investimento altamente irreais, apoiadas por alegações de investidores benevolentes e anônimos que podiam produzir retornos anuais espantosos. Tanto compradores quanto vendedores deixaram de ver que se tratava de nada mais do que um esquema Ponzi.*

---

* N.T.: Tipo de fraude de investimentos no qual o operador oferece retornos elevadíssimos, usando o dinheiro de investidores posteriores para pagar dividendos aos investidores iniciais. Quando o esquema começa a ficar inviável, o operador geralmente foge com o dinheiro. Foi inicialmente praticado por Charles Ponzi, de Boston, no início da década de 1900, daí o nome. Ponzi acabou preso por fraude.

Uma série de instituições baseadas em fé investiu seus recursos no *New Era Fund* e perdeu tudo. Outros que haviam lucrado nos primeiros anos do esquema voluntariamente compartilharam esses lucros com os que sofreram grandes perdas. Como ato de solidariedade cristã, o episódio se destaca como heróico. Menos elogiável e certamente instrutiva, é a maneira interessante pela qual todos pareciam consentir a idéia de que era apropriado suspender expectativas de padrões normais de risco e divulgação ao realizarem esses investimentos em prol de uma boa causa.

Serviços Sociais

De forma semelhante, projetos habitacionais patrocinados por missões que oferecem serviços sociais necessários freqüentemente criam uma economia que funciona fora de quaisquer parâmetros normais de negócios. Como veículo para o engajamento de pessoas de negócios em uma maior preocupação e compreensão para os pobres, eles têm sucesso. Como modelo para atividades econômicas de pessoas de negócios religiosamente preocupadas, no entanto, fracassam. Se todas as empresas operassem dessa forma, de onde viriam os grandes filantropos?

Especialmente prevalecente na arena de ação econômica da igreja é a tendência de ir em busca da posição monopolista. Tal atividade serve a muitos propósitos importantes que se alinham com valores cristãos, mas não deve ser confundida com uma mudança construtiva e profética quer no sistema econômico quer na estrutura do processo decisório do congregante que volta para a corporação. Em muitos casos, encorajam más práticas de negócios e produtos não-competitivos.

O ponto aqui não é dar o voto final quanto a ser ou não desejável a atual ação social da igreja, e sim perguntar como as atuais ações e as suposições por trás delas são úteis para os indivíduos que têm que tomar decisões enquanto sentam metaforicamente dentro do círculo sombreado. É interessante tentar mapear esse efeito. A ação social baseada em fé traz a religião para dentro do círculo sombreado, ou traz o congregante para fora dele? Qual posição no mapa é provável oferecer orientação e suporte para a pessoa de fé que deseja formar seu propósito nos negócios de acordo com a visão profética da sociedade oferecida pela doutrina cristã?

Programas Patrocinados pela Igreja que Oferecem Auxílio de Emprego

Programas patrocinados pela igreja que oferecem auxílio de emprego são outro bom exemplo da tendência da igreja de não penetrar o círculo. Vários desses serviços apoiaram congregantes e comunidade quando as pessoas estavam desempregadas, mas todo o apoio da igreja desaparecia uma vez que a pessoa retornava ao trabalho! Em alguns casos até mesmo a busca de emprego e o apoio de treinamento eram consignados a um congregante sem qualquer engajamento adicional do clero ou da denominação. Em um tal esforço, que durou mais de três anos, um leigo foi solicitado a dirigir o programa. Ele continuou com permissão da igreja para utilizar seu espaço, *mas não testemunhou qualquer engajamento pessoal* de autoridades da igreja no programa efetivo. Clero das igrejas participantes afirmaram que esse tipo de atividade estava "fora de seus domínios".

Este último comentário sublinha o estado do relacionamento igreja-negócios. Não que a igreja não veja qualquer obrigação de se engajar em questões econômicas, mas sim demonstra uma notável relutância em se engajar (direta ou indiretamente) no pragmatismo da atividade econômica capitalista. Como recurso para congregantes que se digladiam com os problemas diários dos negócios, isso é em nada substancial.

Retiros para Executivos Patrocinados pela Igreja

Dado o seu nome, retiros para executivos patrocinados pela igreja são uma área na qual poderia se esperar maior integração de questões religiosas e de negócios. Esses eventos são especificamente orientados para as pessoas de negócios e pretendem ser uma oportunidade para renovação espiritual e reflexão sobre a vida dentro do círculo sombreado. Vários entrevistados relataram ter participado repetidamente de retiros ao longo de suas vidas, com graus variáveis de satisfação. O conteúdo de muitos desses programas, no entanto, tendia a concentrar em tópicos familiares: relações matrimoniais, preocupações de pais, problemas sexuais e estresse pessoal. Outros concentravam-se em testemunho renovado de fé pessoal e seu efeito sobre as emoções.

Esses retiros são relevantes para pessoas de negócios que tentam se valer da tradição de fé para ajudar a corrigir problemas advindos diretamente de suas atividades de negócios. Em muitos casos, tiveram sucesso em transmitir a necessidade de reequilíbrio, perspectiva e amor. Mas qual o seu efeito sobre a vida dentro do círculo sombreado? Onde o retiro gera reconexão? A mensagem da igreja pode não se estender além de uma recomendação para sair da vida de trabalho com mais freqüência! Mais uma vez, a penetração é muito rasa, se é que existe.

Capelania Industrial

A capelania industrial também merece atenção especial por representar uma penetração deliberada e concreta de funções religiosas tradicionais na corporação. A meio caminho entre os domínios sacerdotal e pastoral, capelães industriais encontram-se com funcionários no local de trabalho ou fora dele, às expensas da corporação. Muitas de suas atividades são associadas a programas de assistência ao funcionário (EAPs) como aconselhamento para os que abusam do álcool ou de drogas. Em outros momentos, os capelães oferecem aconselhamento mais generalizado, orações e apoio.

Os capelães entram em uma empresa sob condição de não-intervenção, o que na prática parece tê-los impedido de serem fonte de perspectiva (moral e espiritual) quanto a questões maiores relacionadas à política, como escolha de produtos, práticas de vendas ou sistemas organizacionais. Também parecia haver alguma confusão de agenda. Quando pressionada, pelo menos uma influente organização de capelania sentia explicitamente que seu papel era o de trazer as pessoas de negócios para Jesus em vez de trazer Jesus para o trabalho das pessoas de negócios – uma contradição de sua política contra o proselitismo no local de trabalho.

Por Favor, Vamos Lá Fora...

Como podem ver, muitas das atividades pessoalmente relevantes baseadas em fé para pessoas de negócios são um convite a dar um *passo para fora* do círculo sombreado: estar mais próximo de um cônjuge, ser um pai mais eficaz, participar em trabalhos voluntários e cívicos e ter tempo para contemplar e fortalecer uma perspectiva espiritual através do comparecimento à igreja. Em muitos casos, esse convite é urgentemente necessário, à medida que os norte-americanos cumprem jornadas de trabalho cada vez mais longas e corporações oferecem serviços que moldam profundamente as normas familiares, de amizade e de dever cívico.

Não obstante, a concentração de atenção espiritual em sair do círculo não deve ser confundida com facilitar como as pessoas de negócios devem trazer sua fé mais ativamente para suas vidas de trabalho. Embora possa ser fortemente debatido se as igrejas devem ou não tentar penetrar o círculo sombreado e quais os limites e diretrizes a serem observados, não encontramos qualquer razão para sermos complacentes diante do fato de muitas pessoas estarem realizando um bom trabalho simplesmente por "estarem lá" em espírito.

A observação mais irônica, talvez, tenha vindo do mesmo grupo do clero que observou que eles, também, tinham uma responsabilidade vocacional pelo círculo sombreado do domínio da gerência e dos negócios. Ao refletir sobre isso, um sacerdote episcopal exclamou: "Nós também operamos ali. Mas não somos melhores em trazer o cristianismo para dentro daquele círculo do que a pessoa de negócios!"

Reflexão

- Familiarize-se com os termos usados no mapa de integração (Figura 4.5). Agora reflita sobre onde você vê a igreja em suas quatro funções penetrando o círculo sombreado da atividade de negócios. O que você conclui?

- Caso houvesse mais penetração, direta ou através do apoio de pessoas de negócios de fé, o que você espera que mude relativamente aos negócios e de suas próprias atividades nos negócios?

- O que espera que mude relativamente à igreja e a suas próprias atividades nela caso haja maior penetração de religião em sua vida de negócios?

Ação

- Encontre um exemplo de um novo esforço baseado em fé que tenha afetado os negócios. Estude-o e localize-o no mapa de integração. A atividade é centrada em mudança positiva ou negativa? Como poderia ser tornada uma influência mais forte, mais positiva sobre a mudança nos negócios?

- Se você for membro de uma igreja, pergunte se poderia discutir com seu pastor ou diácono (ou equivalente) onde o *ethos* gerencial da própria igreja se situa no mapa e como vêem a fé como tendo impacto sobre a gestão da igreja. Existem lacunas e oportunidades comuns entre este mapa e seu próprio mapa de integração?

Parte II

Saia do Meu Território!

Por que as Coisas Desmoronam

5

Você Simplesmente Não Compreende

Lacunas de Comunicação Entre a Igreja e os Negócios

Após vinte e cinco anos como Contador Público Certificado, senti que era hora de fazer algo que fosse mais significativo para mim. Não sou contra os negócios, mas com certeza questiono muito aquilo que acontece lá, especialmente em termos de prioridades. Gostaria de encontrar um lugar onde as pessoas fossem mais importantes do que os lucros. Minha igreja? Muito importante. Lembra-me das verdadeiras prioridades. Nenhuma ajuda quanto aos negócios.

– Pessoa de negócios cristã.

O que é que existe nos negócios e na igreja contemporâneos que está fazendo a proposta de integrar fé e negócios tão escorregadia? Muitos na igreja e nos negócios têm um desejo por crenças cristãs que constituam recurso mais forte nas vidas das pessoas de negócios. Por que, então, há tão pouca evidência dos negócios ou a igreja se valerem dos profissionais da igreja para orientação nessa área? A penetração do domínio dos negócios pela igreja não é apenas questão de intenção ou interesse. É questão de relacionamento com a comunidade de negócios dentro de suas congregações. O que está afetando esse relacionamento hoje, de tal forma que até os que gostam de sua igreja jamais pensariam nela como útil na integração da fé com o trabalho?

À medida que explorávamos essa questão nas extensas entrevistas e em uma pesquisa dos vinte principais seminários nos Estados Unidos, começamos a ver um padrão. Duas visões de mundo profundamente conflitantes têm efeitos de tal forma profundos que os dois grupos mal conseguem falar a mesma língua. As atitudes do clero e da pessoa de negócios, por mais ambivalentes que possam ser quanto a suas próprias instituições no âmbito privado, recaem essencialmente em dois campos: os que dizem não e os que dizem sim ao capitalismo. Enquanto os últimos vêem a criação de valor e possibilidades, os primeiros vêem destruição e exploração.

Embora tenhamos encontrado representantes de ambos os grupos em ambos os casos, a maior parte dos que dizem sim está nos negócios e o clero é, em sua vasta maioria, composto dos que dizem não. Poucos achavam que seus pontos de vista eram de tal forma isentos de nuances quanto sugerem essas categorias; mas nós argumentamos que os dois "campos" representam um complexo de pontos de vista e comportamentos que são realmente reconhecíveis e precisam do reconhecimento por parte de cristãos que buscam integrar suas crenças e seu trabalho.

Neste e nos dois capítulos a seguir, examinamos minuciosamente as evidências dessas atitudes e as suposições e os comportamentos nos quais se baseiam. Nossa meta não é a de construir uma posição política relativa ao capitalismo, nem a de estabelecer o perfil estatístico definitivo da cristandade norte-americana e sua visão do capitalismo. É a de esclarecer por que clero e pessoas de negócios estão tendo tanta dificuldade em ir adiante para trazer assuntos religiosos à condução dos negócios.

Grupos de negócios e instituições religiosas que tentam iniciar programas nessa área não têm probabilidade de sucesso a não ser que comecem a compreender essa dinâmica e o processo pelo qual as preocupações religiosas comuns a ambos os campos enveredaram pelo caminho errado e se endureceram em um relacionamento distanciado.

Quando os que dizem não e os que dizem sim são confrontados com qualquer coisa ligada ao capitalismo, vêem quadros totalmente diferentes – mesmo que a princípio pareçam concordar. Nisso, são como o noivo e sua mãe ciumenta discutindo a nova esposa. Joe, o noivo, está apaixonado. Quando olha para Alice, ele vê uma promessa de felicidade e realização. Quando sua mãe vê Alice, ela vê destruição e exploração de sua família e de seu filho. Os defeitos de Alice se apresentam muito maiores. Desnecessário dizer que após algumas tentativas frustrantes e tensas, Joe e sua mãe evitam tocar no assunto.

Ao longo dos anos, Joe e sua mãe continuam a acrescentar tijolos às suas visões de mundo relativas a Alice. Cada evento é outra peça na estrutura. A visão de mundo, por sua vez, colore seu processamento do evento seguinte. Por fim, a visão de mundo é tão forte que colore as palavras que usam e as expectativas que têm não só em relação a Alice mas em relação a seu próprio relacionamento.

Assim, também, os que dizem sim e os que dizem não ao capitalismo na comunidade da igreja têm construído suas visões de mundo opostas e educado outros nesse sentido. Agora, quando congregantes de negócios e clero ou acadêmicos olham para o mesmo fenômeno, cada grupo vê um quadro totalmente diferente daquele visto pelo outro grupo. Nossa meta aqui é compreender os tijolos extremamente complexos e freqüentemente despercebidos no padrão e reabrir o diálogo.

Sintomas de Desconexão

Encontramos dinâmicas perturbadoramente improdutivas em muitas áreas. As duas visões de mundo têm linguagem, comportamento e explicações do comportamento uma da outra bastante afetadas. Esses padrões são apenas parcialmente observáveis por ambos os campos e, em muitos casos, impedem a troca e a consideração conjunta necessárias para a abordagem das questões espinhentas envolvidas em ser uma pessoa de negócios de fé.

"A Igreja Não Entende"

A maioria das pessoas de negócios com quem falamos – apesar de afeição variada pela igreja e diferentes compreensões da autoridade da igreja – compartilhava a opinião de que a igreja não estava fazendo grande coisa para ajudá-las a obterem um senso de força espiritual ou de inteireza religiosa em suas vidas de negócios. Sua negatividade era moderada por uma profunda relutância em criticar pastores ou autoridades da igreja que admiravam por outros motivos. A afeição pela igreja por parte daqueles que permanecem mais próximos do clero mascarava a profundidade da insatisfação e desconsideração que a atitude da igreja para com os negócios tem provocado.

Algumas pessoas aceitavam a avaliação negativa como inevitável, outras ficavam desapontadas e um bom número sentia-se incompreendido ou demonizado pela igreja. Seus comentários resumiam-se a alguns pontos: "O clero é o último a ser procurado para orientação nos negócios." "Ele não compreende as questões." "Ele não consegue gerenciar a si mesmo, como poderia aconselhar a outros?" "O clero odeia os negócios." "Ele tem inveja de pessoas com dinheiro." "Ele quer criticar os negócios mas não tem qualquer problema em aceitar seu dinheiro." "Não é papel do clero dar palpites sobre negócios." "Não falamos a mesma língua."

O padrão era muito semelhante ao de nosso Joe fictício e sua mãe ciumenta. Quando pedimos formalmente a pessoas de negócios que avaliassem seu relacionamento com a igreja, freqüentemente suprimiam essas observações. Quando perguntamos se sua alegada falta de contato mútuo em questões de negócios era evidência de um relacionamento distanciado, várias pessoas objetaram, respondendo que se sentiam próximas de seus pastores e da organização maior da igreja. Não obstante, quando perguntadas se e como procurariam essas pessoas em busca de orientação sobre questões de negócios, a resposta foi marcantemente consistente: na verdade, não. Sentiam que a igreja as valorizava como pessoas cristãs vivendo seus propósitos em suas vidas de negócios? De maneira alguma. As únicas exceções eram líderes de negócios que haviam desenvolvido uma amizade pessoal com um ministro ou padre e subseqüentemente passavam tempo juntos em um contexto no qual problemas de negócios surgiam naturalmente na conversa. Essas eram instâncias raras e em quase todos os casos representavam apenas executivos de alto nível que eram membros líderes da igreja (em termos de contribuição financeira).

O pastor, então, se tornara uma espécie de conselheiro pessoal do congregante.

Muitos estavam em paz com a idéia de prosseguir sozinhos em sua busca de permanecer conectados a sua fé em suas vidas profissionais. (Os freqüentadores de igreja relapsos, como era de se esperar, eram mais críticos.) Em contraste, sempre que mencionávamos, em conversas informais, que havíamos conversado com executivos que não procurariam seus pastores ou qualquer outra pessoa associada às suas igrejas sobre um assunto relativo a fé e negócios, os entrevistados meneavam a cabeça em concordância. Fomos brindados com relatos do impacto dos que dizem não. Por que, perguntavam os que dizem sim, a igreja é tão hostil e negativa em relação a nós?

Pessoas que não estavam engajadas em algum esforço comum de exame de fé e trabalho não eram tão negativas. Mesmo um pequeno gesto de apoio ou interesse em suas questões advindo do clero, como desempenhar o papel de anfitriões de nossos grupos de foco, assinalava que os congregantes eram valorizados, em termos religiosos, em seus papéis profissionais, quer ou não o clero efetivamente subscreva o ponto de vista dos que dizem sim. Não obstante, muitos tinham dificuldade em determinar exatamente como essas sessões ajudavam ou mudaram seu modo de pensar.

O distanciamento das pessoas de negócios norte-americanas da igreja – percebido ou não-percebido – é um fenômeno real com conseqüências reais. Um bom exemplo disso é o executivo sênior que reuniu um grupo de adultos para aulas sobre ética nos negócios em sua igreja durante mais de dois anos. Ele sentia-se muito próximo de seu pastor e valorizava especialmente o apoio dele recebido durante um divórcio litigioso. Após alguns membros da congregação o terem desprezado, o pastor continuou o relacionamento próximo. Mas quando perguntamos ao executivo se o pastor alguma vez freqüentou as aulas de ética nos negócios ao longo de seus dois anos no porão da igreja, ele respondeu: "Nunca."

O executivo não percebeu isso como um relacionamento distanciado porque *ele próprio* não sentia que negócios fossem uma área de conhecimento especializado para o pastor. Ele (o líder de negócios cristão) era o especialista naquele domínio específico.

Um bom protestante, o estado de sua alma relativamente à sua conduta nos negócios era assunto dele. Não esperava ajuda de autoridades religiosas. É por isso que reunia o grupo de estudos em sua igreja.

"Não Estou Interessado em Negócios"

Clero e teólogos foram menos consistentes do que as pessoas de negócios na avaliação de seu registro de assistência. Alguns achavam que não tinham feito qualquer impacto, atribuindo o fracasso ou à sua própria falta de interesse ou a problemas sistêmicos da cultura. Alguns ofereceram racionalização que evitava qualquer implicação de serem contra o capitalismo na vida de seus congregantes. Sentiam simplesmente que não era assunto deles causar um impacto nessa área. Como disse um padre: "Minha preocupação é o entusiasmo da liturgia. Sinto que o que as pessoas fazem nos negócios não é de meu interesse. Não ofereço qualquer desculpa."

Muitos outros viam qualquer atenção dada a congregantes com base em afiliação profissional como uma forma de favoritismo. Alguns clérigos sugeriram que eram enormemente ativos em questões econômicas e de fé, mas que jamais haviam testado se essa atividade efetivamente influenciava os paroquianos de alguma forma positiva. Sabiam o que haviam dito, mas não o que haviam realizado.

A maioria do clero respondeu com alguma variação do comentário de um ministro congregacional de que "essa cultura é de tal forma materialista que é muito difícil mudar as idéias das pessoas". Quando perguntamos a estudantes e corpos docentes de seminários "O que, se há alguma coisa, você mudaria na maneira pela qual a igreja lida com questões de negócios e com o pensamento dos negócios?" a resposta arrebatadora – com margem de dez vezes a segunda resposta mais freqüente – foi alguma variação de "mudar a forma pela qual as pessoas de negócios pensam".

A maioria do clero expressou um desejo de ser uma influência mais eficaz sobre os negócios e de ajudar indivíduos a experimentarem a plenitude da fé. Reflexivos e abertos a pensarem sobre o problema, simplesmente jamais o haviam abordado sistematicamente. Não tinham certeza de por onde começar além das maneiras mencionadas no Capítulo 3: redigir um trabalho, unirem-se a um movimento de reforma ou serem melhores amigos.

O que Está Causando a Distância?

Quanto mais pessoas entrevistávamos, mais claro se tornava que fatores culturais estavam desempenhando um papel muito forte. Disparidades entre clero e pessoas de negócios sobre visão de mundo econômica, variação na área de conhecimentos profissionais especializados, conflito de autoridade, medo de cooptação ou corrupção caso a igreja entrasse na arena dos negócios, diferença de linguagem e as condições de pluralismo eram todos fatores. Até mesmo os efeitos de temperamentos geralmente diferentes – a pessoa de negócios entusiasmada *versus* clero que preferia pensar a respeito – podiam ser vistos nas preferências de cada grupo por certos tipos de solução de problemas e abordagem analítica. Às vezes, esses fatores marginalizavam a igreja das principais áreas econômicas nas quais as pessoas de negócios operam.

Um exemplo de tentativa de romper a divisão igreja-negócios ilustra as principais linhas de falha culturais ao longo das quais o atual relacionamento distanciado está disposto. A quase-palhaçada desse evento bem-intencionado e sua escalada de estereótipos negativos na mídia ilustram o quão rapidamente o diálogo inteligente se desmancha nessa área.

Em 1999, com o pânico iminente relativo a problemas com o ano 2000 (Y2K) sugerindo um pandemônio se aproximando da ebulição, a *American Bankers Association* – ABA (Associação de Banqueiros dos EUA) – considerou ser razoável redigir um sermão-amostra sobre o problema para distribuição ao clero. Duas considerações-chave impulsionaram o trabalho: uma percepção de que alguns membros do clero estavam mal informados sobre Y2K e estavam usando o problema para atiçar temores de desastre e o fato de o clero ser de tal forma merecedor de confiança em suas comunidades que seria o veículo perfeito para acalmar os temores relativos a Y2K.

A ABA alegadamente ofereceu a homilia não como roteiro mas como folha de trabalho de pontos factuais e teológicos para serem adaptados pelo ministro em seu sermão. O porta-voz da ABA, John Hall, denominou este esforço de "um esforço sincero de alcance", explicando que o documento não era disseminado através de mala direta em massa, mas tinha como finalidade ser "uma troca muito pessoal entre um banqueiro e seu ministro".[1]

A reação eclesiástica a esse esforço, como relatado em um jornal local, foi em grande parte negativa ou indiferente. Um pastor episcopal o viu como tentativa de tráfico de influência em um local sagrado; um padre católico achou que o esforço era "uma perda de tempo auto-interessada... o amor pelo dinheiro é a raiz de todo mal. Pessoas que ganham a vida lidando com dinheiro não estão no caminho certo". Apenas um ministro pentecostal parece ter tido uma reação mais receptiva, afirmando que gostaria de ver se "falava ao medo no coração das pessoas". Em contraste, um banqueiro achou que o documento foi bom em combinar afirmações factuais sobre as garantias do FDIC com uma mensagem de esperança, entusiasmo e fé em Deus. Considerou o exercício um esforço bem-intencionado de fazer alguma coisa para prevenir pânico ignorante.

Como estudo de caso no alistamento da religião e os negócios na correção de um problema social potencial relacionado à economia, o episódio todo foi um desastre. O clero achava que a mensagem dos banqueiros era uma "intrusão" em sua autoridade; de forma alguma se sentia impulsionado a abordar o pânico de Y2K como ocasião séria para reflexão religiosa de qualquer espécie. A descartaram sem reflexão ou usaram a ocasião para lançar uma condenação religiosa da atividade bancária e dos negócios em geral.

Profissionais de negócios e o clero têm dificuldade em aceitar a idéia de um ou outro atravessar ambos os domínios. Suspeitam que esses esforços envolvem um uso inadequado de autoridade e que muito provavelmente sirvam aos seus próprios interesses. Rapidamente interpretam qualquer tentativa de forma negativa. O que está por trás da suposição automática que elicia tal avaliação distanciadora?

Vivendo em Mundos Diferentes

Como ilustram os mapas no Capítulo 4, pessoas de negócios e clero vivem em dois mundos. Entre os dois grupos estão campos minados semeados com atitudes sobre dinheiro, pobreza e o espírito dos negócios – atitudes que podem ser resumidas como as dos que dizem sim e as dos que dizem não ao capitalismo. Vez após vez, ouvimos duas acusações: clero acusando pessoas de negócios de "não se importarem" com os menos afortunados; e pessoas de negócios acusando o clero de "não compreender" que suas atividades profissionais representam criação de valor, apesar de exemplos de ganância.[2]

"O Dinheiro é Mau, Pessoas de Negócios são Gananciosas"

O clero tendia a descrever os negócios como um conceito agregado, centrado no dinheiro e nos lucros – palavras de código significando riqueza excessiva e exploração. Via as pessoas de negócios como gananciosas e egoístas;[3] e mencionava repetidamente o dinheiro como sendo a preocupação primária das pessoas de negócios (salários excessivos, estilos de vida consumistas, ambições materialistas, a disparidade de remuneração). O acúmulo de riqueza tinha associações especialmente negativas de idolatria, pecado, materialismo, falsos valores, prioridades erradas, egoísmo e, acima de tudo, injustiça com os pobres. Via as possibilidades religiosas para aqueles com riqueza pessoal como antecipadamente contaminadas, sua salvação contingente em distribuir o seu dinheiro.

Comentários sobre dinheiro geralmente levavam a comentários sobre cultura, o que influenciava fortemente os valores das pessoas. Na verdade, o clero usava o termo *cultura* como símbolo taquigráfico daquilo que achava ser a raiz do problema: um sistema de valores centrado no dinheiro. A cultura, disseram-nos, é materialista e hipercomercial, adorando o dinheiro acima de tudo. Impiedosa, demite as pessoas; paga demais a alguns e muito pouco a muitos; é responsável por encorajar a adoração de outros falsos deuses, como quando o setor do entretenimento promove um gosto por sexo e violência para aumentar seus lucros.[4] Tudo isso é interpretado como exemplificando que as pessoas farão de tudo por dinheiro.[5] O clero freqüentemente citou anúncios que enfatizam a ganância, a riqueza, o luxo e bens de consumo desnecessários como indicadores de uma "mentalidade de negócios" ou "os valores dos negócios".

A associação de negócios a lucros e dos lucros a significado religioso adverso em relação a dinheiro era de tal forma automática que o clero tendia a subestimar sua força na formação de seus pontos de vista e em distanciá-lo das pessoas de negócios. Em nossa pesquisa de vinte seminários, os seminaristas nos disseram que achavam que essa atitude havia mudado. Mas nós detectamos um falso senso de confiança. À medida que representantes de igrejas e seminaristas expunham suas opiniões sobre o que gostariam de dizer e explorar sobre negócios e religião, seus temas se mostraram sobrepujadoramente negativos. Falavam em "tornar a igreja uma voz mais alta e mais crítica", "nomeando o papel das grandes empresas na economia com o papel conseqüente na responsabilidade pelas injustiças sociais" e "ajudá-los a ver o erro de seus caminhos".

Alguns se mostraram indiferentes ("Não estou nem um pouco interessado"). Mesmo entre os que eram entusiastas quanto à possibilidade de criar um fórum ou outra ocasião para explorar fé e trabalho, poucos sugeriram estarem ávidos por ouvir o que as pessoas de negócios tinham a dizer sobre suas impressões da tensão que enfrentavam no trabalho. Achando já terem visto o suficiente daquilo com que os negócios realmente se preocupam – consumismo, egoísmo, carreirismo, insensibilidade –, preparavam-se para palestrar e não ouvir. Apenas um pesquisado em nosso levantamento – um seminarista evangélico – levantou objeção a esse ponto de vista, observando que a igreja tendia a ver as pessoas de negócios como estando fora da comunidade da fé no que diz respeito à própria igreja.

O desejo benigno de enfatizar metas positivas e inclusivas na alegada nova compreensão da economia por parte da igreja – justiça, fidelidade, solidariedade, ministrar a ricos e pobres igualmente, cuidados, responsabilidade com a comunidade – rapidamente se tornou negativo quando os eclesiásticos foram solicitados a considerar políticas reais. Em resposta à pergunta "o que você faria para mudar atitudes dos negócios relativas à fé?", as respostas típicas eram: "Dar a elas um pouco de ética", "Limitar a remuneração dos CEO", "Mudar o sistema", "Alimentar os que têm fome, vestir os nus", "Tornar todos os negócios éticos e eliminar atividades que impedem a pessoa de estar com sua família ou de ir à igreja".

O clero apresentou comentários similares, explicando que todos advinham de um sentimento de que pessoas de negócios "não se importam" ou têm algum tipo de inferioridade mental e moral. Esses eram tijolos em sua visão de mundo. Pessoas de negócios ou sofriam de ganância e raciocínio inferior ou eram cativas inocentes dos valores do sistema. O clero precisava ensiná-las a respeito do sofrimento dos pobres e das injustiças da mentalidade de mercado.

É fácil compreender esses pontos de vista, que são exacerbados pela tendência do clero de enquadrar seus modelos mentais dos negócios em termos do estado da economia global.[6] Na verdade, a atual desigualdade de riqueza global torna difícil não nos sentirmos urgentemente cínicos quanto aos amplamente disseminados benefícios do capitalismo.[7] A atribuição de culpa por essas condições era, para o clero, claramente baseada nos "interesses de negócios". Em sua visão agregada dos negócios, todas as pessoas de negócios pareciam tocadas por esse pecado.

A pobreza é o gatilho-chave para a representação mental dos negócios pelo clero. Apesar do fato de que as empresas se deparam com uma gama de questões desafiadoras carregadas de urgência moral e provocadoras de sensibilidade espiritual – desde relações interpessoais até o protocolo para segurança de produtos – a igreja tendia a desenvolver a sobrepujadora maioria de suas mensagens éticas e religiosas sobre os negócios em termos de cuidar (ou não cuidar) dos necessitados. Relatos públicos de demissões, casos de discriminação racial e produtos com preços excessivos foram vasculhados em busca de evidências de egoísmo empresarial e prejuízos para os pobres. Por sua vez, isso foi filtrado resultando em uma mensagem negativa sobre a insensibilidade geral das pessoas de negócios em relação aos pobres. A ignorância humana das conseqüências não-intencionais, por exemplo, jamais foi dada como explicação. Também não deram credibilidade séria à freqüentemente mencionada frustração da pessoa de negócios com a necessidade de pesar dores de curto prazo contra ganhos de longo prazo.

O clero acusou as pessoas de negócios de não se preocuparem; as pessoas de negócios acusaram o clero de propositadamente não compreender. Não é surpresa, portanto, que as pessoas de negócios, às vezes, se sintam como se seu próprio clero lhes lançasse um mau-olhado. "Pensam que somos todos contaminados", disse um; "Pensam que o dinheiro é sujo e mesmo assim a igreja precisa dele. Assim, deixam o levantamento de dinheiro a nosso cargo e depois querem usá-lo para os propósitos da igreja. Detesto essa hipocrisia. Onde estariam se nós não saíssemos para ganhar o dinheiro?"

A situação dos pobres era um problema sentido para o clero de todas as denominações, inclusive pastores evangélicos (embora o primeiro foco destes era no relacionamento pessoal das pessoas de negócios com Jesus, que tendiam a ver como se fortalecendo fora do contexto de negócios).

O clero sentia-se obrigado por sua fé a ser um porta-voz especial para os pobres e desvalidos. Era uma razão-chave por terem se tornado clérigos. (De acordo com o ético comparativo Ronald Green, cuidar dos necessitados é um aspecto-chave compartilhado por todas as religiões do mundo.[8]) O clero supunha ser seu dever responsabilizar os crentes por essa obrigação e essa concepção de dever influenciava pesadamente o como se engajavam no tópico de negócios. Muitos clérigos tinham a boa consciência de se enfurecerem com o estado no qual grandes números de norte-americanos vivem hoje. Muitos deram um salto direto dessa preocupação para um ataque total à ética das pessoas de negócios. O que podem não ter inteiramente percebido é que muitas pessoas de negócios também acreditam que suas profissões são a chave para aliviar a situação dos pobres. Era o posicionamento dos dois grupos em relação ao capitalismo, não seu nível de preocupação, que constituía o verdadeiro ponto de diferença.

Ideologias políticas também desempenharam um papel-chave na formação da concepção do clero das causas da pobreza e de sua visão da preocupação das pessoas de negócios a respeito. Via o clima político corrente como indicador direto de extremos egoísmo e materialismo; atribuía a fonte aos negócios. A lei de reforma do auxílio-desemprego e os cortes de impostos durante as décadas de 80 e 90 melhor representavam o estado da mentalidade dos negócios relativa à pobreza, o que muito o desapontou. Atribuía à legislação uma "não-preocupação" com os pobres; sentia pouca motivação para levantar as muitas outras razões pelas quais essas leis foram apresentadas como questões religiosamente relevantes.

A situação dos empobrecidos é naturalmente próxima à área de preocupação percebida da igreja – tão próxima que visões mais complexas de injustiça econômica também focariam os abastados ou os fatores de pobreza que não de negócios fora do alcance de seus radares. O clero considerava estatísticas de resultados benéficos da reforma do auxílio-desemprego relativamente não importantes, se é que chegavam a considerá-los. Notícias alegadamente boas de que o auxílio-desemprego para o trabalho deixara alguns participantes com a sensação de que tinham maior bem-estar financeiro constituíam evidência de que os negócios não se importavam; as estatísticas mascaravam o *verdadeiro* problema, o egoísmo e a indiferença da mentalidade de negócios.

Era confirmado em sua opinião por várias questões legislativas recentes, mencionando oposição ao salário de subsistência, assistência à saúde universal e licença-maternidade (ou paternidade) universal. Esse comentário de um pastor protestante liberal é típico: "O estado de nossa sociedade é vergonhoso. Há pessoas morrendo de inanição nas ruas. Pessoas trabalhando em quatro empregos para conseguir sobreviver. E pessoas de negócios que viram a cara. Por quê? Curvaram-se diante do grande deus do mercado e é somente com isso que se preocupam." A solução? "Precisam aprofundar sua fé e torná-la operante."

Poucas pessoas de negócios efetivamente discordaram do dever religioso para com os pobres, mas houve uma enorme variação quanto a como agiam nesse assunto relativamente a seus papéis nos negócios. Algumas privatizaram sua preocupação através de doações para a caridade – em alguns casos criando suas próprias fundações, em outros alegremente cedendo suas doações caridosas à direção da igreja. Essa segunda prática pode efetivamente contribuir para o relacionamento distanciado no que diz respeito aos negócios por assinalar ao clero que, ao se tornar consultor sobre caridade e pobreza, se torna consciência legítima da pessoa de negócios quanto a outras discussões econômicas. Alguns entrevistados de negócios despejavam sua ajuda aos necessitados em novas e criativas maneiras de criar empregos e de treinamento em suas empresas. Muitos mencionaram que a provisão de empregos em empresas existentes era evidência de sua preocupação e constituía contribuição tangível.

Interessantemente, a visão de pobreza da pessoa de negócios era tanto mais complexa em termos das manifestações de pobreza quanto menos sensível ao fato de que algumas pessoas não conseguem ganhar a vida no atual sistema econômico. (As duas coisas provavelmente são relacionadas.) Para os negócios, a pobreza era um problema a ser aliviado através de mecanismos de negócios, não exacerbada por eles. Fracassos eram atribuídos a problemas do "sistema", o que quer dizer governo ou destino: governos corruptos, péssimos sistemas educacionais, apoio a protegidos de longa data, atitudes racistas ou monopólio do governo. O aumento marcante de padrões de vida entre países em desenvolvimento com alto nível de atividade multinacional e a queda geral nos índices de desnutrição mundial eram exemplos da capacidade aumentada dos mecanismos de negócios de responderem às necessidades dos pobres.

Um banqueiro comentou: "O clero não aceita o fato de que as marés enchentes levantam todos os barcos. Ele só vê uma pessoa no topo, que claramente tem ganhos fora de toda proporção." Outro: "O que ele deixa de ver é quantas pessoas *se tornariam* pobres se abandonássemos esse sistema. Por que o clero não pode pensar em como ser cristão *dentro* desse sistema?"

Encontramos disjunções similares entre as visões de mundo dos que estão por dentro e dos que estão por fora do sistema sobre a questão de piedade. Os congregantes tendiam a dar exemplos de perdão no local de trabalho: dando aos que apresentavam desempenho insatisfatório uma segunda chance, dando a um participante de um negócio o benefício de tempo adicional. Para o clero, a piedade nos negócios era direcionada aos que estavam *fora* do *loop* econômico. O exemplo mais freqüente era o perdão da dívida dos países do Terceiro Mundo, um conceito de Jubileu que tem capturado amplo apoio eclesiástico. Outros sugeriram que os negócios precisavam restringir expectativas competitivas por piedade aos que não tinham conseguido cultivar boas habilidades em negócios em suas vidas até então. Deixar de apoiar essas conclusões suscitava a conhecida acusação de "não se importar", atribuível à ganância.

O que estava acontecendo? Será que a atitude de cada grupo em relação à pobreza não era apenas questão de ideologia mas também questão de auto-imagem? Ambos proclamavam um dever para com os pobres. O gerente prosseguiu concluindo que seu dever era o de gerenciar uma solução econômica (seu papel na vida), o clero de representar a situação dos pobres. Se fossem capazes de verem *a si mesmos* em seus posicionamentos, poderiam mapear um espaço no qual agiriam em conjunto em relação aos problemas da pobreza, onde os talentos vocacionais de cada um fossem valorizados. Para que isso ocorresse, no entanto, os que dizem não teriam que concordar em haver algum valor nos argumentos dos que dizem sim ao capitalismo.

Os que dizem sim teriam que abrir um espaço para perspectivas e alternativas sobre os problemas que estariam abordando.

O *Geist* dos Negócios

A acusação de que o clero não compreende é contraste marcante à condição de gurus conferida pelas pessoas de negócios aos especialistas em espiritualidade seculares. Diferentemente de sua abordagem simpática e otimista, o retrato categoricamente negro pintado pelo clero em relação às pessoas de negócios deixou de se equiparar à experiência profissional e senso de papel profissional das pessoas de negócios. Era contrário à crença religiosa dos congregantes relativa à singularidade de cada pessoa. O aspecto reducionista do posicionamento do clero em relação aos pobres confirmava a visão das pessoas de negócios de que a igreja era inadequadamente crítica. Zombou um gerente entrevistado: "Você nota que a igreja nunca reclama dos negócios se aproveitarem dos ricos!"

Como pessoas que estão por dentro, as de negócios vêem a vida na empresa como sendo complexa – associada não só a dinheiro e trabalho, mas a relações sociais, habilidades de toda sorte e também a uma variedade de pressões. Como Weber observou sobre o capitalismo, os negócios não são apenas uma coleção de transações legais; eles têm um *Geist*, ou espírito, que compreende uma coleção rica de valores éticos e culturais, muitos dos quais têm origens religiosas e requerem disciplina espiritual.

Para os leigos com quem falamos, essas nuances eram óbvias, assim como era a idéia de que os negócios encerravam *possibilidades* éticas além de perigos. Considere a plenitude de visão nesses três comentários de entrevistados de diferentes denominações:

- "Cristianismo diz respeito a esse mundo. Você olha para os negócios e verá todos os aspectos da experiência humana ali. Assim, qualquer fé significativa tem que falar ao mundo dos negócios. ... A vida não é o mosteiro."

- "Quando você fala com pessoas de negócios que dirigem grandes organizações, elas reconhecem desde logo que não é apenas baseado em utilitarismo. As melhores delas têm ideais muito elevados. Assim, não é difícil para elas pensar em como comunicar esses ideais, em fazer com que outros compartilhem sua visão."

- "Estou em negócio que não possui a melhor reputação do mundo por honestidade e integridade. Acho que devo muito de nosso sucesso como empresa ao fato de ser religioso. É muito difícil viver de acordo com a regra. Tem exercido uma influência verdadeiramente positiva sobre mim, sobre minha empresa e sobre a minha vida."

Todos esses comentários enfatizam o lado humano dos negócios, reconhecem o lucro e o qualificam. Assim também, esse comentário em um discurso proferido por William C. Pollard, presidente do conselho da *ServiceMaster Company*:

> Como pessoa de negócios, quero ser excelente em gerar lucros e criar valor para meus acionistas. Se não quiser jogar em conformidade com essas regras, não pertenço ao jogo. Mas também acredito que a empresa em que trabalho ... tem outra finalidade. Pode ser uma comunidade para ajudar a formar o caráter e o comportamento humanos. Deve ser um verdadeiro ambiente aberto no qual a questão de quem Deus é e quem nós somos e como relacionamos nossa fé a nosso trabalho sejam questões para discussão, debate e, sim, mesmo para aprendizagem e compreensão. As pessoas em nossa empresa são, de fato, a alma da empresa.[9]

Elogios combinados a lucros e idéias extralucros, como as recompensas religiosas, éticas e sociais de estar nos negócios, podem ser difíceis para clero e teólogos ouvirem. Alguns congregantes, especialmente em igrejas protestantes liberais, realmente reconheceram uma estreita conexão entre o *Geist* dos negócios e a igreja. Atribuíram o caráter e o espírito de sua própria gerência a valores que cultivavam através de sua afiliação a suas igrejas: "A igreja tem influências tremendamente positivas em minha vida, que levo para a minha empresa todos os dias. Acho que todos nós fazemos isso. A maneira pela qual dirigimos nossas empresas é um reflexo de quem somos (ao virmos) desse lugar (a igreja). Devo muitas coisas que aprendi aqui ao sucesso de minha empresa, porque pagamos nossas contas em dia, somos éticos, somos honestos. As questões de qualidade, como você trata seu pessoal. Tudo começa com uma educação aqui (na igreja).

O pastor da igreja dessa pessoa era excepcional em sua retratação das pessoas de negócios em sua congregação. "Essas são boas pessoas", disse-nos ele. "Conheço muitas das pessoas de negócios muito bem. E acho que têm muita coisa para fazer todos os dias, coisas sobre as quais nada sei. Elas vêm a mim com problemas familiares ou para ajudar em algum projeto da igreja. Em meus sermões, tento dar-lhes alento, lembrá-los do amor de Deus e dar-lhes alguma coragem."

De forma semelhante, um pastor da Nova Inglaterra que havia feito parte de uma grande igreja não-denominacional não via qualquer santidade em se manter à parte do mundo dos negócios: "Temos que aceitar alguma responsabilidade pelo estado da cultura. Se não soubermos o que está realmente acontecendo nas mentes de nossos membros (falava dos congregantes de negócios), como podemos esperar ser uma força nesse mundo?"

Em contraste, outros clérigos, também em igrejas suburbanas de classe média alta, eram de opinião diferente. Vez após vez, ouvimos comentários desalentadores. De um pastor não-denominacional: "Na verdade, nunca achei que o cristianismo fosse compatível com os negócios." O comentário de um padre episcopal: "Se você tenta dirigir uma empresa com base em princípios cristãos, essa empresa vai falir." O sentimento de um padre católico de que pessoas de negócios "têm que ser trazidas de volta para a igreja e isso é quase impossível de fazer no meio de suas vidas profissionais". Ao ouvirmos mais, parecia que as pessoas de negócios e o clero estavam em picos diferentes. Como nos disse um ministro unitário: "Entre meus colegas, elogiar o capitalismo é como elogiar a pedofilia."

"Apenas Faça" *Versus* "Vamos Pensar a Respeito"

Um professor de teologia e ministro ordenado, Max Stackhouse, é incomum em sua profissão pela sua capacidade de criticar os negócios ao mesmo tempo em que contrabalança a crítica com a possibilidade de redenção. Essa atitude o tem levado a buscar novas maneiras de alcançar a comunidade de negócios em vez de descartá-la. Temos motivos suficientes para não declarar os negócios território onde Deus não pode alcançar. Stackhouse tem repetidamente argumentado que embora a possibilidade de corrupção seja condição inerente de todas as organizações humanas, as corporações têm potencial criativo – até mesmo a possibilidade de graça – se forem ordenadas de forma justa.[10] Pela sua própria admissão, a sugestão de Stackhouse de que a corporação pode ser potencialmente um instrumento de mudança social criativa tem encontrado "considerável distanciamento em círculos teológicos". No ativismo social baseado em fé, essa resistência pode ser especialmente aguda. No nível congregacional, dado o relacionamento predominantemente dependente do clero na riqueza da congregação, a resistência é freqüentemente menos aberta. Isso, por sua vez, deixa o clero com um sentimento de estar sendo silenciado e ainda mais convicto de que pessoas de negócios são insensíveis.

Para a pessoa de negócios, a atribuição de culpa simplesmente parece fora de compasso; a negatividade parece não ser exatamente o ponto. Como nos disse um executivo, "o clero não entende que *realmente nos preocupamos* com os pobres. Fico feliz em contribuir para a caridade. Levo essa obrigação muito a sério. Mas também tenho uma empresa para dirigir". Outro lamentou (como já observamos): "Sabe, jamais ouvi um ministro falar mal dos negócios por possivelmente enganar os ricos. Mas na minha cabeça, isso também é um teste de integridade. Se todos são meus próximos, por que eu deveria favorecer os pobres?"

Neste comentário, a profunda herança do calvinismo parece estar bem atual. Os comentários de Tawney são especialmente relevantes aqui: "O melhor que se pode dizer da teoria e prática sociais dos primórdios do calvinismo é que eram consistentes. A maioria das tiranias tem-se contentado em atormentar os pobres. O calvinismo tinha pouca piedade com a pobreza; mas desconfiava da riqueza, como desconfiava de todas as influências que distraem o objetivo ou relaxam as fibras da alma e, no primeiro arroubo de sua jovem austeridade, fez o que pôde para tornar a vida insuportável para os ricos."[11]

Muitos valores calvinistas permanecem na cultura dos negócios, apesar das atuais visões de luxo divergentes. A pobreza, por exemplo, ainda possui associações com a preguiça pecaminosa para alguns, especialmente quando se consideram questões raciais e pobreza.[12] Com maior freqüência, no entanto, pessoas de negócios viam a pobreza como um problema sistêmico emaranhado sobre o qual tinham poder apenas limitado. A riqueza era apenas o reverso da medalha e ambas suscitavam problemas sérios para o cristão sincero.

Especialmente na igreja liberal, a visão de que a pobreza é uma função de algum profundo pecado pessoal tem, em grande parte, sido substituída pela sofisticada compreensão de suas causas sociais e culturais. Não obstante, as igrejas não perderam totalmente sua ambivalência inicial pré-reforma quanto aos ricos e à prosperidade nos negócios. O desafio crítico às igrejas não tem sido a existência dessa ambivalência; a própria Bíblia oferece um conjunto de atitudes paradoxais aqui. Na verdade, é o quão abertas as igrejas são em *reconhecer* essa ambivalência, que as pessoas de negócios têm que enfrentar como parte do território de responsabilização pessoal.

Vejamos, por exemplo, a questão da eficiência. Pessoas de negócios dão grande ênfase à eficiência e a seu valor associado de pragmatismo. Em sua forma extrema de livre mercado, a eficiência é vista como corretivo moral – uma forma de assegurar preços justos sem tirania governamental. Para a maioria dos entrevistados, no entanto, a eficiência era simplesmente associada à eficácia e à realização – virtudes positivas, em um sentido personalizado. Soluções que não sejam práticas ou que solapem seriamente a eficiência por serem ineficazes eram tidas como inadequadas, irresponsáveis e falhas em evitar prejuízo no curto ou no longo prazos. Problemas que sejam inerentemente favoráveis à eficiência econômica (como cuidados para os doentes mentais) são mais bem isolados da competição de mercado, mas em caso algum a *ineficiência* seria considerada boa em uma transação de negócios.

Pessoas de negócios também vêem a eficiência e o pragmatismo como ingredientes essenciais na entrega de serviços. Sua presença ou sua ausência têm valor moral em e por si mesmas, e também porque eficiência é produto de outras virtudes: práticas de negócios honestas, respeito, assunção de responsabilidade por garantir que necessidades sejam atendidas, esforço, disciplina, autocontrole, método e engenhosidade. Uma operação ineficiente pode fazer uma pessoa de negócios ferver ("Como podem tratar um cliente com tanto desrespeito?"). Uma reunião que começa atrasada tem significado e também pode ser interpretada como falta de respeito (ou pior: incompetência e, assim, quebra de dever fiduciário).

Para um clérigo, por outro lado, chegar atrasado para uma reunião pode ser simplesmente um sinal de ter tido coisas mais importantes para fazer. O clero tende a associar eficiência à motivação despersonalizante do lucro. Por exemplo, citaria a ênfase em ineficiência de preços como força subjacente na promoção da ganância da pessoa de negócios. Valorizar a eficiência das operações da igreja, portanto, seria suspeito – uma atitude amplamente evidenciada na indiferença à má gestão de muitas igrejas e organizações sem fins lucrativos de hoje.

Tais atitudes divergentes, que refletem profundos pontos de vista morais, são características, importantes, do relacionamento distanciado. Um homem nos contou uma história que ilustra como essas diferenças são aparentes mesmo nos detalhes mais triviais. Esse executivo aposentou-se de seu cargo de CEO de uma empresa de US$100 milhões para cursar a faculdade de teologia. Esperava realinhar seu estilo de vida e suas prioridades, mas não contemplava uma vida sacerdotal. A transição foi difícil. De acordo com sua própria confissão, a comunidade teológica o percebia como demasiadamente franco, demasiadamente impaciente e superficialmente pragmático. Ele fervia ao se lembrar de sua matrícula em diversas matérias: "Eu não compreendo a ineficiência. É um insulto às pessoas. Tínhamos que ficar em pé na fila durante três horas para nos matricularmos. Três horas. Eles sabiam quantas pessoas iriam se matricular, e mesmo assim não havia qualquer mecanismo para agilizar a matrícula."

Em contraste, muitos pastores e seminaristas que entrevistamos achavam que a eficiência operacional não era uma prioridade; em sua visão, ela freqüentemente representava crueldade e insensibilidade para com as necessidades emocionais das pessoas. O clero desconfiava do pragmatismo. Fazia parte de sua caricatura da superficialidade e dureza de coração das pessoas de negócios.

Entrementes, a comunidade dos negócios dava gargalhadas com a "mentalidade difusa" do clero. Embora atribuísse as atitudes antinegócios da igreja a esse tipo de ignorância, também queria expressar uma propensão à reflexão ("Pare de pensar a respeito; apenas faça").

Um problema é que muitos clérigos simplesmente deixam de inspirar ou impressionar congregantes de negócios acostumados a ter como encarregada uma personalidade extremamente dinâmica. Como explicou uma pessoa de negócios: "O problema é o cantor, não a canção. O que parece forte quando feito por Jesus parece apenas um ato de uma pessoa inerentemente fraca quando vem de um pastor que sequer consegue amarrar os próprios sapatos." Essa falta de confiança fez com que as reflexões éticas do clero sobre os negócios parecessem alarmante e excessivamente críticas, mesmo quando o conteúdo da reflexão não era totalmente negativo.

Igualmente ineficaz é a supercorreção do clero em relação ao evangelho da "felicidade". Em *Crisis of the Churches*,[13] Wuthnow observou que o clero tendia a conceber vocação como uma importante oportunidade para auto-expressão autêntica, em vez de enfatizar sua oportunidade para serviço ou amor. Assim, pastores aconselhavam pessoas a determinar seus motivos referentes a trabalho, a se conduzirem de forma a serem felizes consigo mesmas e fazer com que outros se sentissem felizes consigo mesmos com relação ao trabalho. Essa mensagem *parece* positiva, mas na realidade limita as possibilidades religiosas a atitudes relativas a carreira, não a atitudes institucionais associadas ao alcance da prosperidade.

Em muitos casos – tanto na experiência de Wuthnow quanto em nossas entrevistas – o clero especificamente justapôs a felicidade dos fiéis de pensamento correto à falsa felicidade da riqueza e do sucesso. A maioria das concepções da felicidade religiosa se mostraram subtrações em forma: passar menos tempo no trabalho e mais tempo com a família, necessitar de menos dinheiro, comprar menos itens de consumo. Em momento algum, as contribuições potenciais dos negócios foram vistas como um caminho para a fidelidade ou para a felicidade da fidelidade.[14]

Essas atitudes têm um impacto profundo na estatura da igreja como fonte de orientação moral. O clero é treinado para ser abertamente reflexivo e questionador. Mas, no mundo dos negócios, questionamento que não leva a conclusões pragmáticas é interpretado como contraproducente. Pessoas de negócios – já sensíveis a serem estereotipadas como gananciosas e culpadas por situações além de seu controle pessoal (como a existência de pobreza mundial) – sentem-se aprisionadas pela simples presença de perguntas reflexivas. Disse um congregante, em resposta a um comentário questionador vindo de um púlpito sobre desigualdade de salários: "Nenhuma pessoa de negócios pode resolver as desigualdades de salários nesse país, mas estamos perfeitamente conscientes de que deveríamos nos sentir muito culpados por recebermos um salário e lucrarmos com esse sistema imperfeito." Disse outra: "Você não espera que seu pastor lhe dê tapinhas nas costas o tempo todo, mas o nível de crítica é ridículo. Parece que todas as pessoas de negócios são o Hitler! Eles simplesmente não compreendem que pessoas de negócios são seres humanos comuns tentando fazer um bom trabalho."

Tom e papel são claramente fatores contribuintes. Um clérigo nos disse: "Gostaria de levá-las (pessoas de negócios) até o outro lado da cidade e fazer com que vivessem lá por uma semana. Aí elas se importariam." Como ele, muitos clérigos vêem seu papel correto como disciplinador e corretivo, global em foco, representando partes importantes do céu e da terra. Um ministro protestante tradicional em uma igreja suburbana, ao ser abordado para participar de nosso estudo, se mostrou acolhedor e empolgado ao mesmo tempo: "Isso é extremamente importante. Realmente gostaria de participar. Gostaria realmente de falar mais sobre essas questões à minha congregação. Gostaria de contrabalançar seu materialismo."

Admoestar não ajuda. Congregantes, por vezes, se queixaram de que o clero tinha uma tendência a moralizar tudo: relacionamentos familiares, compras materiais, comportamento na escola. Pessoas de negócios – menos pessimistas do que a maioria do clero e pouco inclinadas a refletir deliberadamente sobre cada questão – ficavam duplamente inquietas com o significado religioso dos negócios porque a questão provocava imediatamente um julgamento moral negativo por parte do clero. Não surpreendentemente, clero conservador protestante e católico que não se sentia tão pouco à vontade com a riqueza em si parecia ser capaz de transmitir suas mensagens sobre a pobreza de formas que não aniquilavam a pessoa de negócios.

Pessoas de negócios podem se sentir alarmadas com práticas de negócios, mas não aceitam a pesada culpa que percebem lhes ser atribuída por muitas de suas igrejas: "Elas simplesmente não compreendem o quão complexas essas questões são. Muitas das pessoas de maior remuneração também oferecem o maior número de empregos e serviços à sociedade. Isso não é de todo ruim, mas elas [as igrejas] recusam-se a admitir que alguma coisa boa resulte dos negócios." Em alguns casos, associam explicitamente a culpa à propensão à reflexão: "Você pode passar seu tempo fitando seu próprio umbigo e dizendo a todos o quão errados estão, ou pode ir à luta e *fazer* alguma coisa."

Construindo ou Demolindo?

As diferenças entre as abordagens dos que dizem sim e dos que dizem não podem ser parcialmente explicadas por culturas religiosas anteriores, tanto no protestantismo quanto no catolicismo, que enfatizavam o pregador como incorporação da consciência pesada da comunidade, estando ali para lembrar aos leigos de seus pecados e pensamentos errados. Também podem ser atribuídas a temperamento.

William James sugeriu que certos tipos de personalidade tendiam a ser atraídos a determinado tipo de experiência religiosa. Ele descreveu pessoas de negócios como inerentemente otimistas, o que explicava seu envolvimento nos movimentos espirituais de cura pela mente da época. As religiões da mente sadia, como James as chamava, tendiam a atrair pessoas não-reflexivas e pragmáticas, o tipo que se preocupa menos com significado final e mais com fazer com que as coisas aconteçam. A atitude positiva desse movimento, posteriormente aproveitada por Bruce Barton e Norman Vincent Peale, atrai as pessoas de negócios. Não só confere *empowerment* como também apóia a ideologia geral norte-americana de autodependência, oportunidade e liberdade. Não é surpresa, portanto, que a comunidade de negócios tenha sido atraída à expressão religiosa que exibe seu otimismo básico e uma abordagem de auto-empowerment em vez de para a argumentação de tirar-lhes o poder.

Com esse viés vem outro, acompanhante, direcionado a metas construtivas. Problemas são enquadrados em termos daquilo que pode ser realizado, não daquilo que deu errado ou de por que a meta deve ser abandonada em troca de metas maiores, e menos tangíveis. Força, decisão e bom humor são virtudes bem-vindas para pessoas de negócios que interpretariam tais características de caráter como contraste humano e eficaz à arrogância violenta que tipifica o poder em seu mundo.

Para o clero, entretanto, esse estilo de fazer negócios pode parecer falso, superficial ou insensível. Como no caso de nossa sogra fictícia na personalidade de Alice, ele constrói uma explicação negativa para aquilo que a pessoa de negócios vê como atributos positivos. Disse um pastor sobre um conhecido executivo de negócios da comunidade: "Ele parece tão bem-humorado, mas é assim que ganha seu dinheiro – fazendo com que as pessoas concordem com ele."

Um elitismo intelectual que beira a superioridade se infiltra. Para o clero, relações humanas religiosamente motivadas são freqüentemente associadas a estilos mais quietos e reflexivos. Ser de comportamento discreto e de fala mansa mesmo quando representando fortes idéias patriarcais de autoridade é um estilo geralmente associado a um foco bastante pessimista, especialmente adequado a momentos de tribulação, terapia e tarefas tais como confortar os enlutados e visitar os enfermos. Assim também, muitos dos conceitos centrais da religião cristã mais enfatizados no ritual da igreja focalizam aquilo que poderia ser chamado de tópicos pessimistas: morte, sofrimento, pecado, medo de punição. Como disse um pastor liberal, ao comentar as concepções de religião das pessoas de negócios: "Lamento, mas esse [cristianismo] não é apenas um exercício de 'bem-estar'." Disse outro: "Elas [pessoas de negócios] dizem que querem ser como Jesus, mas não estou certo de que estariam dispostas a morrer em uma cruz."

Muito da linguagem da religião tradicional tem sido essencialmente pessimista e focado em esclarecer e identificar como *fraqueza*, enfatizando a natureza caída da humanidade, a fraqueza moral, a dependência. Mas a fraqueza é um conceito com o qual as pessoas de negócios não se sentem à vontade. Mesmo quando confessam sua fraqueza publicamente, isso é freqüentemente feito como um despistamento retórico, uma expressão de serem humilhadas perante suas próprias forças consideráveis – como quando o candidato estudante de administração é solicitado a descrever sua maior fraqueza e escreve: "Sou incapaz de me conter. Não consigo deixar de ser perfeccionista e dar 110% de mim, o tempo todo."

Tais diferenças de estilo e temperamento contribuem para a demonização mútua, além de formar as primeiras perguntas feitas por cada um. Assim, a pessoa de negócios escolhe o sucesso no mercado como ponto de partida para uma exploração de fé; o clérigo escolhe o fracasso do mercado.

Por fim, em nossas entrevistas, concepções de Jesus pareciam ser fortemente coloridas por tais pontos de vista. A pessoa de negócios buscando modelar seu comportamento no de Jesus retrata o filho de Deus como apoiador mas decisivo – um tanto como *The Man Nobody Knows* (O Homem que Ninguém Conhece) de Barton, ou *Jesus CEO* de Laurie Beth Jones. O Jesus do clero, em contraste, representa uma atitude de auto-sacrifício divorciada da recompensa mundana. Esse é o Jesus com quem se identificaram positivamente. (Ninguém do clero relatou uma atividade de negócios lucrativa como motivação para tais sentimentos de triunfo.)

Deus Está no Mercado?

O local também se mostrou simbólico. Onde está Deus na sociedade? Para o clero, o *locus* de Deus está firmemente na igreja – por mais que seja contrabalançado com visões quanto à importância dos leigos ou da "igreja viva". Alguns protestaram pelo fato de que o arranha-céu (ou seja, os negócios) ocupava mais espaço da paisagem da cidade do que o campanário. Para a pessoa de negócios, o *locus* de Deus pode estar primariamente na igreja, mas também é possível no mercado.

Deixar de visualizar Deus ou o trabalho de Deus no mercado é outro motivo pelo qual o clero encontra dificuldade em ver a importância de abordar as necessidades dos negócios. Em nosso levantamento de seminaristas, perguntamos: "o quão importante você acha que é seu currículo incluir questões de ministério relativas a empresas e pessoas de negócios?" As respostas foram igualmente divididas.

Os que consideravam a questão importante a viam apenas em relação às necessidades de negócios da igreja ("membros de igrejas estão em negócios de algum tipo"; "cada paróquia tem projetos de construção e investimentos") ou aos pecados dos negócios ("para compreender suas mentes com dinheiro e poder").

Cerca de 50% responderam "não muito importante". Mostraram-se relutantes em diferenciar os negócios como um tópico distinto de complexidade religiosa suficiente para merecer atenção especial; suas respostas variaram de "Isso é facilmente discutido em uma aula de ética" a "Pecado social é prevalecente em toda a sociedade e a comunidade de negócios desempenha um papel nele". Tais respostas ajudam a explicar como o clero veio a adotar uma visão dos negócios generalista e sem nuances. Não abordado, esse enquadramento teria efeitos claros sobre a escolha de currículo e treinamento do clero, com um viés em direção a materiais com visão macrossistêmica. Assim é a estrutura prevalecente em nossa entrevistas com clero: também é relatada em Wuthnow.

Na congregação, a omissão da luta das pessoas de negócios aparenta ser bastante disseminada. Muitos de nossos entrevistados expressaram impressões semelhantes do clero em geral. Pastores e pessoas de negócios queixaram-se de recusa ativa por parte da igreja em lidar com as questões de dinheiro, refletindo a cultura da igreja formal.

As instituições jesuíticas pareciam oferecer a visão mais "mista" dos caminhos "desse mundo" para o ensino católico. Quando perguntadas com quais temas estavam familiarizadas relativamente a pessoas de negócios como parte de sua comunidade religiosa e o tecido da sociedade, algumas de suas respostas (mesmo assim, menos da metade) citaram a visão positiva além da negativa (macro ou sistêmica). Contribuições religiosas positivas incluíam "o uso sagrado do dinheiro", "discernimento", "o mercado como lugar merecedor de se fazer carreira" e "pessoas de negócios também são cristãs".

No entanto, quando perguntadas se algum texto bíblico específico havia informado sua visão dos negócios, ou responderam negativamente (60%) ou uniformemente citaram pronunciamentos negativos sobre lucros e suas tentações, especialmente relativos a não servir a dois senhores.

Por que tantas respostas dizem respeito aos aspectos de negócios da igreja a uma pergunta sobre a importância do sacerdócio nos negócios? Mais uma vez, atitudes mais profundas quanto à simplicidade e pecaminosidade essencial dos negócios parecem estar contribuindo para essa resposta. Ao supor que os negócios não têm qualquer possibilidade de contribuição positiva para a justiça social ou viver a fé, "sacerdócio para negócios" simplesmente não tem registro. Em vez disso, os pesquisados passam para os negócios da igreja. Tais distorções mentais são exemplo instrutivo do quão profundamente o viés simplista e negativo contra os negócios pode causar negação mental quanto a abordar os negócios como questão cristã que não sob um prisma de crítica.

Até mesmo a recusa de diferenciar os negócios como tópico legítimo para inquirição teológica – uma atitude em contraste agudo à assumida em relação à pobreza – cria uma plataforma a partir da qual o clero lança ataques pessoais contra o caráter da pessoa de negócios. Pessoas de negócios não contam – uma sensação discernida por muitas pessoas de negócios ao descreverem como seu clero as tratava em seus papéis profissionais.

A própria estrutura congregacional tende a reforçar o silêncio e a frustração. Dependente da congregação para segurança de emprego, o pastor rapidamente aprende que quase qualquer afirmação substantiva pode suscitar críticas de *alguém* e assim aprende a se ater aos tópicos seguros e generalizados.

O que estimula o senso de fé e responsabilidade da pessoa de negócios? Para descobrir, pedimos a alguns entrevistados que descrevessem uma situação ou pessoa que admiravam. Um entrevistado relatou uma história de uma pessoa que realmente admirava. Esta é uma excelente representação das caracterizações essencialmente otimistas da pessoa de negócios que ouvimos e a função focalizadora desse otimismo:

> O presidente de minha empresa acabara de receber a notícia de que um importante produto que estava em desenvolvimento para um cliente havia falhado em seu desempenho. O cliente estava cancelando todos os pedidos futuros. O problema na verdade não era culpa nossa. O desenvolvimento do produto

havia sido uma dor de cabeça desde o início e quando os problemas começaram a aparecer após a entrega, descobrimos que alguns componentes de computador não estavam de acordo com as especificações do contrato. Tentamos trabalhar com o fornecedor, mas estava claro que a fonte do problema não seria rapidamente eliminada. O fornecedor tinha outros contratos, pouco tempo e pouca vontade de solucionar o problema. O cliente chegara a seu limite. O contrato foi quebrado.

Esse cliente foi bastante agressivo pessoalmente durante a reunião. Estava dando uma enorme bronca em nosso presidente, bem na frente de seu próprio pessoal. Ficamos estarrecidos.

O presidente permaneceu calmo durante toda a reunião. Tentou sugerir uma estratégia para solucionar o problema e, à medida que o cliente se tornava ainda mais abusivo, acabou por abandonar o assunto. O contrato foi cancelado.

Tão logo o cliente saiu, o presidente reuniu o pessoal do escritório e contou a eles que o contrato havia sido encerrado. Então, esboçou os passos que seguiria no dia seguinte para avaliar a situação financeira na qual isso havia deixado a empresa, suas opções estratégicas e como iriam buscar outro cliente. ...

Aquele cara, em minha opinião, era realmente forte. De maneira alguma merecia a humilhação que lhe fora causada pelo cliente. Manteve a calma. Então pensou a respeito de todos os demais. É isso que é ser cristão.

A pessoa de negócios mencionou que sabia que o chefe era cristão e levava sua religião a sério, mas jamais haviam discutido essas coisas em conjunto. Quando pressionado, ele disse que achava que a força do presidente advinha de sua fé e de sua personalidade, mas relutou em ver o incidente como exemplo de religião no trabalho. "Ele apenas sabe como manter seu foco em coisas importantes."

A negação de significado religioso era interessante, novamente sugerindo limites rígidos entre religião e atividades de negócios nas mentes das pessoas. Também mostrou as estratégias para lidar com o problema que discutimos no Capítulo 2 em uma luz um pouco diferente.

Embora o caráter fosse função de convicção e, assim, área fértil para a fé religiosa no trabalho, as pessoas de negócios tendiam a mascarar influência religiosa sobre tomadas de decisão específicas, talvez até mesmo de si próprias. Em sua visão de mundo, uma decisão deve ser explicada em termos racionais de pragmatismo e intenção própria, mesmo que as pessoas acreditem que outros fatores sejam importantes. Essa construção específica de disfarce tem conseqüências não-intencionais reais. Faz com que o clero se sinta ratificado em sua visão de que os negócios não se importam com valores religiosos no trabalho. Quando ouviram uma pessoa de negócios dizendo o contrário? Apenas, talvez, quando um estelionatário falando de Deus tentava enganar uma vítima ingênua.

O que é marcante nessa história é o seu sutil reequilíbrio da ênfase na contemplação de temas religiosos típicos do narrador: coisas ruins acontecem mesmo quando não se as merece, honestidade e humildade são difíceis e importantes e colocar outros acima de nossas próprias necessidades emocionais é uma responsabilidade essencial. Em última análise, o presidente da empresa tinha as características de um santo otimista: tranqüilo, como só os que se submetem inteiramente à idéia de que a vontade de Deus será feita podem ser quando estão de frente com o inimigo. O homem parecia estar gerando poder interior de seu sofrimento calmo do momento. Em última análise, a força para manter um local de trabalho humano até mesmo acima dos lucros, não fraqueza ou martírio, são as marcas desse relato. (Há uma implicação, no entanto, de que tal comportamento combinado com habilidade estratégica é o que cria negócios lucrativos no longo prazo.) O homem gerenciava bem; seus valores religiosos lhe davam força. Tal história detinha grande significado inspiracional para o entrevistado.

Esse viés autodependente se mostrou em contraste agudo com a cultura hierárquica, freqüentemente paternalista do clero. Como pensou em voz alta uma pessoa de negócios, ao explicar seu apoio à reforma do auxílio-desemprego apesar do posicionamento de sua igreja: "Qual o sinal de boa vontade em relação a nosso próximo? Decidir o que é bom para ele? Ou dar a ele a oportunidade de decidir por si mesmo?" Ela concluiu: "O problema é que penso que a igreja tem esse viés em direção a soluções paternalistas. Quando não concordo, tenho a sensação de que ela pensa que não me importo com os pobres. Não é verdade e não é justo. Assim, fico de boca fechada."

Mais uma vez, ouvimos um silenciamento e um distanciamento devido a suposições básicas quanto a riqueza e pobreza. Um estudo interessante realizado por Joseph Hough sobre atitudes entre congregações de classe média suburbanas em ascensão profissional sugere que tais atitudes podem até mesmo ter o efeito não-intencional de fazer com que congregantes de negócios se sintam em competição com os pobres! Para os atarefados executivos de Hough, da igreja esperava-se que preenchesse três funções principais: ser um santuário para fuga das pressões do trabalho diário e da família; ser um local que oferecesse conforto adicional (serviços como visitação aos enfermos, aconselhamento para enlutados e educação infantil); e ser fonte de inspiração moral e de sua aplicação às questões que enfrentam em nível prático. Essa última expectativa era, em grande parte, focada em caráter em vez de questão.[15]

Mantendo Distância

Quando o clero continua a aparentar defender apenas os pobres, torna-se o concorrente religioso da pessoa de negócios. Como disse Hough: "Elas vêm à igreja para serem servidas, não para serem disciplinadas. Vêm à igreja para receber as ministrações sacerdotais, não para serem sacerdotes." Essencialmente, congregantes esperam que uma igreja forneça um lugar ao qual se sintam ligados, oferecendo sabedoria simples baseada em histórias com importância óbvia e pragmática, "algo que podemos levar para casa e usar durante a semana". Entre o grupo congregacional de Hough e nossos entrevistados, a sede religiosa da pessoa de negócios era por religião personalizada em vez de por uma discussão da transformação da sociedade. Para muitos pastores, no entanto, isso parece um posicionamento egoísta.

O viés inviolável da pessoa de negócios em direção a *empowerment* em um contexto temporal é exatamente o ponto mais difícil para muitos na igreja aceitarem a partir de um ponto de vista teológico (e tão fácil para os programas de espiritualidade seculares explorarem). Interessantemente, parece haver poucas tentativas de preparar o clero para abordar seu próprio desconforto diante de lucros e imagens de força secular. No mínimo, aprende a negar sua própria ira e seu próprio desdém em relação aos negócios desviando sua atenção religiosa para todos os aspectos da economia, *exceto* os negócios.

Por exemplo, seminários pareciam oferecer pouco em termos de exposição ao caráter da pessoa de negócios, da corporação ou às múltiplas tarefas dos negócios. Cursos de economia em seminários focavam mais em economia da teologia da libertação e em histórias de terror globais do que em direitos e responsabilidades na direção de instituições capitalistas modernas. Nesse cenário, a Mobil é a Nigéria. A Shell é Brent Spar. A Nike é trabalho semi-escravo. A Nestlé é alimento para bebês. Pesquisados relataram poucas ocasiões onde seus seminários expuseram estudante e professores a pessoas de negócios, cara a cara, para uma troca de informações.

Interessantemente, ambos os lados expressaram um profundo apoio à idéia de trazer a fé mais plenamente para suas vidas. O clero repetidamente expressou a visão de que seria importante para a religião abordar "todos os aspectos dessa vida, incluindo o trabalho e o dinheiro". Pessoas de negócios afirmaram que queriam "algo mais" de seus trabalhos do que riqueza material e poder. Nenhuma das partes foi capaz de sair de uma posição Generalista ou de Infusão em direção a uma perspectiva de fé que tanto informasse quanto praticasse uma abordagem diferente para lidar com as pressões dos negócios.

Ao adotar os fortes viéses dos que dizem sim e não sem oportunidade para uma troca de opiniões, ambos os grupos retiram-se abrindo certa distância entre si. Ao fazê-lo, sofrem do que Santo Agostinho denominou "a curva para dentro" – um tipo de raciocínio que se volta em sua própria direção e se distancia de Deus. A ênfase da pessoa de negócios em movimento para a frente (produção, pragmatismo e sucesso), não importa o quanto esteja amarrada em valores cristãos de amor, fé, esperança ou serviço, mantém o foco do participante na economia nos que estão em grande parte dentro da economia. Com freqüência, sua linguagem está irremediavelmente emaranhada em uma lógica de eficiência, ou altamente sentimental, enquanto o clero se torna estridente quando se focaliza em tais tópicos favoritos como pobreza ou lucro. Ambos precisam moderar e explorar plenamente suas posições. Pessoas de negócios precisam prestar atenção a como sistemas que criam sucesso também criam fracasso. O clero precisa dar atenção suficiente a como medidas específicas para aliviar sofrimento também podem criar sofrimento.

Isso é fácil de sugerir e difícil de realizar, dadas tantas diferenças de suposição básica, temperamento e estilo. As visões de mundo contrastantes aqui relatadas funcionam de muitas formas sutis para atrapalhar os esforços da igreja e das pessoas de negócios em agirem como membros da mesma comunidade em relação a questões de integração da fé religiosa com os negócios. Até que essas visões de mundo subjacentes sejam examinadas, é pouco provável emergir uma "discussão" que resulte em uma mudança de atitude.

Para lidar com esse distanciamento, o clero e a pessoa de negócios se voltam em direções diferentes: o primeiro, para grupos de serviço social e de política; a segunda, para fontes secularizadas, terapêuticas ou educacionais. Claramente, a preparação inadequada para lidar com visões de mundo divergentes está fazendo com que igrejas e seminários percam mais oportunidades para orientarem negócios do que atualmente criam. Um exemplo do mundo real torna isso claro.

Um congregante de uma igreja de Nova York, que chamaremos de Fred, era diretor de uma importante corporação da *Fortune 100*. Desenvolveu cuidadosamente um seminário para sua igreja sobre a questão de demissões corporativas. Elaborou dez perguntas para consideração do grupo, perguntas essas que achava capturar as difíceis compensações com as quais a liderança de qualquer corporação se deparava. Nenhum dos participantes, entretanto, ocupava um tal cargo. A maioria deles era de consumidores ou de gerentes de nível médio. Para seu espanto, as perguntas foram todas percebidas como bastante claras e diretas. Qualquer coisa a ver com demissões ou alta remuneração era má. Ao tentar esclarecer sua própria luta com essas questões, viu o pastor concordando cada vez que um comentário negativo era direcionado a sua empresa. "Eram totalmente negativos", disse-nos Fred. "Estavam totalmente não-convencidos quando sugeri que a empresa realmente se importa com essas coisas. Eu realmente queria ouvir o que a igreja tinha a dizer sobre essas compensações, mas o que obtive foi apenas um monte de condenações do caráter dos executivos."

Não demorou muito para que se formasse um grupo ecumênico de CEOs para discutir a responsabilidade social dos negócios – sem a presença de líderes religiosos. Essas pessoas estão tentando ativamente educar a próxima geração de líderes de negócios quanto a um maior senso de responsabilidade social. Embora tenha em grande parte fracassado, esse grupo ainda se reúne e enfrenta o problema. Assim também, muitos esforços patrocinados pela igreja visando a explorar o papel da fé no trabalho iniciam por um caminho quase que garantido de se tornar um beco sem saída. Quando perguntados sobre o que sentiam ser mais apropriado para ajudar as pessoas de negócios abordarem sua fé, o clero ou os seminaristas freqüentemente começavam com um cenário retórico refletindo uma grande urgência moral e um foco nos pobres. Esse é provavelmente o *pior* ponto de partida como base para um diálogo: é um gatilho que dispara condenação mútua sem oferecer orientação. Enquadrar o assunto dessa forma não deixa qualquer espaço para se chegar a uma definição compartilhada de responsabilidade ou de metas e encoraja a demonização pessoal que torna difícil para ambas as partes participarem de uma inquirição verdadeiramente aberta.

Ironicamente, mesmo quando o clero elogia pessoas de negócios, tende a aumentar essa separação. Em nosso estudo, o exemplo mais freqüente oferecido pelo clero da integração religiosa de pessoas de negócios dizia respeito a contribuições financeiras a causas relacionadas à igreja. Algumas pessoas de negócios se queixavam de que esse era o *único* papel em que suas igrejas as viam.

Visão de mundo básica e temperamento criam enormes obstáculos ao fomento de compreensão compartilhada de fé religiosa e negócios. Em vez de se retirarem um do outro, os dois grupos necessitam desenvolver um campo neutro no qual se encontrem. Mas uma série de outros padrões de raciocínio e comportamento serve apenas para reforçar seus posicionamentos em picos separados, protegidos pelos seus pontos cegos e distanciados por um enorme abismo de falta de compreensão. A seguir, examinaremos como essas diferenças fundamentais de visão de mundo geram e são reforçadas por sentimentos proprietários quanto ao "papel correto" dos eclesiásticos e das autoridades nos negócios. Essas idéias criam uma guerra territorial pela fonte autorizada de compreensão adequada de como crenças cristãs devem ter impacto nos negócios.

Reflexão

- Quantos dos atributos do clero e das pessoas de negócios descritos neste capítulo você já observou pessoalmente?
- Quantos descrevem você?
- O quão profundamente você acha que esses padrões colorem seu pensamento sobre religião e negócios? Sobre como você é percebido pelos outros?

Ação

- Formule uma pergunta específica, dirigida a pessoas de negócios e ao clero, sobre um aspecto dos negócios que você considera preocupante. Tente enquadrá-la de tal forma que os induza a discutir seu pensamento religioso e não apenas a lhe dizer o que fazer.
- Vá e teste-a.
- Procure ouvir os padrões aqui descritos. Se os ouvir, ou pare e explore o que ouve em voz alta, ou guarde-os em um "estacionamento" de questões para discussão posterior com um grupo de estudos.

6

Guerras Territoriais

Superando Estereótipos Negativos e Noções de Papéis "Corretos"

Por que iria querer ouvir uma faculdade de teologia a respeito de questões de negócios? Olhe como dirigem seus próprios negócios!
– Pessoa de negócios cristã.

Esta é a minha igreja e acho que, se quiser mover uma grade de altar, deveria poder tomar essa decisão sem interferência.
– Clérigo.

Dizem que a verdadeira sabedoria não vem até que você tenha se colocado na posição de outro. Infelizmente, como vimos no Capítulo 5, as pessoas que entrevistamos, tanto leigos quanto clero, tinham grande dificuldade com esse conceito. O clero confessou que provavelmente seria um fracasso nos negócios. Entrevistados da área de negócios confidenciaram que Deus não lhes deu o temperamento ou o talento para serem pregadores. Nenhum dos dois parecia estar triste com a situação.

Escolha de Profissão

Na verdade, quando a turma dos eclesiásticos contemplava os negócios, freqüentemente verificou que o exercício confirmava sua escolha de carreira. Uma turma de estudantes de teologia com a qual falamos estava emaranhada em um caso de ética nos negócios em uma profundidade com que a maioria ainda não havia se deparado. À medida que sondavam as muitas questões relevantes ao problema, repetidamente confessaram surpresa com sua própria ingenuidade. As compensações eram muito mais difíceis do que haviam pensado – e mais compelidoras. O próprio material os forçava a considerar os múltiplos papéis e motivos que determinam as decisões dos executivos e sua luta para equilibrar valores conflitantes de serviço e interesse próprio.

Vários alunos consideraram perturbadora a discussão prolongada de pressões de negócios ao longo de um semestre. Para sua surpresa, viram-se gradualmente criando uma empatia com a pessoa de negócios: não se podia deixar de gostar de algumas dessas pessoas; era possível a identificação com algumas de suas metas. (O clero sentiu a mesma coisa relativamente a indivíduos na congregação ao mesmo tempo em que se opunha ao conceito de negócios.) Mas esse processo de empatia rasgou o tecido de sua concepção de longo tempo dos negócios como atividade vil e mal direcionada. Sentiam-se cooptados e sua própria cultura religiosa oferecia pouca ajuda para que vissem uma conexão entre essa empatia e conceitos religiosos maiores. O desespero era uma reação comum. Uma estudante de teologia literalmente chorou de frustração após a aula. Ela gostava da aula; podia se relacionar com os problemas das pessoas que encontrava no material e às emoções humanas que se revelavam nessa paisagem econômica. "Mas", lamentava, "eu real e profundamente *odeio* o capitalismo."

Sua reação não era incomum. Ao detestar a canção mas aprender a ter empatia com o cantor, estudantes de teologia e clero freqüentemente pareciam sentir que estavam abandonando seu papel "correto" de apoio aos pobres e desvalidos. Concebiam os negócios como em guerra com os pobres em um jogo de soma zero. Assumiam naturalmente que um posicionamento ao lado do capitalismo era um posicionamento contra os pobres. Concepções superficiais dos negócios (unicamente em termos de busca sistêmica de crescimento e riqueza excessivos sob conduções exploradoras injustas) davam suporte a esse posicionamento. A consideração da dimensão humana dos negócios, entretanto, rapidamente turvava sua visão. Os casos de negócios apresentavam a possibilidade de uma base comum e ambivalência moral assim como faz a experiência de gerenciar uma igreja. Não conseguiam reconciliar os modelos conceituais e freqüentemente tinham dificuldade em lidar com a ambivalência.

Veja, por exemplo, o comentário do proprietário de um posto de gasolina que explicou por que decidiu manter suas bombas em funcionamento durante uma evacuação devido a um furacão, em vez de ir embora. Com simplicidade totalmente despida de sentimentalismo disse: "Estou sempre lá para meus clientes; eles dependem de mim." Outros viram a dedicação do empreendedor como prova das tendências exploradoras de um sistema maior em relação a horistas afro-americanos (esse afro-americano em particular era dono de uma franquia). Ou se tornaram irados e descartadores ou se retiraram para estruturas mentais altamente abstratas – qualquer coisa para derrubar a idéia do papel dessa pessoa de negócios oferecer uma fonte autêntica de identidade, valor próprio ou oportunidade para viver valores cristãos de comunidade de domingo para segunda. Não podiam agüentar a pressão de tentar reconciliar suas visões negativas do lucro comercial com suas visões fundamentais do cristianismo.

Executivos pragmáticos vêem essa recusa de nível intestino em engajar nos problemas de seu mundo como uma entrega, especialmente porque vem empacotada em censura moral. Em contraste, os eclesiásticos viram em sua própria atitude de desconsideração um reforço eficaz de sua escolha de carreira de darem as costas do transitório para se concentrarem em coisas mais elevadas. A escolha de uma profissão religiosa reforçava seus temores de co-opção a ponto de remover qualquer senso de dever de lutar com o significado religioso de difíceis compensações de negócios.

Um grupo de estudantes estava considerando um caso tirado da experiência de um congregante. Uma diretora de pessoal sabe que um funcionário é HIV-positivo. Ela se encontra com a noiva do funcionário numa festa no escritório. Ela tem a obrigação de certificar-se de que a noiva sabe da condição de saúde de seu futuro marido? Questões de confidencialidade, legalidade e o dever de evitar perigos disputam entre si. Diretrizes legais também restringem a gerente. A turma forçou a questão para retirar todas as implicações de cada valor fundamentado e o conflito logo se tornou insuportável. Mas toda discussão parou entre os especialistas morais em treinamento quando um aluno repentinamente afirmou: "Bem, é por isso que jamais entrarei nos negócios. Tenho que fazer o que acho correto, não o que uma empresa me manda fazer."

À medida que os outros alunos sentiam seu desgosto, o sentimento de superioridade moral insuflou a turma. Nesse exemplo, o gatilho para a reação de superioridade moral foi o conflito quanto à confidencialidade. Com maior freqüência, a pressão para oferecer produtos e serviços úteis com lucro disparou rejeição ainda mais inflexível da atividade de negócios como um todo.

A tolerância cultural a essa reação entre a elite da comunidade religiosa alimenta a incapacidade do clero de desenvolver abordagens maduras aos problemas reais enfrentados por seus paroquianos nos negócios. Dando as costas ao conflito, deixam de ir além da afirmação de valores religiosos fundamentados em direção a sua aplicação. A escolha de profissão – a saber, trabalhar em uma instituição baseada em fé – os *licenciava* de se engajarem nas perguntas difíceis ("Ei! Não é meu território. Jamais criaria tal sistema").

A Síndrome das Mãos Sujas

A idéia clássica da teologia cristã de que a corrupção está embutida na riqueza era reforçada por exemplos reais de corrupção nos negócios. Muitos concluem que a contaminação é inevitável. Até mesmo o asceticismo protestante possui a mesma corrupção embutida, como observa Weber, que leva ao acúmulo de capital que depois regride à medida que se é corrompido pela admiração de nossa própria riqueza por outros. John Wesley ofereceu uma descrição perfeita: "Temo, onde quer que as riquezas tenham aumentado, que a essência da religião decresceu na mesma proporção. Portanto, não vejo como seria possível, na natureza das coisas, que um reviver da verdadeira religião dure muito tempo. Pois a religião deve necessariamente produzir tanto indústria quanto frugalidade e essas não podem deixar de produzir riqueza. Mas à medida que a riqueza aumenta, assim também aumentarão o orgulho, a ira e o amor ao mundo em todas as suas áreas. ... Assim, embora a forma da religião permaneça, o espírito está desaparecendo rapidamente."[1]

Muitos dos seminaristas que entrevistamos citaram a solução simples de Wesley: trabalhar com o maior afinco possível para ganhar quanto dinheiro for possível para dar o quanto dinheiro for possível. Evitar a criação de riqueza pessoal. Sua fórmula não pretendia positivar a integração do espiritual e o confronto com a riqueza. Separava, sim, a riqueza da identidade espiritual pessoal, uma espécie de nota de rodapé suja que poderia ser limpa através de sua eliminação.

Nos movimentos monásticos católicos, as melhores mentes eram preservadas para o religioso, assim evitando o problema de criação de riqueza pessoal como resultado de asceticismo disciplinado. A igreja, entretanto, não tinha menos trabalho em lidar com riqueza e poder do que os indivíduos. Portanto, temos que ver, como observou Weber, a cruel dialética da ética do protestantismo e do catolicismo ascéticos que nos acompanha hoje.

Como observou Richard Weiss, a cruel dialética do asceticismo ocupou os primeiros puritanos: "Quanto mais a experiência sagrada florescia, menos sagrada se tornava."[2] Em resposta, a igreja desenvolveu uma série de medidas, desde a sugestão de limites auto-impostos à renda pessoal[3] até ação política contra instituições capitalistas. O legado que perdura desse raciocínio é a culpa permanente em relação à riqueza, mesmo enquanto pessoas vivem interesse perpétuo por se tornarem "melhores de vida" de alguma forma material. A ambivalência permanece ativa em nossa sociedade hoje.[4] Em filmes, os ricos são as pessoas que adoramos odiar, mas também as pessoas que adoramos estudar e aspiramos imitar. Pessoas de negócios são eticamente suspeitas, mas morreríamos por seus estilos de vida. Instituições grandes e lucrativas são ainda mais suspeitas, não importa o quanto gostamos do produto.

Tal ambivalência atrai crítica mais séria por parte das igrejas, embora as críticas possam se basear em nada além de informações tiradas de descrições de pessoas de negócios na mídia popular. A primeira crítica significativa dos negócios nos Estados Unidos veio do movimento do evangelho social no século XIX, um movimento precipitado pelas trágicas conseqüências sociais decorrentes do industrialismo veloz e não-regulamentado e sua necessidade de mão-de-obra nova. Ironicamente, o movimento era em grande parte liderado pelo clero protestante liberal (especialmente da igreja episcopal), sendo alguns dos integrantes pastores das famílias mais ricas dos EUA. Entre seus seguidores estavam muitos cujas famílias já haviam amealhado fortunas na geração anterior.[5] Ironicamente, a igreja tradicional inicialmente tomou as dores dos negócios contra a mão-de-obra sindicalizada, passando a uma posição de representação da necessidade do trabalhador por representação organizada somente após várias décadas. Ao deixarem de se envolver com a premente questão de geração de nova riqueza, essas posições pró-mão-de-obra penetraram o círculo sombreado em uma posição de poder empresarial para descobrirem uma vida religiosa integrada.

Não surpreendentemente, modelos de ação social antinegócios suscitaram pouco interesse entre as pessoas de negócios que entrevistamos. Como suas contrapartes do século XIX, que eram atraídas pelos pensadores positivos, os executivos de hoje buscam mensagens religiosas que os equipam para competir com consciência no mercado. A própria classe parece estar em questão. Para os que não têm renda independente ou subsídio garantido de uma cátedra ou cargo pastoral, a necessidade de gerar riqueza é parte inegociável de ser um indivíduo responsável. Prover para outros, "dar algo de volta", também é obrigação importante, mas ambos os propósitos são considerados éticos. Não há, entretanto, qualquer modelo no Novo Testamento de lucro nobre, sem falar em lucro nobre em uma economia não-agrícola. Como seria? De que tamanho?

Os que dizem não ao capitalismo transformam essas perguntas de propósito misto de negócios em "Quais os perigos da riqueza?" ou "O que os negócios não fariam pelo lucro?" Vêem seu papel como o de críticos, acima e contra o sistema. Os que dizem sim criam explicações de Justificadores e se vêem como guardiães de uma missão essencialmente positiva: criar riqueza para si mesmos e para outros. Nenhuma das respostas realmente se engaja em criticar os propósitos dos negócios a partir de um ponto de vista religioso sem maiores preocupações. Ambas deixam de inspirar respostas criativas baseadas em uma visão religiosa mais aguçada dos propósitos dos negócios em um sistema capitalista.

Esse padrão de desengajamento das questões de criação de riqueza, ou de ignorância das pesadas descrições dos negócios e dos papéis assumidos por pessoas de negócios, era refletido na disparidade que vimos entre estudantes e clero que diziam desejar influenciar as atitudes e o comportamento dos negócios e aquilo que realmente sentiam que deveriam contribuir para a discussão.

A Visão Profética da Reforma: Com Autoridade de Quem?

Seminaristas que entrevistamos tinham forte tendência a enquadrar a idéia de sua influência sobre os negócios em termos de conceitos teológicos amplos. Quando perguntamos "como você influenciaria o papel ou atitude da igreja para com grandes empresas?", uma minoria respondeu positivamente, desde "desenvolvendo sermões apropriados" até "integrando os negócios à vida da igreja". Mais típica, no entanto, era esta resposta: "Responsabilizá-las por práticas injustas e a desumanização do local de trabalho."

Quando perguntados como gostariam de ministrar para as pessoas de negócios em sua própria comunidade religiosa, ofereceram uma variedade similar de respostas:

- Ajudá-las a compreender sua responsabilidade para com a comunidade.
- Ouvir.
- Desenvolver contatos, promover discussões.
- Ajudá-las a combinar sua espiritualidade com a vida econômica.
- Evangelizá-las, oferecer orientação espiritual, ajudar a fortalecer seu relacionamento com Deus, organizar grupos de estudos bíblicos.

- Ajudá-las a ver a responsabilidade pelo bem comum, tratá-las como a qualquer pessoa.⁶

Quando perguntados como influenciariam os negócios, responderam:

- Torná-los mais pessoais.
- Torná-los mais humanos.
- Dar atenção ao moral.
- Torná-los mais éticos.
- Enfatizar melhores cuidados.
- Dar voz a mais interessados.
- Serem mais filantrópicos.
- Adotar uma visão de mais longo prazo.

Essas respostas são marcantemente positivas e similares às metas de pessoas de negócios humanas. Aqui, parecia, estava uma base comum para o diálogo. Mas, à medida que generalidades se transformavam em pontos específicos, a mensagem mais uma vez se dividiu em sim e não. A única sugestão específica veio, de forma marcante, em relação ao território tradicional da igreja: parar de trabalhar aos domingos.

Quanto mais próximo trazíamos a questão a um pedido por conceitos religiosos específicos que haviam estudado em relação aos negócios, menos clara era a resposta. Quando perguntados: "Você alguma vez já tentou aplicar quaisquer passagens das escrituras ao que vê que está acontecendo no mundo dos negócios?", quase todos disseram não ou não responderam a pergunta. Quando perguntados o que suas próprias tradições religiosas tinham a dizer sobre os negócios, deram respostas um tanto desconexas sobre justiça, comunidade, ação profética e ajudar os pobres. Os metodistas e os católicos tinham os ganchos conceituais mais claros. Metodistas citaram os ditames de John Wesley. Os católicos aludiam a idéias de solidariedade e dignidade humana. Em nenhum dos dois casos essas respostas indicaram qualquer penetração dos aspectos relacionais e comportamentais da atividade de negócios.

Quando sondamos em busca de uma conexão particularizada entre a fé e o trabalho, a resposta mostrava pouca profundidade ou experiência. Quando indagados a respeito de quais livros ou publicações de negócios haviam estudado, muito poucos tinham alguma experiência. Quando perguntados, "você já discutiu ou recebeu quaisquer passagens das escrituras para estudar com a finalidade explícita de compreender a mensagem de Deus a respeito dos negócios ou das responsabilidades das pessoas de negócios?", os pesquisados ofereceram uma gama de passagens que tendiam a retratar o mau comportamento nos negócios.[7]

Quando pedimos a pessoas de negócios que respondessem a mesma pergunta, *freqüentemente* ofereceram "um punhado" de passagens bíblicas ou versos de hinos que as apoiavam ao longo de seus dias de trabalho. Essas tendiam a serem lembretes do relacionamento de Deus com a humanidade, exortações para trabalhar com afinco e prescrições gerais como Micah 6.8: "O que requer o Senhor de você a não ser fazer justiça e amar a bondade e ser humilde perante seu Deus?" Sabedoria simples, muito dela a respeito de atitude, que sentiam ter aplicação direta a seus papéis profissionais.

Descrevendo Um ao Outro

Essas respostas sugerem que o viés geral da comunidade religiosa em direção a uma concepção maior e abstrata dos negócios é aprendido desde cedo.[8] Não parece ser especialmente amarrado diretamente a fontes bíblicas ou a idéias litúrgicas, e sim a idéias teológicas contemporâneas adquiridas no seminário. Os padrões intelectuais têm uma série de conseqüências, especialmente no processo de definição de papéis que, por sua vez, parece contribuir para o distanciamento geral do clero dos aspectos específicos dos negócios. Um viés em direção a uma grande abstração retarda sua capacidade de conceitualizar os negócios de maneiras concretas que encorajam a orientação útil relativamente a atividades que penetram o mundo da pessoa de negócios. Também encoraja a criação de estereótipos.

Quando o estudante ou pastor está no controle da construção da retratação dos negócios e das pessoas de negócios, as questões se tornam repentinamente simples e claras e a avaliação dos negócios geralmente se torna negativa. A moralização substitui o distanciamento, em grande parte centrada na desvalorização das qualificações ou da autoridade moral da pessoa de negócios para fazer julgamentos consistentemente religiosos. Para firmar o ponto de vista, os estereótipos voam.

Freqüentemente, os estereótipos aparecem como comentários, exceto entre os teólogos mais polêmicos, dos quais se esperaria um engajamento em caricaturas retóricas. (Não ficou claro se estudantes são encorajados a criticar essas caricaturas. Muitos parecem simplesmente aceitá-las como retratos de fatos.)

Por exemplo, fora das situações de entrevista ou levantamento, os pesquisados eram menos conscientes de seu nível de tolerância relativo aos negócios e o mesmo era verdade dos pesquisados nos negócios em relação ao clero. Um pedido de entrevista freqüentemente suscitava um resumo voluntário da outra profissão. O clero se tornava categoricamente niilista quanto à moralidade das pessoas de negócios e as pessoas de negócios tornavam-se categoricamente niilistas em relação à precisão e relevância dos pontos de vista da igreja quanto à vida econômica. Por exemplo, a *Houston Catholic Worker*, uma publicação dedicada à tradição da defensora do trabalhador Dorothy Day, continua a retratar o capitalismo em termos extremamente polêmicos, enfatizando com retórica vívida a exploração e a ganância que se supõe estar impulsionando atividades econômicas. Uma visita ao jornal eletrônico da organização produz uma série de artigos que criticam o estado alegadamente pecaminoso do capitalismo, dos CEO e do consumismo.

Pessoas de negócios foram freqüentemente demonizadas e alguns dos entrevistados de negócios foram extremamente cáusticos em seus estereótipos do clero, especialmente quando discutiam seu uso de estereótipos abstratos de negócios e pobreza: "[As pessoas da igreja] são apenas vítimas de pensamento enevoado. Os problemas da pobreza são muito complicados. Será que não perceberam que o socialismo criou seus próprios abusos especiais da justiça e deixou de prover alimentos para o povo?"

Qual é a solução? Disse um entrevistado: "A igreja deveria estar lá ensinando as pessoas a se preocuparem, lembrando-as de suas responsabilidades, mas sem se meter em política. Ela não sabe do que está falando. E a maneira pela qual defendeu Clinton mostra o quão enevoado seu pensamento se tornou. Se aquele não foi caso de pecado, eu não sei o que foi, mas ela teve medo de solapar o Partido Democrata. Isso é errado, quando a igreja defende um pecado em prol da política."

Aqui, também, uma tendência à generalização alimenta o distanciamento. Quando pessoas de negócios eram confrontadas com problemas morais óbvios do ponto de vista religioso, como a questão do salário de subsistência, elas rapidamente se retiravam da perspectiva religiosa e assumiam seu papel mais familiar de avaliador de fatos econômicos e resultados de mercado. Ao discutir um almoço de oração regular para pessoas de negócios, o clérigo encarregado refletiu que a tarefa mais difícil que assumia era a de tentar trazer a conversa de volta para qualquer autoridade religiosa uma vez suscitadas questões concretas de negócios. Em outras palavras, era fácil para que a comunidade de negócios, de forma quase que despercebida, despisse a inquirição de toda tensão religiosa e o pastor se via incapaz de trazer a religião de volta para o quadro.

A estereotipagem mútua e sua conseqüente retratação distorcida das opiniões profissionais da outra parte têm um óbvio efeito prejudicial sobre o diálogo igreja/negócios. Isso também sugere que o puro desconhecimento do mundo do outro desempenha um papel primordial no distanciamento, fato que Wuthnow já observou em vários de seus estudos. Para lidar com estereótipos negativos de si mesma, a comunidade da igreja despe igualmente as pessoas de negócios de suas identidades profissionais uma vez que entrem no reino da igreja institucional. Embora esse descarte do papel profissional possa contribuir para a capacidade dos congregantes de recarregarem as baterias do ponto de vista espiritual, não ajuda a voltar as perspectivas da religião para orientação sobre eventos de negócios que sejam religiosa ou espiritualmente problemáticos.

A falha em reconhecer papéis de negócios como domínio do eu sagrado tem sido agudamente sentida por pessoas de negócios. Na ausência de uma resposta melhor de suas igrejas, elas se voltam para os programas de espiritualidade seculares e evangelhos da prosperidade. Nesses programas, ambas as identidades – cristão e pessoa de negócios – são colocadas como fontes de significado sagrado. Muitos entrevistados, no entanto, não se mostraram otimistas quanto à capacidade da igreja de ajudá-los a recuperarem o eu sagrado, primariamente porque se sentiam desprezados por seu clero e possivelmente por lições na Bíblia. Muitos sentiam-se denegridos ou usados pelo seu clero. Disse um: "Não sou contra a igreja usar sua autoridade para me mandar ser um doador; sou contra a igreja me ver apenas como doador."

Ser Como Jesus

Essas questões de papel são profundas, pois afetam não apenas a comunidade da igreja mas também as pessoas que modelam suas vidas profissionais na imitação de figuras sagradas como Jesus ou o Buda. Os modelos freqüentemente enfatizam diferença em vez de similaridade dentro da comunidade. Como coloca a paráfrase de "Ecclesia in America" (a proposta do Papa para um novo modo de vida) adotada por um grupo: "Nós devemos viver a vida vivida por Jesus, uma vida de simplicidade, pobreza, responsabilidade por outros e renúncia de nossa própria vantagem." Um entrevistado de negócios católico respondeu ao mesmo documento dizendo: "Devemos ser bons gerentes, guardiães, disciplinados mas preocupados e capazes de assegurar o bem-estar material para todos." Um gerente católico mais liberal, não-congregacional, respondeu: "Devemos ser boas pessoas. Você precisa sentir que está fazendo uma contribuição pessoal."

Quando procuramos modelos de papéis de negócios na Bíblia, é fácil encontrar exemplos que se chocam, nos quais Jesus se posiciona com os pobres e afirma um sistema de justiça diferente do de qualquer economia do mundo. É fácil encontrar atomização, onde não se é contra a acumulação de riqueza em si mais do que o próprio Jesus, mas onde a *atividade* de acumulação de riqueza é firmemente banida do mapa religioso. O modelo integrador é muito menos observável exceto em fragmentos (Jesus ao lado do coletor de impostos e dos pobres também). É um papel que pastores afro-americanos tendem a assumir com mais facilidade. Como observou um em reação a este estudo: "O que há de errado em querer ajudar sua congregação a aumentar sua renda?"

Várias pessoas de negócios viram bons modelos de liderança nos negócios nas figuras sagradas da Bíblia. Um banqueiro observou que o Deus do Antigo Testamento, que ordenou a sociedade e a provisão de sustento, abrigo e justiça, era na verdade "um banqueiro". Essa atribuição simbólica de um papel de negócios a Deus ou a Jesus permitiu o processo de integração pessoal a várias pessoas, especialmente em círculos evangélicos (testemunhado pela popularidade de vários livros, como *Jesus CEO*). Para o clero que modelou seu próprio papel profissional com base na pessoa de Jesus, tal associação pode sugerir uma distorção grotesca para fins de negócios. Mas desde quando a alegação de estar modelando uma atividade mundana em Jesus constitui base para uma batalha territorial dentro da igreja?

De modo geral, o engajamento da igreja em economia ativista foi o papel mais contencioso aos olhos dos entrevistados de negócios. Criticaram a igreja por tendências protecionistas ou socialistas em sua aliança com os sindicatos trabalhistas, pela sua defesa de uma política de auxílio-desemprego protecionista, pela agenda social-liberal-democrata e pela proteção de mercado para países em desenvolvimento. Ironicamente, o clero também criticou os negócios por tendências protecionistas, citando um sistema anônimo de protecionismo com instituições controlando a movimentação de capital (bancos, governos e fundações). Um exemplo dessas mudanças poderia ser encontrado, por exemplo, em um artigo no *New York Times* sobre as novas coalizões trabalho/clero que têm brotado ao longo do cinturão da ferrugem (área mais intensamente industrializada dos EUA). Disse o bispo Howard Hubbard, de Albany, co-presidente da coalizão de Nova York: "Tememos pelo futuro de nossa sociedade onde uma elite muito rica se beneficia de políticas governamentais enquanto a classe média em perigo experimenta queda de remuneração e maior incerteza econômica."[9]

Executivos que se mostraram tão perturbados quanto o bispo Hubbard com relação aos cortes de impostos propostos, não obstante ficaram furiosos com relação à aliança entre o trabalho e o clero. Expressaram seus pensamentos em termos de papel, assim tornando o tópico principal um papel correto em vez de criticarem sua posição quanto a salários ou assistência à saúde. A escolha de lado formou a base para seu descontentamento. Também argumentaram que o clero não entende como um sindicato trabalhista pode prejudicar a competitividade de uma empresa – e do país – e que freqüentemente deixa de examinar as complexidades da disputa.[10]

"Nenhum dos clérigos que aderiram se deu o trabalho de nos contatar", disse o presidente de um laticínio de Nova Jérsei que estava sendo boicotado. "Ficou claro que estavam sendo manipulados. Eu perco um certo grau de respeito pelo clero que se apresenta como interessado em justiça mas nega a justiça a alguém ao não dar ouvidos a ambos os lados antes de se decidir."[11] Mais uma vez, os princípios maiores com base nos quais poderíamos esperar um padrão comum foram fragmentados em pensamento fracional e estereótipos. Essa equação árida do apoio do clero *em favor* do trabalho com um posicionamento *contra* a gerência constrange severamente a visão do papel que o clero poderia desempenhar em seu relacionamento com os negócios como um todo. Em contraste, deveriam existir modelos para figuras de mediação fortes que influenciam profundamente tanto o setor de mão-de-obra quanto o de gerência, figuras como o eloqüente John Ryan, que escreveu apaixonadamente sobre o trabalho durante a Depressão, ou o grande bispo Henry Codman Potter, conselheiro de Samuel Gompers e J. P. Morgan.

Saia do Meu Território

Facções são reflexo de disputa por território. Em nosso estudo de atitudes em relação ao correto papel religioso do clero e dos leigos de negócios, uma série de problemas territoriais contribuiu para o distanciamento e para a falta de base para o diálogo comum. As pessoas de negócios tendiam a basear esses julgamentos no conhecimento especializado percebido – ou na falta dele – do clero. O clero tendia a baseá-los no *motivo* religiosamente orientado percebido, ou falta dele. Assim, algumas pessoas de negócios achavam que os negócios se tornariam território dos pobres se o clero fosse liberado para atacar questões de negócios. Essa foi uma interessante extensão do posicionamento tradicional da igreja de carregar a responsabilidade de ser "o corpo de Cristo, com os pobres". Estar com os pobres significava não compreender como criar riqueza, assim desqualificando o clero de falar sobre fatores econômicos ou de negócios do que diz respeito aos pobres. Consolo, cura, sopões – eram essas as áreas do papel correto.

Naturalmente, suas visões conflitantes quanto ao papel correto de cada grupo visando a deter autoridade sobre tomadas de decisões econômicas levou tanto os leigos nos negócios quanto as autoridades da igreja a questionar seriamente a autoridade um do outro sobre a religião prática. O clero vilipendiava as pessoas de negócios por terem sido atraídas pela riqueza a ponto de insensibilidade religiosa. Via seu próprio estilo de vida mais modesto como evidência de uma perspectiva distanciada e justa. As pessoas de negócios a viam como uma sujeita a muitos antolhos subjetivos, a inveja e a inexperiência nos caminhos do poder sendo os dois citados com maior freqüência.

O que era positivo para o clero ("Sim, sou diferente, não preciso de carrões e grandes contas bancárias!") tornava-se prejudicial na prática. Quando a igreja se envolvia em questões de dinheiro, o clero era visto como vulnerável, ainda menos preparado para resistir às tentações da ganância, do medo e da possessividade. As muitas brigas internas da igreja sobre questões financeiras além de golpes altamente divulgados perpetrados em nome da religião apenas reforçavam essa visão; o clero não demonstrava qualquer autoridade especial aqui. Outros questionavam a autoridade do clero para oferecer orientação sobre religião e negócios quando examinavam as práticas de relações humanas da igreja. Como disse uma pessoa: "Acho muito importante assegurar que minha empresa dignifique cada funcionário e reconheça a preciosidade de cada indivíduo na organização. Fico freqüentemente estarrecido ao ver nossa igreja tratar seus funcionários pior do que todo mundo."

A epígrafe que abriu este capítulo foi expressada por um vice-presidente de assuntos públicos que estava ativamente enfrentando uma série de questões de emprego difíceis relativas às instalações fabris da empresa no exterior. Ao exclamar "veja como dirigem seus próprios negócios!", ela estava citando a falta de mulheres e minorias em cargos de autoridade eclesiástica como exemplo.

Muitos clérigos concordam com essas avaliações, preocupando-se em voz alta com sua própria falha em canalizar sua fé para engajamento com os aspectos institucionais da igreja. Preferiram se retirar de incidentes embaraçosos, como funcionários de baixo desempenho, abusos no local de trabalho e territorialidade. Fugiam desses papéis. O clero citou medo temperamental de conflito como uma das principais razões de seu desengajamento, além da crença de que essas coisas simplesmente não eram tão importantes no quadro maior de suas preocupações.

Todos os problemas funcionais são também conhecidos pelos gerentes de empresas e há muitos que prefeririam evitá-los e virar o rosto para o outro lado. No entanto, a expectativa de papéis impediu o clero de transformar essas comunalidades do coração em pontos de discussão sobre "fé às segundas-feiras".

Avaliações mais divisivas de invasão de território também estavam em grande evidência, apontando claramente para uma separação mental e física dos domínios entre pessoas de negócios e clero. Disse um diácono de uma igreja presbiteriana, que é vice-presidente em sua empresa:

> (O clero) é muito arrogante em relação aos negócios. Fixa-se em uma única questão e decide que nós [nos negócios] somos Satanás disfarçado. ... Exara essas diretrizes econômicas como se fossem os mandamentos de Deus. "Abandone esse negócio, pare de fazer aquilo." Não assume qualquer responsabilidade pelos empregos que seriam perdidos. ... E, no entanto, não consegue administrar seus próprios orçamentos paroquiais. Na verdade, acho que alguns dos funcionários mais maltratados do mundo trabalham para as igrejas.
>
> ... Nosso pastor não suporta ser questionado, sobre o que for. Ele acha que é rei. Temos que pisar com cuidado aqui quando achamos que está tomando uma decisão errada. Mesmo quando é a respeito das finanças, que acho que eu e os demais conselheiros entendemos mais do que ele.

Relata um pastor presbiteriano de outra igreja:

(As principais pessoas de negócios em minha igreja) estão sempre interferindo. Querem tratar tudo da maneira que tratariam em suas empresas e não compreendem que não estamos aqui para realizar lucro. Só se importam com isso, penso eu. Entrementes, há milhares de pessoas realmente pobres neste país. Realmente detesto nossas discussões sobre o orçamento da igreja. Você tem essas pessoas que estão acostumadas a salamaleques o dia inteiro. Sempre têm que mandar em tudo. Assim, decidem o que acham que é certo para a igreja e simplesmente esperam que aconteça. Não percebem que estão pedindo que eu faça milagres. Se dessem mais de seu dinheiro, *isso* seria a melhor contribuição que poderiam fazer. Mas não parecem considerar isso.

A verdadeira surpresa foi o quão pouco cada uma das profissões parecia reconhecer de si mesma em sua própria retratação da outra. Confiando em suas próprias capacidades, deixaram de confiar na competência básica ou nos motivos da outra.

Seria razoável atribuir parte dessa atitude à autoridade profissional relativamente poderosa de ambos os grupos de entrevistados; altos executivos e clero graduado eram a maioria de nossos entrevistados. Essas pessoas precisam habitualmente confiar em seu próprio julgamento, não importa a quantidade de *input* que buscam de outras fontes. Uma idéia profunda de necessitar ser especialista está arraigada em sua autocompreensão de responsabilidade. Como observa uma publicação da *Kellogg Leadership Studies*: "Esta [atitude] constitui uma profunda charada para a liderança de hoje. A cultura nos treinou não para não gostarmos muito de nós mesmos nem de outros como principiantes."[12]

A Necessidade Profissional de Autoridade

Ambas as culturas profissionais reforçam essa atitude em suas estruturas de poder. Até recentemente, os negócios têm tido uma estrutura inteiramente hierárquica, apenas parcialmente desmontada, como tem tido a maioria das igrejas relativamente à posição do pastor. A autoridade sagradamente conferida e a autodependência do clero são fortemente reforçadas por uma cultura diária na qual o pastor ou padre é freqüentemente rei da instituição. Os funcionários podem ser selecionados mais com base em sua obediência à atitude servil em relação ao pastor do que por sua eficiência em realizar o trabalho.

As ocasiões em que essa autoridade é questionada provavelmente são em situações emocionalmente carregadas, altamente divisivas de aceita ou não aceita, onde o cacife que está em jogo é de tal forma alto que as pessoas se vêem forçadas a questionar a posição do pastor na igreja – ou de tal forma triviais e personalizadas (como a insistência absoluta de um homem em uma bandeira verde-limão para o púlpito) que são facilmente sobrepujadas e mentalmente descartadas. Diaconatos ou outras estruturas formais perante as quais o clero é em última análise responsável podem, em muitos casos, apenas exacerbar o papel de vingador solitário da autoridade do pastor. Alguns processos consultivos ou de avaliação superior carimbam as decisões do pastor e entram em funcionamento apenas quando há um conflito sério que ameace o emprego. Nesse ponto, são vistos como sendo acima do pastor e contra ele.

A pessoa de negócios, quer seja CEO ou gerente intermediário, também deve exercer autoridade substancial se for reunir recursos, obter cooperação e influenciar as escolhas da empresa. Em muitas culturas corporativas, quanto mais graduado o executivo, menos abertamente questionadas são suas decisões diárias. As decisões que determinam eventos, tais como demissões ou alvos financeiros projetados, ainda são concentradas em um pequeno grupo centralizado no topo. Gigantescas forças de trabalho corporativas espalhadas pelo mundo podem contribuir ainda mais para esse isolamento da alta gerência. Muitos pastores se vêem trabalhando mais estreitamente com esse tipo de executivo sênior autoritário, assim reforçando a visão geral do clero sobre a "arrogância" das pessoas de negócios em geral.

Várias suposições autodefinidoras sobre autoridade são na verdade compartilhadas. Ambos os grupos tendem a se ver como especialistas, benignos, trabalhadores, preocupados com o bem-estar de outros e um tanto à mercê de forças externas sobre as quais não têm pouco controle. Para a pessoa de negócios, essas forças caóticas incluem a economia, a mudança de propriedade, os produtos competitivos, as divagações da dinâmica social na força de trabalho e os resultados incertos de pesquisa e desenvolvimento. O conhecimento especializado reside em prever essas ameaças, fazendo escolhas difíceis com firmeza, oferecer soluções economicamente viáveis, perceber necessidades de mercado, obter cooperação, assegurar a admiração e as recompensas de outras pessoas e fazer com que as coisas sejam feitas.

Para o clero, forças caóticas são concentradas nas contínuas crises pessoais de membros da igreja (doença, morte, divórcio) a que deve dar atenção; uma força de trabalho em grande parte voluntária (pelo menos parte da qual não tem qualquer incentivo para fazer algo a não ser aquilo que deseja fazer e em seu próprio tempo disponível); e uma expectativa da congregação de ser todas as coisas boas para todas as pessoas, apesar das restrições freqüentemente severas de recursos financeiros e de tempo. O conhecimento especializado é ser capaz de compreender o ponto de vista da pessoa desvalida, consolar, obter reconhecimento por falar em público e harmonizar a congregação. Fazer com que as coisas sejam feitas pode ou não estar nessa lista.

As fontes da autoridade dos grupos obviamente diferem. A pessoa de negócios adquire autoridade em grande parte de sucessos anteriores (em educação e, posteriormente, no trabalho) e atual afiliação com o poder. O pastor adquire autoridade de fontes mais diversificadas: por um lado, da congregação; mas também dos sistemas hierárquicos e burocráticos da academia e de suas autoridades denominacionais. Em última análise, essas instituições afirmam a autoridade de Deus.

Deus e o sucesso tangível são dois endossos formidáveis, nos quais se poderia certamente depositar confiança. O problema surge com o cruzamento. Quando a religião e os negócios se justapõem, verificam que a confiança de cada grupo em sua própria autoridade não é compartilhada pelo outro. Geralmente ocorre uma batalha por dominância. Disse com aspereza um executivo: "Seria louco se fosse a meu pastor com um problema de negócios. Ele não o compreenderia. Quero que ele dê apoio a mim, a minha fé para que *eu* possa resolver as coisas."

Essa autodependência e esse conhecimento especializado são, afinal de contas, aquilo que dele se espera. Ironicamente, essa expectativa também parece se aplicar ao personagem da pessoa de negócios dentro da congregação, mesmo que suscitasse inveja ou censura. Várias pessoas de negócios mencionaram que suas congregações esperavam que aparentassem ser bem-sucedidas e bem-ajustadas a todo momento. Quando problemas dilaceradores da alma atacavam, mostravam-se incapazes de falar deles com qualquer pessoa em suas igrejas. Uma pessoa ocultou sua própria demissão de sua igreja por mais de seis meses, envergonhada por aparentar ser um fracasso. Outra compartilhou seus sentimentos negativos relativos a um concorrente injusto com membros de sua aula de assuntos bíblicos, que então o admoestou por não ser suficientemente amoroso.

Nesses casos, podemos ver como o princípio da felicidade da vida pastoral (mencionado no Capítulo 5) pode efetivamente cortar uma situação na qual haveria grande potencial para explorar o significado religioso da vida de negócios. Enquanto a experiência de fracasso pode enfraquecer algumas das barreiras ao provocar uma nova abertura à auto-reflexão, outras expectativas sociais na congregação constroem uma forte onda de resistência. Em contraste, a socióloga Nancy Ammerman estudou igrejas que enfrentavam com firmeza as dificuldades financeiras de seus congregantes durante uma retração da economia local. Seu compartilhamento da dor e suas estratégias para recuperação levaram ao fortalecimento e à revitalização de toda a comunidade da igreja. Nessas situações, entretanto, a fonte do problema era menos personalizada e a dor compartilhada por mais de um membro da congregação. Além do mais, a igreja abordou o assunto de trabalho em seu papel tradicional de consoladora dos que sofrem, apenas depois se engajando em qualquer celebração de emprego com fins lucrativos à medida que os congregantes voltavam à força de trabalho.[13]

A congregação de Ammerman sugere que o ponto de entrada para o engajamento apoiador da igreja com questões de negócios pode fazer ou reverter o relacionamento distanciado. Alguns clérigos com quem falamos admitiram que se sentiam muito "acanhados" ao discutir as vidas profissionais dos congregantes. Jamais perguntavam como iam os negócios com medo de encabular alguém ou de revelar sua própria ignorância em relação a questões que poderiam ser de conhecimento geral. Para o congregante de negócios, no entanto, essa falha em perguntar apenas confirmava a impressão de que sua identidade como pessoa de negócio de nada valia perante a igreja, como se não tivesse qualquer significado ou potencial religioso.

Conhecimento Especializado nas Trincheiras

A falha psicológica do clero em se engajar nas dimensões religiosas do papel gerencial tem conseqüências reais em termos de gerenciar a própria igreja. Observou um ministro congregacional: "Como podemos afirmar estarmos equipados para abordar questões de negócios? Se você olhar para como igrejas são gerenciadas, não fica claro termos quaisquer *insights* quanto a como integrar o cristianismo à vida organizacional. Veja o assédio sexual. É um problema enorme na igreja e no entanto só estamos começando a abordá-lo, muito depois da comunidade dos negócios já ter criado numerosos programas. E só o estamos abordando agora porque as companhias de seguros estão nos forçando a isso."

Uma série de entrevistados de negócios citou a incapacidade de gerenciar a igreja como sendo indicação de uma questão de território mais profunda: o clero não deve se meter a comentar os negócios. Não é o seu papel. Não tem que se meter a comentar a sociedade nem sexo, dada sua incapacidade de arrumar a própria casa. A insistência em um boletim perfeito era diretamente contraditória à sua própria queixa de que a igreja injustamente responsabilizava os negócios por todos os problemas da sociedade.

Muitos outros entrevistados – clero e gerência igualmente – citaram a má gerência da igreja como a arena-chave para a exploração da religião e negócios. Exemplos históricos de corrupção institucional na igreja desencorajam pessoas de negócios de aceitá-la como autoridade em negócios de modo geral. Incidentes de falcatruas financeiras religiosas são freqüentemente bastante divulgados e alimentam o medo geral de que quando os negócios e a igreja se encontram, seguem-se apenas coisas ruins.

A mídia é rápida em explorar e reforçar o choque emocional e o desgosto do público quando se verifica que a igreja está prejudicando pessoas *e* ganhando dinheiro; como com o estereótipo da igreja em relação aos negócios, a mídia tem formado os estereótipos das pessoas de negócios em relação à igreja. Como comentou um entrevistado relativamente à corrupção na igreja: "Não acho que exista algo mais pecaminoso do que alguém roubar em nome da religião. E, infelizmente, quando igrejas se envolvem nos negócios, elas têm a pior ética possível."

A contemplação dessa justaposição é irresistível para a mídia. Uma motivação de lucro torna as coisas ainda mais sexy. Parece ajudar o público a interpretar incidentes de exploração ou abuso em nome da religião, mesmo quando o amor ao dinheiro claramente não é o problema mais significativo sendo relatado. Quando, por exemplo, os vinte e um homens e mulheres do culto Heaven's Gate (Porta do Céu) cometeram suicídio em massa, um dos pontos-chave foi que estavam engajados em dirigir um Web site com fins lucrativos para financiar seus preparativos para deixar este mundo. A matéria sobre o suicídio publicada no *Boston Globe* tinha como manchete "Web Site é Mistura de Negócios e Religião".

É preciso apenas alguns poucos escândalos bem divulgados, por mais obviamente exagerados que sejam, para confirmar o medo geral de que a igreja não sabe lidar com dinheiro e poder. O período entre 1985 e 1995 testemunhou um número particularmente escandaloso de falcatruas de igrejas: Jim e Tammy Bakker, Jerry Falwell, o New Era Fund, Jim Lyons. Em cada caso, os que acreditavam em determinada figura religiosa foram roubados de milhões enquanto os culpados alardeavam esquemas grandiosos para crescimento econômico e redistribuição. Em vários desses escândalos, as figuras religiosas-chave também se engajaram em sórdidos relacionamentos sexuais com conselheiros próximos ou com membros de suas congregações.

Quase tão significativo quanto o fato das falcatruas é o efeito de deixar de reconhecê-las. Ecos distantes de exploração do século XV relativamente à venda de indulgências parecem atuais hoje. Essa preocupação especial atual é o patrocínio de jogos de bingo em igrejas. Tais práticas foram fortemente destacadas em várias cidades onde a liberação do jogo em cassinos estava sendo proposta pelo governo – mas com oposição da igreja. Clero que se opunha aos cassinos foi rapidamente obrigado a se defrontar com os jogos de bingo e sorteios de sua própria igreja. Alguns desses esforços pagavam prêmios de até US$500 aos participantes e em várias escolas católicas as receitas de bingos representavam até 40% do subsídio às anuidades. Quando algumas autoridades eclesiásticas rapidamente explicaram que o jogo, como o álcool, era uma questão complexa, o conflito de questões de interesse era inevitável.

Os leigos formam sua atitude referente à autoridade da igreja sobre religião e negócios a partir de tais incidentes e esperam que a igreja se preocupe com essas falhas. Qualquer suspeita de encobrimento pode solapar a autoridade de importantes discussões eclesiásticas que envolveriam julgamentos sobre gerência. Abuso sexual por parte do clero é talvez o tópico mais sensível e foi visto como sendo relevante para estabelecer na mente das pessoas se a igreja realmente teria autoridade para oferecer orientação sobre as dimensões humanas dos negócios. Discriminação por sexo ou raça na igreja, especialmente em sua atribuição de poder formal, também era indicador de comportamento regressivo e ficava bem atrás do histórico admitidamente fraco dos negócios relativamente ao fim da discriminação.[14]

Vejamos, por exemplo, um tratamento recente e altamente sensível do potencial sagrado do trabalho elaborado pelo Cardeal Stefan Wyszynski. Ecoando a rica tradição católica de escritores que procuraram capturar os aspectos dignificantes do trabalho, Wyszynski escreve sobre a permeação do trabalho com significado e obrigação religiosos. Ele tem muitos *insights* sobre a relevância da oração, o significado de pequenas tarefas, a possibilidade de um plano divino na organização do trabalho.[15] Um grupo de entrevistados católicos que havia lido o livro o considerou "interessante" mas era essencialmente surdo para sua sabedoria devido a outra preocupação sobrepujadora: Por que o cardeal não abordara o trabalho das mães? Muitas de suas opiniões não seriam de natureza antifeminista que substantivamente formava a hierarquia institucional da Igreja Católica em torno de ideais discriminatórios? Em suma, valores problemáticos de discriminação e de hierarquias discriminadoras, acompanhados por um preconceito milenar em relação a sexo em papéis de submissão, pareciam ter levado a igreja a perdoar práticas de trabalho opressivas no passado. Esses mesmos eventos levaram esses paroquianos a questionar a autoridade de Wyszynski como intérprete religioso do trabalho hoje. Assim, um recurso potencial para diálogo e inquirição se perdeu.

Quem Vigiará os Guardiães?

Interessantemente, pode haver uma força nova e dinâmica para encorajar uma maior responsabilização financeira da igreja pelo próprio mercado. Várias organizações estão desenvolvendo Web sites que rastreiam o desempenho de organizações sem fins lucrativos, incluindo onde gastam seu dinheiro, para atender as necessidades de informações de contribuintes potenciais. A criação de uma posição formal da Casa Branca sobre iniciativas baseadas em fé tem apenas aumentado o interesse público em como as igrejas lidam com dinheiro e poder.

Ironicamente, quando a igreja realmente exerce rigor financeiro, tem sempre alguém na paróquia que se preocupa com a instituição ter perdido seus valores. Um membro do conselho do externato de um seminário se preocupou em ter "se vendido" quando surgiu a chance de a escola alugar seu ginásio a uma empresa de cinema. Somada à dificuldade está uma propensão de entrar em negócios particularmente vulneráveis a fracasso econômico ou exploração de consumidores: investimentos financeiros, imóveis ligados à revitalização urbana e jogo, para citar três atividades econômicas conhecidas das igrejas. Quando uma paróquia realizou um leilão de ingressos para um evento esportivo popular, ficou claro que os lances poderiam ser substancialmente aumentados com muito pouco esforço. Quando os ingressos foram arrematados por milhares de dólares cada, alguns paroquianos se perguntaram se a coisa toda não estava chegando perigosamente perto da celebração de grandes fortunas.

Claramente, a igreja é tão vulnerável aos problemas de dinheiro quanto qualquer outra organização. Alguns dos eventos mais discordantes relatados em nossas entrevistas em congregações diziam respeito à alocação de recursos da igreja. Um entrevistado contou a triste história de como um proposto programa de reforma de unidades habitacionais havia dividido a congregação. As pessoas discordaram sobre tudo, desde se a idéia era apropriada para a igreja até se o projeto realmente contribuía para a identidade histórica da comunidade específica. Outras pensavam que o empreiteiro havia sido selecionado sem plena divulgação e se preocupavam em voz alta com a resultante má gestão do projeto. No final, o prédio foi concluído, mas se constituiu numa sangria contínua dos recursos da igreja. Concluiu o entrevistado: "Provamos que a igreja não tinha que se meter em programas de habitação. Provamos que ela não sabia o que estava fazendo e não podia esperar tomar boas decisões. Além do mais, quando as pessoas questionavam isso, alienavam o pastor. Como eu ou qualquer outro congregante poderia ter confiança nas visões de negócios dessa pessoa após aquela experiência?"

Esse esforço de ação social positiva através de atividade econômica tornou-se uma fonte-chave de conflito na congregação. Ironicamente, a maioria das questões do conflito representa o tipo de problema que gerentes nos negócios enfrentam em seu dia-a-dia mas, apesar disso, parecia não haver qualquer sentido específico de problemas compartilhados.

Pastores, por sua vez, expressaram grande ressentimento por não serem respeitados por seu discernimento moral de questões econômicas. Alguns cientes das queixas quanto à sua atitude sobre práticas trabalhistas ressentiam-se da falta de deferência mostrada por seus paroquianos, atribuindo as críticas ao egoísmo. Quando se perguntou ao clero se este se sentia fortemente qualificado para influenciar as decisões financeiras da igreja, as respostas variaram. Os que não se sentiam qualificados freqüentemente mencionavam um paroquiano que desempenhava essa função, mas raramente falaram dessa pessoa como fonte potencial de discernimento religioso. Não que não valorizavam a doação de serviço pessoal pelos leigos; simplesmente não visualizavam o *papel* daquela pessoa como oferecimento de uma oportunidade especialmente significativa para adquirir *insight* religioso.

Aqueles pastores que realmente assumiam assuntos financeiros às vezes demonstravam uma assombrosa ingenuidade quanto às regras do mercado. O New Era Fund, no qual muitas instituições baseadas em fé foram persuadidas a investir em um esquema Ponzi, foi um exemplo clássico, assim como foi o episódio mais recente envolvendo a alegada má gestão de recursos da igreja por Jim Lyons. Os problemas não podem ser totalmente evitados. Os negócios, também, têm sua parcela de escândalos. Instituições religiosas inevitavelmente se envolvem em negócios. Dirigem imóveis, contratam pessoas, contribuem para fundos de pensão. Algumas até mesmo se envolvem com marketing.

Relativamente poucas dessas práticas resultam em atividades ilegais, mas muitas igrejas têm clero que se mostra de tal forma inquieto com ter que se preocupar com tarefas gerenciais ou mesmo de levantamento de recursos, que tende a ir a extremos. Ou mostra uma indiferença indignada a esses papéis – apesar de continuar a agir em tal capacidade – ou adota uma postura pesadamente autoritária, recusando-se a compartilhar o poder decisório. Ambas as atitudes podem não-intencionalmente levar a graves erros financeiros e gerenciais.

Às vezes, as questões financeiras se tornavam mais pessoais, ajudando a explicar como a atitude negativa do clero em relação a dinheiro pode ser exacerbada pela vida congregacional. Alguns pastores se sentiam merecedores de um nível de prosperidade financeira muito além de um estilo de vida modesto. As justificativas eram freqüentemente bastante imaginativas. Um padre que cultivava fortes ligações com altos executivos e com freqüência era brindado com viagens e jantares caros descartava essas despesas como inconseqüentes. Achava que não afetavam suas prioridades: além do mais, ele pessoalmente não possuía coisas de valor. Um membro de sua paróquia, no entanto, achava que ele estava favorecendo as pessoas ricas na igreja. Da mesma forma, uma paroquiana expressou espanto com o empréstimo concedido por sua igreja ao pastor, para a compra de uma casa nova. O preço colocaria o pastor em uma posição alavancada que nenhum banco teria apoiado.

Vários clérigos relataram um grande desconforto ao discutirem remuneração. Outros tentaram colocar a questão em perspectiva comparando seus salários e mordomias ao estilo de vida médio de seus congregantes. Como o chefe de uma paróquia de classe média alta comentou: "Tenho que ser levado a sério para que possa fazer o trabalho do Senhor. Viver em um padrão normal para essa comunidade é a única forma de ser respeitado." Vários paroquianos concordaram, mas ficaram espantados quando o mesmo pastor desancou estilos de vida abastados como sendo evidência de falta de preocupação com os pobres.

Alguns gerentes expressaram a esperança de poderem transformar clero e funcionários de instituições baseadas em fé sem fins lucrativos em bons gerentes e têm contribuído substancialmente para esse fim através de uma série de programas. Vêem isso como seu trabalho missionário: aumentar a capacidade da igreja de servir utilizando práticas de negócios bem-fundamentadas. O clero expressou esperança de poder explorar mais plenamente o potencial gerencial de sua congregação para se libertar dessas questões (e também aumentar sua capacidade de servir), ao mesmo tempo retendo autoridade sobre a distribuição das finanças da igreja. Não é de surpreender, portanto, que histórias de desilusão e conflito acompanhassem muitos dos exemplos de tomada de decisão compartilhada sobre questões financeiras e de trabalho missionário da igreja.

Como já observado, esses conflitos foram "explicados" por exemplos de corrupção na igreja em ocasiões nas quais a separação dos domínios havia se deteriorado. Sob esse prisma, quanto mais a igreja se aproximava dos negócios, mais provável seria que cedesse a valores corruptos. Poder-se-ia argumentar que o problema reside em uma qualidade curiosamente secundária ou paternalista de muitos tipos conhecidos de negócios da igreja, uma tendência de buscar cartéis, práticas de financiamento pouco ortodoxas e práticas de vendas ineficazes. Quando indagados sobre isso, vários clérigos manifestaram objeções quanto à avaliação. Sentiam que muitas dessas práticas não eram problemas significativos nem indicativas de problema ético porque a boa causa religiosa e não o princípio de negócios predominava. Quem se importava se os chocolates vendidos para uma excursão de jovens estavam mofados e o fornecedor estava realizando um lucro de 300% comparativamente a outros concorrentes?

Esses exemplos sugeriram muitas oportunidades perdidas para engajar em uma compreensão e uma educação mais profundas relativamente a idéias religiosas da boa prática nos negócios. O grupo de jovens, por exemplo, algum dia usaria a ocasião de levantamento de recursos como ponto de partida para explorar o que faz uma boa empresa *versus* uma má empresa? Disse um pastor: "Bem, isso é muito interessante. Jamais havíamos pensado nisso. Não estou certo de que seja algo a ser levantado. As vendas de chocolates dizem respeito a uma missão cristã, não aos negócios."

Embora alguns clérigos tenham atribuído a recusa ativa de seus colegas em lidar com questões morais de dinheiro a avisos negativos no Novo Testamento, outro foi mais autocrítico: "Temos medo de ser uma voz nessa área porque vivemos desses lucros." Relutância semelhante de engajar em diálogo de busca sobre práticas de negócios da igreja acompanhou o uso de fundos de pensão, decisões denominacionais de realizar *downsizing* e decisões de conselhos de operações baseadas em fé, como hospitais.

No fim das contas, no entanto, é o medo de co-opção e não hipocrisia ou corrupção abertas, que parecia impulsionar muito da relutância do clero em estender sua atenção correta a questões de negócios. Acusações de co-opção do clero são facilmente provocadas, especialmente para um pastor em uma congregação de classe alta. Frustração com a distância de questões de pobreza auto-imposta por algumas congregações mais ricas pode criar outro tipo de co-opção, a entrega ao inimigo. Observou um pastor que havia sido solicitado sair de uma igreja suburbana de classe alta: "Queriam um pastor tipicamente suburbano – do tipo que jamais os deixará desconfortáveis. Eu ainda não me vendi ao inimigo."

À medida que os estereótipos continuam a ser lançados do alto de cada montanha, a atual busca por integração da fé no trabalho na comunidade da igreja parece fadada à frustração; é uma batalha entre os que se julgam donos da verdade e os centrados em si mesmos. A curva de pensamento voltada para dentro que Agostinho atribuía a uma negação de Deus pode ser encontrada em muitos desses comentários, já que cada um elimina a possibilidade de resposta relacional a questões de fé e trabalho econômico. Caricaturas simplistas abundam, descobrindo uma mistura de escárnio e deserção freqüentemente adversária a como clero e congregantes se relacionam em outras ocasiões onde os negócios não estão em discussão.

O potencial para que dinheiro co-opte experiência religiosa cristã é real, mas também é uma acusação-padrão lançada por eclesiásticos em busca de bucha de canhão retórica. Ridicularização por práticas populistas da igreja associadas a pessoas que ganham dinheiro, como quando pastores se engajam em bênçãos do tipo rotariano de prosperidade nos negócios, reforça a associação entre o elitismo intelectual e a religião (em oposição à turba vulgar). O que pode começar como um esforço genuíno de apoio e construção de confiança evolui para uma acusação de superficialidade ou transformação de religião em ferramenta de negócios. Não é de espantar que um pastor escrupuloso, não atraído por estilos de negócios e preocupado com a co-opção, possa concluir ser melhor manter distância.

Reflexão

- Imagine sua pessoa ideal para a tarefa de prover sabedoria e julgamento sobre decisões de negócios. Que características tem essa pessoa?
- Onde você já viu essas características em pessoas nos negócios e na igreja?
- Onde as vê em você mesmo?
- Que estereótipos de território você pensa que tem? Se for uma pessoa de negócios, que estereótipos você acha que pessoas que conhece na comunidade religiosa têm em relação a você e seus negócios? Se for um pastor, inverta esta pergunta.

Ação

- Peça ajuda de um profissional da igreja ou pessoa de negócios (o que *não* for de seu grupo profissional) para encontrar ou criar um contexto no qual você é solicitado ouvir pessoas com diferentes níveis de autoridade discutindo uma preocupação comum relativa a comportamento nos negócios.

- Reúna esse grupo. Juntos, escolham uma preocupação comum. Então, decidam como cada pessoa ajudará a preparar o grupo para discutir a preocupação dos pontos de vista religioso e de negócios.

- Após terem se reunido e discutido suas verificações (pode exigir várias reuniões), reveja os talentos especiais e o papel de cada pessoa trazida para a compreensão do grupo.

7

Vozes Diferentes

O Problema da Linguagem e Pluralismo

Dirigi um posto de gasolina por muitos anos e, você sabe, a gente vê de tudo. Você tem que aprender a lidar com pessoas e com dinheiro. Você contrata um bom garoto e ensina a ele alguma coisa sobre mecânica e manter um emprego e ele terá a chance de ir adiante na vida. De repente ele quer freqüentar a escola profissionalizante. Aí você ajuda.

Quando você está trabalhando no carro de alguém pode ver muito da vida das pessoas, daquilo que está acontecendo lá fora. Sempre me senti próximo de meus clientes, próximo de meus funcionários.

Agora vou me tornar pastor. Percebo que sempre estive ministrando para as pessoas, mas agora quero mudar como a igreja vê as pessoas de negócios. Acho que posso fazê-lo. Sei falar a língua deles.

– Estudante de teologia metodista, antigo proprietário de oficina.

A linguagem é, ao mesmo tempo, um meio e uma metáfora para comunicação. Saber como falar a língua de alguém é técnica essencial do esforço de criar significado mútuo e também símbolo desse esforço. Autoridades religiosas e pessoas de negócios literalmente atribuem palavras diferentes ao que os negócios significam do ponto de vista da fé e também deixam de criar significado em relacionamento. Como dois comensais de países diferentes, mesmo quando pessoas eclesiásticas e de negócios sentam à mesma mesa, não podem criticar a refeição juntos. Essa dinâmica suscita problemas de comunicação através de suas instituições e cria problemas enormes *dentro* de cada uma – especialmente quando o interesse espiritual das pessoas de negócios ameaça transbordar para linguagem religiosa no trabalho. Em última análise, esses problemas são expressos nas dificuldades gerais de negociação da expressão de religião na vida pública norte-americana.

Lacunas de Linguagem

Desde os tempos do Antigo Testamento, a religião tem utilizado termos econômicos, tais como dívida, dever, zelar, aliança e invadir para transmitir relacionamentos sagrados com Deus. Inversamente, os negócios adotaram muitos tipos de símbolos religiosos em economia, desde as palavras e imagens na nota de um dólar ("Confiamos em Deus") até o "resgate"* de bônus.

Tais cruzamentos de linguagem, no entanto, perderam muito de seu sincretismo religioso ou econômico original. A nova sintaxe, criada pela separação mais aguda dos domínios institucionais na sociedade moderna, resultou em um conjunto duplo de associações para essas palavras. Igreja e negócios nomeiam as coisas de forma diferente, mas também atribuem significados diferentes a nomes. *Resgate* (*redenção*), por exemplo, tem significado religioso ou legal, mas raramente ambos ao mesmo tempo.

Nada caracteriza um relacionamento estremecido mais claramente do que quando duas pessoas usam a mesma palavra para coi-

---
* N.T.: Em inglês, *redemption*, que também significa "redenção", conotação utilizada neste contexto pelos autores.

sas diferentes. O namorado traído acusa a namorada promíscua de "não saber o significado da palavra *amor*". Não é surpresa, portanto, que quando o clero e as pessoas de negócios usam o mesmo vocabulário religioso para compreensões diferentes, isso exacerba seu relacionamento distanciado. Principais entre os exemplos que observamos estão *cuidar* e *alma*, ou *espírito*. *Cuidar* é a palavra-código comum para justificar as abordagens aditivas ou subtrativas dos que dizem sim e dos que dizem não. Clero e pessoas de negócios esperam que *espírito* e *alma* tenham manifestações bem diferentes na terra. Não obstante, negócios e igreja consideram algumas formas de expressão religiosa como mais proprietárias do que outras. O vocabulário da liturgia, por exemplo, é provável ser protegido para uso em um domínio sagrado para preservar sua capacidade de representar compreensões humanas do transcendente. Ao restringir seu uso a certos contextos sociais "hieráticos" ou sagrados, a igreja controla a linguagem sagrada de forma que reforça sua autoridade sobre o domínio sacro. Também preserva essa linguagem de contaminação ou trivialização. Tais esforços têm sempre sido criticados por religiões orientadas por leigos, como o evangelismo ou os Quakers. Essas enfatizam linguagem clara e simples como voz da autenticidade religiosa, minimizando a distinção lingüística entre fé e assuntos do dia-a-dia e assim reduzindo um obstáculo à integração.

Os negócios também temem contaminação dos usos inadequados de linguagem religiosa, especialmente da capacidade da linguagem religiosa de evocar associação a uma forma de religião esposada. Eles também tentam controlar esses usos. Como mostraram nossas estratégias para lidar com problemas, quando pessoas de negócios enfatizam que a religião não tem lugar no trabalho, estão freqüentemente se referindo à *afiliação* religiosa como poder decisório no trabalho, não a uma crença de que a fé religiosa pessoal não tem qualquer influência legítima. A invocação da palavra *Jesus* no trabalho é facilmente entendida, erroneamente, como proselitismo, o que é contra a norma em culturas corporativas não-sectárias mesmo quando apóiam a idéia de espiritualidade.

O reconhecimento do poder e das associações ligadas à linguagem religiosa ajuda a abrir espaço para as formas mais prováveis de ter alguma permissibilidade em uma discussão de negócios. Aqui, programas de espiritualidade seculares oferecem um exemplo em sua construção de termos espirituais generalizados.

A má comunicação parece, à primeira vista, ser em grande parte sobre vocabulário. O clero interpreta o denso academês da teologia como sinal de superioridade intelectual (analítica), enquanto os negócios o chamam de teobalbuciação inútil. Seus estilos analíticos diferentes, ecoados em sua linguagem, atribuem perspectivas religiosas fundamentalmente diferentes aos mesmos eventos.

A Linguagem da Igreja

Para a igreja, eventos tendem a adquirir um vocabulário de outro mundo, às vezes nostálgico, repleto de símiles bíblicos e frases arcanas como "alegria no salvífico" ou "elaborar o plano para a vinda do Reino". Processos mentais descritivos passam pelo filtro de palavras litúrgicas e bíblicas ou por um jargão de termos especializados. Assim, problemas de ganância são problemas com *mamona*, um termo que, a grosso modo, significa um processo de se tornar excessivamente preocupado com riqueza, a ponto de idolatria. Tal condensação de uma complexa experiência humana em um símbolo é a força da linguagem e da tradição religiosas. Mas carrega associação a instituições eclesiásticas também, e pode parecer admoestadora ou supersticiosa a uma pessoa de negócios.

Idéias teológicas levam o vocabulário para ainda mais longe do vernáculo com o qual as pessoas de negócios descrevem experiência. Acadêmicos de religião falam de "residir no interior", "exploração Polaniana" e de um mundo "isento de normas morais". Infundidos de abstrações complexas, tendem a explorar os efeitos da visão de mundo religiosa sobre a história, em vez de sobre o indivíduo.

Aqui, por exemplo, está uma transcrição, palavra por palavra, da reflexão de um teólogo sobre o pensamento social de Richard Niebuhr, com a pontuação do próprio autor. O autor, que publicou isso em um periódico de prestígio, estava perguntando como um humano, caído, pode "conhecer" valores e desenvolver uma ética que verdadeiramente reflita Deus:

> Diferentemente dos Tomistas, no entanto, que definem valores (*verum, bonum, pulchrum*) como estando entre os

atributos "transcendentais" ou universais de ser *como tal* (não importa onde ou quando), para Niebuhr valor é atributo de ser-em-relação-a-ser. Em meio de existências plurais, interativas e transformadoras, "valor está presente sempre que ser confronta ser". Valores podem ser sempre definidos como o *"bom-para"* [sic] o ser, para ser em sua reciprocidade, em sua animosidade e para seu auxílio mútuo", ou como "aquilo que é apropriado, útil, complementar a uma existência". Fora existências em um inter-relacionamento não há quaisquer valores.

Teorias estreitamente defendidas povoam o domínio lingüístico normal da elite eclesiástica, mas estão de tal forma embutidas no abstrato que não têm qualquer ponto de contexto com eventos concretos ou formas expressivas personalizadas de experiência religiosa – o tecido do atual interesse em espiritualidade. Pessoas que efetivamente seguem esses argumentos são de tal forma embutidas nessa linguagem que freqüentemente não têm qualquer desejo de vê-la destruída por tradução e aplicação práticas.

O sistema de recompensas do mundo acadêmico e do sacerdócio tende a reforçar essa atitude. Existe, afinal de contas, *status* implícito nessa linguagem dentro da hierarquia da igreja e de suas instituições acadêmicas qualificadoras. Ela é considerada "superior" à linguagem simples dos pastores (em todas, menos nas denominações evangélicas). Não obstante, algumas exceções notáveis (como o capelão universitário de Harvard, o reverendo Peter Gomes), sermões na vida congregacional são raramente vistos como detentores de autoridade intelectual atualmente.[1] Em contraste com os dias em que acadêmicos como Henri Nouwen, Paul Tillich ou Reinhold Niebuhr eram amplamente lidos e discutidos pelo público, a capacidade dos acadêmicos em adquirir uma audiência popular tem sofrido um agudo declínio. Encontram-se recém-chegados promissores, não surpreendentemente, na pregação evangélica do dia-a-dia, ou entre os cronistas de prática religiosa como Martin Marty e Harvey Cox, ou entre aqueles que rastreiam religiões não-tradicionais. Os estudos sobre o Islã nos Estados Unidos realizados por Diana Eck, por exemplo, encontram grande resposta entre audiências leigas.

A cultura do elitismo acadêmico pode ser uma das barreiras-chave ao desafio de se desenvolver a capacidade da igreja para ser uma força relevante no local de trabalho. Teólogos e futuros pastores que não se adaptam a ela são eliminados do fluxo principal da vida intelectual da igreja.

Não é surpresa, portanto, que quando o clero se depara com eventos e problemas apresentados em uma linguagem que não seja totalmente mundana, ele tem problemas interpretativos. Essa linguagem não evoca a *sua* linguagem de fé e sua aplicação, por isso o clero a recebe com desdém. O presidente do Seminário Fuller, Richard Mouw, comentou isso em seu livro *Consulting with the Faithful* (Consultando os Fiéis). Ele argumenta, de forma persuasiva, que a igreja necessita de uma nova hermenêutica (linguagem interpretativa) que seja reflexo vivo do mundo leigo.

Certos padrões lingüísticos, gerados pelo que denominamos idealismo crítico da visão de mundo eclesiástica, reforçam o tom de desdém. Absolutos encorajam um estilo altamente retórico, até mesmo polêmico. A dialética econômica assume uma grandiosidade que não é acessível à interpretação em escala humana. Um exemplo é um comentário (que permanecerá não identificado aqui) sobre uma palestra especificamente projetado por um seminário para ser de utilidade a pessoas de negócios. O grupo explorou o desenvolvimento de pesquisas sobre duas questões importantes: como o local de trabalho molda caráter moral e como as pessoas podem alinhar sua fé com suas vidas profissionais. Escolhemos este trecho, dentre muitos exemplos semelhantes, porque concluiu haver necessidade de discurso moral estruturado para explorar essas questões: "[A palestra] nos ensinou o quanto a linguagem do materialismo econômico tem eclipsado a linguagem do coração, fazendo com que significado, compaixão, coragem e integridade sejam excluídos da discussão comum e, portanto, da visão comum. Na verdade, tais assuntos são normalmente censurados no mercado e raramente incluídos na análise de política, estrutura e outras considerações estratégicas corporativas."

A implicação parece ser que a linguagem religiosa (se é que podemos concordar quanto a o que é) é a única linguagem do coração. Essa conclusão seria intrigante para pessoas de negócios que gastam milhões em comunicações corporativas especificamente projetadas para capturar e comunicar o coração em suas empresas, além de sua dedicação à fundamentação econômica.

Tais padrões pareciam ser aprendidos desde cedo. A necessidade genuína de crítica moral é transformada em um retrato dos negócios como um lugar inexoravelmente empedernido e impessoal (leia-se: despopulado), enquanto idéias de justiça ou amor são retratadas de forma densamente abstrata ou dramaticamente poética. Nossa avaliação de material de cursos de negócios em seminários mostrou que quando professores (em vez de pessoas de negócios convidadas) ministravam cursos de negócios e religião, as descrições de conteúdo e os resumos de matérias eram pesadamente tendentes a teorias econômicas sobre capitalismo, ataques a esmo a corporações, celebrações romanceadas de trabalhos missionários da igreja, ativismo político e trabalho sindicalizado. A *experiência* em negócios, presumivelmente uma fonte fértil para a linguagem do coração, estava em muito menos evidência.

A Linguagem dos Negócios

As pessoas de negócios também têm um viés de linguagem, tendendo à forma simples e pragmática de expressão moral ou religiosa.[2] Freqüentemente falam em termos concretos, relatando uma ação ou um sentimento pessoal para capturar, em vez de criticar, um princípio geral. Bons exemplos são os dínamos de investimento John Marks Templeton (seu *Worldwide Laws of Life*) e Max De Pree (cujos princípios de liderança são resumidos em material publicado pelo De Pree Leadership Center e em seus livros sobre suas experiências nos negócios como presidente do conselho e CEO da Herman Miller).

Um grupo de oração de pessoas de negócios formou um consenso geral de que às pessoas no topo dos negócios está sendo paga uma quantia absurda de dinheiro. Quando a um participante foi perguntado se se baseava em algum paralelo bíblico em sua avaliação, ele respondeu:

> Diria que há muito apoio bíblico para esse tipo de visão. Mas jamais me voltei para minha religião em relação a essa questão; não era esse o meu processo. Meu processo era primeiramente me sentir incomodado por certas injustiças

e esses dois no extremo me incomodam muito. Não vejo qualquer bom propósito sendo servido. Acho errado ter duas pessoas com extremos de riqueza [citou o chefe de um banco de investimentos que havia passado por um divórcio altamente divulgado e que havia subseqüentemente escandalizado seus vizinhos com suas enormes despesas]. Se esta é uma reação emocional ou intelectual, sai da mesma forma. Mas não sei de onde vem. Provavelmente de minha família.

Essa pessoa de negócios não identifica os conceitos exatos dos quais sua ética se origina e parece não se importar em saber, desde que pareçam sustentar sua resolução moral emocional e que sua resolução não contradiga suas crenças religiosas. Não sente qualquer necessidade de uma declaração de normas predeterminada e cuidadosamente pensada para saber quais são as regras corretas de vida. (Essa mesma atitude tem colorido a reação tépida de muitos gerentes a um código de ética nos negócios.) Pessoas de negócios desconfiam que escolhas éticas sejam feitas através do raciocínio semelhante ao de um advogado ou filósofo. Em contraste com a linguagem teológica, o vocabulário dos negócios tende a codificar significado religioso em um vocabulário moral não-explícito que enfatiza resultados e possibilita relacionamentos, em vez de em conceitos religiosos abertos e dogmáticos. Este comentário é do vencedor de um prêmio altamente competitivo de ética nos negócios:

> Sempre fui meticuloso em tentar poupar dinheiro para meus clientes e em ser justo com todos. Assim, ao contrário de outros em meu setor industrial, pagava a meus vendedores primeiro e depois à minha empresa, à medida que o dinheiro entrava.
>
> Em determinado momento, um muito bom cliente veio a mim e disse: "Você não está ganhando dinheiro suficiente. Quero ajudá-lo a crescer porque você é bom e não quero que saia dos negócios. Eu perderia um bom fornecedor..." Eu uso uma pulseira para me lembrar desses valores. Está escrito: "O que Jesus Faria?" É só o que preciso para me manter no caminho certo.

Acadêmicos falam de responsabilidade dos interessados. A pessoa de negócios descreve estar lá para o cliente ou de ser um bom cidadão corporativo. À medida que falam sem serem ouvidas pelo outro, criam avaliações negativas para explicarem sua falha em serem tocados pelas palavras do outro. Assim, a comunicação que é um ato de esclarecimento para a comunidade religiosa é considerada um ato de pensamento enevoado pela pessoa de negócios. Colocada no cadinho do pragmatismo, deixa de oferecer orientação garantida. Palavras por si sós simbolizam a distância que sentem – em especial os sermões. Observou um entrevistado: "Não suporto todas as lamentações que acontecem na igreja. Por que não saem e geram aquilo que põe comida na mesa em vez de choramingarem sobre a situação dos pobres?" Diz outro: "Para mim, é um espanto como pessoas que alegam se preocuparem tanto (com os desvalidos) fazem tão pouco."

Por trás dessas reações está um debate extremamente importante sobre as forças e fraquezas relativas do raciocínio moral deliberado para assegurar comportamento moral. A tomada de decisões intuitivas com base em bom caráter e conhecimento de pessoas pode parecer mais confiável – ou mais assustadora, dependendo de seu ponto de vista. Em vez de explorar essas suposições em conjunto, o viés de comunicação do clero e das pessoas de negócios os impede de ouvir aquilo que é valorizado em cada abordagem à vivência das visões religiosas.

Comunicação Religiosa Preferida

Servant Leadership, de Greenleaf (um livro de gerência extremamente bem-sucedido sobre atitudes de servir e sua aplicação), diz o seguinte sobre abordagens intelectuais em geral:

> Quem está impedindo um movimento mais rápido em direção à sociedade melhor que é razoável e possível com recursos disponíveis?... O verdadeiro inimigo é o pensamento enevoado por parte de pessoas boas, vitais e inteligentes e sua falha em liderar e seguir servidores como líderes. Muitos se contentam em ser críticos e especialistas. Há procrastinação intelectual demais, demasiada retração para "pesquisa", preparação de menos para empreender

a dura e arriscada tarefa de construir instituições melhores em um mundo imperfeito e falta de vontade de fazê-lo, muito pouca disposição para ver "o problema" como residente *aqui dentro* e não "lá fora" (itálico no original).³

Pessoas de negócios favorecem uma apresentação de religião personalizada e experiencial em vez de um estudo disciplinado de cosmologias sistêmicas. Não enxergam através da lente religiosa de aspectos éticos da teoria econômica; são atraídas por assuntos da psique humana e pelo espírito que define grandeza do ponto de vista da fé.

Alguns teólogos são agudamente sensibilizados pelos problemas da linguagem religiosa no mundo moderno. Como observou o teólogo da faculdade de teologia de Harvard, Gordon Kaufmann, a linguagem teológica e mesmo termos abstratos de moralidade religiosa não capturam a riqueza sensorial ou lingüística da experiência religiosa efetiva, que intensifica o senso do devoto de estar vivo, de estar alerta para o imediatismo do mundo, ao mesmo tempo em que se pode subir para outra perspectiva de tempo e espaço. Juntamente com a natureza explícita da teologia vem a perda do sensual, do implícito, das camadas abaixo da superfície. Em outras palavras, representa a perda de mistério, que parece ser ingrediente necessário da experiência religiosa autêntica.⁴

Como comentou Michael Novak, citando *Imitação de Cristo*, "prefiro sentir compunção do que saber uma boa definição dela". Em *Business as a Calling: Work and the Examined Life*, ele observa perceptivamente que há uma divisão similar entre teóricos e práticos mesmo nos negócios. Economistas e gerentes freqüentemente habitam diferentes corredores do poder. Ele sugere que é o foco prático que dá acesso ao espírito do capitalismo. Novak afirma que é aqui também onde a experiência religiosa é mais acessível.⁵

O problema de se desenvolver uma linguagem religiosa mais rica para uso pela pessoa de negócios fiel é agravado pelo fato de eclesiásticos derivarem muitas de suas atitudes econômicas de teorias econômicas e políticas que reforçam o vocabulário polêmico e o uso de absolutos. David Korten (autor de *When Corporations Rule the World*), por exemplo, repetidamente solapa sua análise perceptiva do globalismo com afirmações que jogam um absoluto contra outro no que diz respeito à atividade de negócios: os direitos das pessoas são substituídos pelos direitos do dinheiro; ideólogos do livre mercado se engajam em "uma santificação da ganância".[6]

Esses agregados categóricos se mostram em agudo contraste com suas muitas descrições com nuances da psicologia, de como a busca por dinheiro e consumo material é originária da falta de espiritualidade e amor e a resultante espiral descendente de alienação.

A perspectiva dos negócios supõe que deveres múltiplos e conflitantes devem ser sustentados em teoria, nem sempre na prática. Não cria uma hierarquia fixa de direitos de propriedade sobre a necessidade humana em todas as situações, e esses direitos nem sempre refletem apenas ganância e alienação; direitos de propriedade foram desenvolvidos e endossados pela igreja, em parte porque a plenitude da vida é difícil de ser alcançada se as regras do compartilhamento não forem totalmente claras, ordenadas e feitas cumprir. O proprietário do McDonald's de New Hampshire que promoveu um evento para levantar recursos para a família local cujo celeiro sofreu um incêndio nem abriu mão dos "direitos do dinheiro" nem abandonou o espírito de comunidade que é intimamente ligado a seu senso de fazer negócios da maneira correta.

O abandono das abstrações pode diminuir a polêmica, mas também reduz substancialmente o nível de conforto dos eclesiásticos. Parece reduzir conteúdo intelectual e não permite que o idealismo mantenha uma distância confortável de contextos menos perfeitos. Quanto mais eventos reais são comparados a um ideal suposto, mais co-optado o clero se sente em reconhecer a ambigüidade das pressões do dia-a-dia dos negócios. Se a polêmica contrária aos negócios deixa de se equiparar à realidade, a autoridade dos eclesiásticos é solapada, como o é o material-fonte no qual se baseia. Como vimos, a pessoa de negócios conclui que a igreja é perceptiva em seu próprio domínio mas não é confiável em relação à economia ou a instituições econômicas. Se a apologética conservadora favorável à economia é igualmente absolutista, ela também deixa de oferecer orientação ou *insight* para os verdadeiros problemas de criação de decisões de negócios humanas e responsivas. De que ajuda é para aqueles cujo coração religioso diz: "Faça mudanças; faça do mundo e do sistema um lugar ainda *melhor?*"

Assim como sermões e teoria não batem para a pessoa de negócios, eclesiásticos não conseguem ouvir o valor da linguagem religiosa da pessoa de negócios. Vários entrevistados manifestaram fortes objeções ao simbolismo do WWJD, achando que havia reduzido Jesus a um peão corporativo. Quando pessoas de negócios explicam fé explicitamente, freqüentemente parece um anúncio de automóvel, bem fraseado e atraente com seu estilo contemporâneo. "Meu trabalho é minha devoção", afirma o executivo sincero. Em vez de compreensão, a frase dá margem ao ridículo eclesiástico, educadamente disfarçado por trás de uma fachada de vaga atenção. Queixou-se uma pessoa de negócios: "Parece que jamais temos uma discussão com substância."

Nos bastidores, no entanto, eclesiásticos se mostraram mais abertos em seu desdém por tratados charlatães de auto-ajuda e pelo movimento da nova espiritualidade de modo geral – talvez esquecendo que o grande evangelista Dwight Moody começou a vida como vendedor de sapatos. Assim também, a linguagem esperta de marketing da mega-igreja convida ao escárnio extremo por parte dos profissionais tradicionais, quer tenham examinado a real vida congregacional desses novos esforços, quer não. Dada parte de sua linguagem, seus temores de co-opção e contaminação por marketing são compreensíveis. Uma chamada na quarta capa de *The Corporate Mystic*, um *best-seller* da nova espiritualidade, é um exemplo dessa linguagem que, não surpreendentemente, é tirada de um anúncio: "Nesse animado mandato para o futuro dos negócios (os autores) distilaram os segredos das cem mais sábias pessoas de negócios que conhecem em pepitas de sabedoria *just-in-time* que você pode aplicar ainda hoje."

Tais apresentações têm peso na comunidade de negócios. Um bom exemplo é a história da estrela do mar, um relato usado por incontáveis líderes de negócios e gurus da espiritualidade secular, incluindo Stephen Covey em seu discurso para uma casa lotada de MBAs na Harvard Business School em 1999: "um homem está andando pela praia e ela está coberta de estrelas do mar. Foram deixadas pela maré. Ele vê uma criança adiante, pegando estrelas do mar, uma a uma, e jogando-as de volta para o mar. Ele aborda o menino quando está jogando mais uma estrela do mar. 'Sabe, há milhares de estrelas do mar nessa praia. O que você está fazendo não fará qualquer diferença.' O menino olha para ele. 'Acaba de fazer uma diferença para a estrela do mar'."

A parábola retrata escalas de justiça contrastantes: a dos humanos e a de uma ordem em que cada ser vivo tem importância. Tem paralelos bíblicos óbvios nas tradições hebraicas e cristãs, como no ditado judeu "Você salva uma vida, você salva o mundo". A linguagem religiosa, no entanto, é implícita; a ação conta a mensagem simples mas profunda de forma vívida e o ouvinte preenche o resto. Alguns eclesiásticos descrevem esse tipo de história como religião para sentir-se bem, descartando-a como resposta inadequada às profundas injustiças sistêmicas de um sistema de negócios. Ao fazê-lo, deixaram de compreender o intenso interesse da pessoa de negócios em criar um *insight* espiritual que mude o como as pessoas nas empresas realmente se tratam umas às outras ou mantêm seu próprio senso de propósito quando sua energia para fazer a coisa certa esmorece.

A Lacuna de Audição

Como tal lacuna de linguagem cria uma lacuna de audição e provoca tal hostilidade? A estereotipagem, a retratação agregada, o conflito sobre território e a autoridade de controlar a crítica são os culpados óbvios, mas um padrão lingüístico ainda mais profundo impulsiona essas reações. As duas linguagens não só têm seus próprios vocabulários como também sintaxes conceituais diferentes. Clero e pessoas de negócios constroem cada um conexões verbais à medida que atribuem significado religioso às experiências da vida econômica.

Essas conexões representam diferenças fundamentais de direção e poder que expressam suas visões de mundo profundamente divergentes. Pessoas de negócios tendem a favorecer uma abordagem aditiva; eclesiásticos, uma subtrativa. Por exemplo, quando perguntada sobre soluções para a injustiça econômica, a igreja freqüentemente sugere a doação de possessões e rendimentos, enquanto pessoas de negócios sugerem a criação de mais empregos. Ambas são contribuições, mas a ênfase direcional difere. Uma é um caminho de redistribuição (tirar de um para dar a outro); a outra é um caminho de criação. Ambas as abordagens são necessariamente conclusões quanto à ação religiosamente motivada, mas cada grupo tende a se inclinar fortemente em uma direção.

Suas linguagens e sintaxes apóiam essa abordagem. O eclesiástico tende a interpretar ao longo de um caminho de autonegação (subtração); a pessoa de negócios, ao longo de um caminho de auto-interesse. Embora ambos possam estar buscando os mesmos fins – o bem comum, a compreensão religiosa e a espiritualidade pessoal – baseiam sua fala em modelos diferentes. A linguagem do clero é modelada em exemplos de sacrifício de Jesus e Maria. A linguagem da pessoa de negócios é modelada em raciocínio do Iluminismo e em modelos utilitários que remontam a Adam Smith, que via os vocabulários de forma bem clara: "Não é da benevolência do açougueiro, do cervejeiro e do padeiro que esperamos nosso jantar, e sim de sua preocupação com seu próprio interesse." Comentou um entrevistado de negócios: "Trate dos interesses de todas as partes e encontrará uma solução. É assim que você se torna um pacificador."

Caminhos Diferentes

O caminho sistêmico essencial tomado por cada grupo em busca de integração intensificada de trabalho e fé impede comunicação e leva o clero e as pessoas de negócios por diferentes avenidas interpretativas. Os exemplos a seguir, de reflexão sobre vocação religiosa, são uma boa ilustração das abordagens direcionais.

Um médico católico treinado em reflexão teológica escreve: "Perplexidade profissional, como toda perplexidade, deveria ser uma chamada para vir a Ele. ... Devoção é abrir mão de meu direito a mim mesmo e o restante da vida será então manifestação dessa rendição. Circunstâncias então perdem sua influência controladora, pois Jesus é suficiente."[7] Essa reflexão prefaciou a decisão do médico de agir; ele recusou uma oferta de emprego importante, sacrificando um impulso à sua carreira.

Compare as palavras deste protestante evangélico, que está à frente de uma importante empresa de alimentos de consumo, recordando um momento de reflexão sobre sua carreira durante uma longa viagem de avião: "Comecei a ansiar por uma visão de estar diante de Deus e ouvi-Lo dizer: 'Bom trabalho, bom e fiel servo.' Tenho consciência de que minha vida não merece essa visão, mas durante aquele vôo orei muito pela sabedoria de saber como alcançar aquela visão e a disciplina para conseguir. Essa é minha visão; meus objetivos são conhecer e amar a Deus, honrar e servir minha mulher, liderar e encorajar meus filhos e usar meus talentos específicos para servir de forma significativa." Concluiu que na maioria dos dias ele ia para casa dizendo a si mesmo: "Nada fiz do acima; na verdade, fiz exatamente o oposto."[8] Apesar de tudo, não abandonou o difícil compromisso de levar a sério suas responsabilidades religiosas e de negócios.

O viés de ambos os grupos em direção ao aditivo ou ao subtrativo aparece mais distintamente na resistência acalorada, quase que intestina, dos entrevistados a encontrar uma interpretação religiosa que adote a abordagem contrária. Como escreveu um teólogo: "Por que a geração de renda é tão ambígua?" Por que, se você me disser que implantou uma fábrica de costura em Manila, não posso ser inteiramente feliz e congratulatório? Porque você pode estar definindo trabalho como meio de obter dinheiro e sair da pobreza em vez de também como meio de servir a outros e expressar sua vocação."[9]

A ênfase em "inteiramente" também é indicativo, um exemplo do absolutismo moral que colore o enquadramento eclesiástico da questão e convida, como argumentamos anteriormente, um tom crítico. A linguagem absolutista, característica comum de abordagens utópicas, captura idealismo mas é menos adaptada à acomodação de realização parcial desses ideais. O progresso aditivo é ameaçador quando se supõe que represente uma desvalorização do ideal. É assim que os Cínicos acaloradamente descartam os sentimentos autênticos de comunalidade das pessoas de negócios em face às falhas dos negócios.[10]

Nosso uso de termos tirados da experiência humana para aproximar o significado que é Deus limita nossa capacidade de expressar o supremo. Assim, cada símbolo e interpretação religiosa de Deus também é capaz de ser corrompido por sua associação a um contexto humano. Como comentou Tillich, todo mito é inevitavelmente tanto transmitido quanto "atacado, criticado e transcendido em cada uma das grandes religiões da humanidade."[11] Tillich estava abordando a inevitabilidade da mudança, mas seus comentários também podem ser considerados como aviso contra supor que nossas expressões absolutistas deveriam estar acima de qualquer acomodação da reavaliação contaminadora da mistura do bem e do mal inerente à maioria das atividades humanas.

Pessoas de negócios foram igualmente acaloradas e pouco generosas em sua avaliação da linguagem subtrativa dos que dizem não. Disse um executivo episcopal: "Há sempre essa suposição de que os negócios têm que doer. Você não é verdadeiramente aceitável para a igreja a não ser que possa se mostrar fazendo sacrifícios e sofrendo. A coisa se torna bastante pervertida. Parece que ninguém nota isso." Um executivo católico de uma empresa de serviços financeiros nos disse: "Se ajudo alguém a se erguer e ambos tiramos prazer disso, creio que a igreja pensa que na verdade não fiz qualquer contribuição. Sequer reconhecerá que posso ser uma boa pessoa porque realizei lucro em algum lugar. Isso é errado. Todos estarão melhores nessa situação do que se doasse todo meu dinheiro e me unisse à multidão de sofredores."

William James poderia atribuir esses padrões aos respectivos perfis psicológicos otimistas e pessimistas que viu em algumas pessoas de negócios e em alguns clérigos. Embora generalidades sejam perigosas, há claramente um tom róseo em um dos vocabulários profissionais e um tom sóbrio no outro. Indo mais além com a explicação psicológica, sugeriríamos, a partir de nossas entrevistas, que o desconforto psicológico realmente forma essas preferências lingüísticas.

Falando de maneira geral, pessoas de negócios sentem-se pouco à vontade com uma linguagem que sugira fraqueza. Se a igreja enfatiza sofrimento, pobreza e medidas subtrativas, poderá detonar esse desconforto. Se ouvir a mensagem religiosa apenas suscita estratégias para o desempowerment de uma atividade de negócios, a pessoa de negócio perde o interesse. Eclesiásticos, por outro lado, estão pouco à vontade com uma aliança demasiadamente íntima com a força mundana. Linguagem que enfatize a criação de riqueza, o sucesso e soluções parciais parece estar perigosamente próxima ao abandono de sua posição "com" os pobres e à perda de sensibilidade espiritual.

Linguagem e Pluralismo

Um desconforto mais óbvio vem com a introdução de linguagem adotada – fala religiosa direta – nos negócios. Os negócios atuais são compostos de pluralismo e diversidade em um grau nunca antes encontrado. Linguagem religiosa é um campo minado social, representando uma ameaça específica a valores de inclusividade e tolerância. É ingênuo simplesmente dizer "Seja aberto e tolerante". Linguagem religiosa possui um forte poder para estabelecer distinções; é esse seu objetivo. Sua diferença é que é mais fácil interromper a experiência e a cultura comuns do que se acomodar ao mundano. O uso de linguagem religiosa funciona como uma chamada para adoração, formal ou informal, ou uma chamada para a associação.

Se a linguagem religiosa encerra uma mensagem adotada (como um compromisso com Jesus ou obediência à autoridade de uma religião específica), as pessoas de negócios ficam nervosas e afirmam que sua religião não tem qualquer relevância pública. Como John F. Kennedy, líderes seculares se dão enorme trabalho para inverter a suposição de que a religião os torna vulneráveis à intolerância, ao sectarismo, ao favoritismo ou à deferência à instituição da igreja relativamente a decisões seculares.

Na verdade, é muito difícil separar o motivo verdadeiro da linguagem religiosa. Quando um colega de trabalho exclama "o Senhor deve estar conosco hoje!", não é apenas um reconhecimento pessoal de agradecimento ou de consciência religiosa; é um ato social de convite para o mesmo sistema de crença. Mesmo uma declaração particular ("É nisso que acredito, só quero que você saiba") requer negociação pesada entre pessoas que respeitosamente discordam quanto a seus termos para o superior.

Presas entre um problema de etiqueta e um problema de autenticidade pessoal, muitas pessoas de negócios simplesmente se calam. Em particular, juram jamais combinar religião e negócios, ou voltam-se para a espiritualidade pessoal como maneira de colocar limites sociais em sua própria crença escolhida. Vários estudos realizados no Canadá e nos Estados Unidos têm sugerido que áreas com maior pluralismo religioso têm um índice mais baixo de associação a igrejas e afiliação religiosa.[12] Essas correlações não são definitivas, mas sugerem aquilo que observamos: que quanto mais um indivíduo se identifica com associação ao ambiente pluralista da corporação, mais provável será que prefira restrições à expressão religiosa no local de trabalho.

À medida que a espiritualidade e a religião ganham impulso, surgem novos problemas de etiqueta religiosa e ética no local de trabalho. Em sua coluna no *New York Times* intitulada "The Right Thing" (A Coisa Certa), Jeff Seglin relatou um caso jurídico no qual um trabalhador budista que utilizava epítetos que invocavam Deus fora admoestado por seu gerente, que mandou que se portasse de acordo com os Dez Mandamentos. A batalha religiosa resultante foi dispendiosa, divisiva e desagradável.

Crentes moderados, vendo tal conflito, rapidamente decidem que a privatização e o disfarce são sábios. Tal reação se mostrou mais freqüente entre entrevistados de igrejas tradicionais no corredor Nordeste, onde o pluralismo é especialmente evidente. Em contraste, vários evangélicos do corredor Sudeste eram inflexíveis em suas afirmações de serem capazes de criar expressão religiosa fortemente aberta em suas corporações sem ofender as pessoas. Supondo que todos não estavam sendo apenas insensíveis, a grande diferença entre as duas experiências era o grau de pluralismo em torno do cenário.

Quando tanto leigos quanto clero buscam fazer algo em conjunto em relação a negócios, precisam ser altamente sensíveis a quão facilmente o adotado se infiltra em sua linguagem e a seus efeitos sobre uma população mais ampla.

À medida que empresas baseadas no Sul e no Meio-Oeste se deparam com um cenário mais pluralista através de expansão nacional e globalização, certamente se depararão com a mesma resistência e divisionismo com relação a suas expressões religiosas no trabalho.[13] Esse aviso é especialmente relevante à linguagem evangélica, com sua forte ênfase em testemunho. Surge uma linguagem de exclusão à medida que a empresa tenta aplicar palavras a seu próprio sentido de camaradagem. Pergunta um programa que tem tido sucesso em objetivar os mais conhecidos CEOs: "Exatamente o que é corrupção? Por que é errado? Há evidências de corrupção crescente em nossos círculos?" Como a igreja aplica sua linguagem de ter sido escolhido, de ser correto, tais termos excludentes se tornam carregados de significado opressivo. A retratação com viés de gênero do poder, como o uso brincalhão de "irmão" para indicar camaradagem com colegas que compartilham visões religiosas no andar executivo dominado por homens, apenas acrescem ao tom excludente. A personalização da religião em espiritualidade e outras tais estratégias para lidar com o problema respondem à necessidade de se manter negócios e religião (como instituições) separados, mas deixa de conferir o poder que pode ser exercido pela nomeação: o poder de ordenar impulsos caóticos e atribuir significados ponderados de valor. A nomeação religiosamente baseada é parte importante da plenitude espiritual. Os problemas da nomeação são inevitáveis no movimento da nova espiritualidade e negócios.

Nova Linguagem Religiosa

Como podemos superar essas lacunas de linguagem e audição? Pessoas de negócios precisam de uma nova linguagem para trazer a dimensão religiosa para os negócios e também precisam de uma nova articulação religiosa à qual podem responder quando saem do cenário corporativo para atividades cívicas e de igreja. Três estratégias atualmente dominam esse esforço: a proteção de limites, fronteiras abertas e invenção. Detectamos uma quarta estratégia, uma nova linguagem para o futuro, que denominamos estratégia evolucionista.

A Estratégia de Proteção de Limites

A proteção de limites erige cercas em torno do uso e da prática de linguagem religiosa em um cenário de empresa através do estabelecimento de um santuário mental ou físico. Alguns fazem isso separando algum tempo para atividades monásticas no final do expediente. Outros o alcançam na igreja. Linguagem hierática e arcaica, com seu poder de evocar mistério, é bastante possível sob essas condições, como evidenciado pela popularidade de leituras do Torá na hora do almoço ou transmissões via Web partindo de mosteiros. Ritos do vernáculo em cenários hieráticos (a escolha das liturgias episcopais e católicas atualizadas) ainda estão nessa categoria. O cruzamento, no entanto, ainda é um problema. Como colocou uma pessoa, a esperança aqui é a de que alguma coisa seja absorvida pelo consciente da pessoa de negócios no trabalho, mas não há como expressar seu efeito.

Outra forma de proteção de limites é a estratégia de sorrelfa lingüística. O conteúdo religioso é disfarçado em forma secular, assim fazendo desaparecerem os limites entre o secular e o sagrado. Assim, alguns programas "traduzem" sabedoria bíblica para uma apresentação de negócios contemporânea e disfarçam a fonte de seu conteúdo. Disse um editor bem-sucedido de livros de religião sobre sua lista de livros de negócios populares: "Podem estar lendo Isaías e considerando-o como bom senso, mas omitimos as referências."

O humor é outro dispositivo lingüístico protetor comum. A linguagem religiosa pode ser usada de forma humorística – como quando evangélicos adotam uma gíria jocosa e chamam uns aos outros de irmão e irmã – assim sinalizando que os que estão conversando não estão sendo seriamente religiosos. Os que estão de fora podem considerar o humor como ruim. Alguns o consideram diretamente ameaçador. Não compreendendo a intenção de camaradagem, podem se sentir presos pela etiqueta para serem considerados parte desse grupo.

Esta é uma estratégia complicada em termos de compreensão comum. O humor é um cruzamento, dependente de um contexto fixo, que é então quebrado para dar margem à piada. A inadequação o torna engraçado, como uma senhora correta em uma farsa, que arrota à mesa. Para que funcione, a piada tem que preservar os limites que irá quebrar. Uma pessoa de negócios descreve uma boa jogada de mercado como "praticamente uma experiência religiosa". Um pastor se pronuncia bem consciente da "verdadeira linha de resultados". Quando Warren Buffett falou a estudantes na Harvard Business School, preparou seu discurso com muitos cruzamentos do passado, inclusive a Bíblia: "Esopo ofereceu o melhor aconselhamento de investimentos de todos os tempos: um pássaro na mão vale mais do que dois voando. Mas foi um pouco descuidado. Deveria ter dito que um pássaro na mão vale mais do que dois voando ao longo de quinze anos a juros de 3%. Temos um paralelo na Wall Street com dezessete anos magros seguidos de dezessete anos gordos."[14]

Como todas as estratégias que contêm um alto nível de ambigüidade, esta é difícil de medir em termos de sucesso. De quem são os limites sendo preservados? Qual o valor do cruzamento? Harvey Cox sugeriu que o cruzamento penetrante de metáforas religiosas na vida econômica tem, se é que tem alguma coisa, transformado o mercado em Deus. Poder-se-ia argumentar também que tal secularização de linguagem religiosa na verdade reforça a separação dos domínios ao roubar a plataforma para sentimento religioso autêntico quando expresso em um contexto de negócios.

A Estratégia de Fronteiras Abertas

Para evitar problemas de exclusão, outros grupos adotam uma estratégia lingüística de fronteiras abertas. Enfatizam idéias religiosas distintas mas convidam a todos para a conversa, em uma orgia sincretista de múltiplas tradições religiosas e paradigmas científicos holísticos, centrados em lidar com a vida moderna.

A publicação *Spirituality and Health* de Trinity Wall Street é um tal exemplo. Um único exemplar pode destacar a guru dos negócios Meg Wheatley, o Dalai Lama, um monge episcopal e um doutor em medicina holística, cada um falando de um ponto de vista religioso específico. Tal abordagem alcança a tendência personalizada contemporânea que está impulsionando o movimento da nova espiritualidade.

Se essas apresentações pluralistas podem capturar as funções institucionalizadoras da comunidade religiosa ou não permanece obscuro, assim como permanece o grau de engajamento do clero cristão tradicional nessa abordagem. Nisso, a nova espiritualidade de fronteiras abertas se depara com a mesma dinâmica de distanciamento dos eclesiásticos, assim como das pessoas de negócios.

A Estratégia de Invenção

A invenção é outra estratégia lingüística comum. O cruzamento para a vida contemporânea convida símbolos contemporâneos. Eis um exemplo de *Jesus CEO*: "A sociedade está repleta de especialistas em viradas. Médicos revertem o progresso de uma doença. Artistas tomam telas em branco e as transformam em pinturas que nos deixam boquiabertos. Empreendedores tomam uma área de armazéns abandonados e livrarias pornô e a transformam em uma movimentada área revitalizada e cheia de vida no centro da cidade. Uma mulher escreve um livro sobre a escravidão no Sul e *Uncle Tom´s Cabin* alimenta uma guerra que muda os Estados Unidos para sempre. Na verdade, se Jesus é nosso mentor e Senhor, isso deveria ser nossa especialidade. Ele mudou as coisas."[15]

Tais cruzamentos funcionam com vocabulário e sintaxe. Colocam um vernáculo bíblico atualizado em um contexto de negócios. Andam sobre uma linha tênue, no entanto, já que podem evocar associações que dão significado religioso a papéis de liderança, mas cooptam significado religioso se aplicados de forma demasiadamente rigorosa. O trecho acima citado é sensível a esse problema: não pretende que o leitor retrate Jesus como Carl Ikahn. Para evitar tal grau de cruzamento, cuida de enfatizar o potencial criativo dos negócios para mudança, assim como a arte ou poder reformador de Harriet Beecher Stowe.

O modelo ecumênico sugere outro tipo de invenção. Há tentativas de criar uma linguagem de religião universal que mescla as preocupações comuns de muitas tradições religiosas em uma nova linguagem híbrida. Do ponto de vista lingüístico, tais esforços são ingênuos. Um esperanto religioso é tão viável quanto as débeis tentativas do próprio esperanto – hoje já com várias décadas – sobre a cultura. Assim também, as palavras inventadas da espiritualidade secular capturam um espírito de universalização, mas a maioria é de tal forma generalizada que constitui sinais lingüísticos fracos. *Poder interior*, por exemplo, é um conceito de tal forma amplo que depende de muita contextualização de definição antes que seus aspectos espirituais possam se tornar claros. Como esses textos não são oferecidos como catecismo, poucas pessoas têm uma linguagem para compartilhar seus usos. Isso aumenta a dinâmica de autodescobrimento em grupos de discussão, mas é altamente vulnerável à mutação. Em momentos de necessidade espiritual, não há qualquer poder para evocar consciência religiosa compartilhada com o uso de termos religiosos conhecidos.

Os efeitos infelizes da atual separação e dos atuais cruzamentos podem ser vistos na óbvia desconexão de enquadramento do racismo, um problema de profunda preocupação mútua. A igreja aborda raça através da lente da pobreza e da injustiça macroeconômica, ao mesmo tempo negligenciando na prática seu próprio reforço organizacional da segregação. Os negócios abordam raça através de dados demográficos na forma de práticas de contratação e de marketing, ao mesmo tempo negligenciando os efeitos da diferença de renda sobre a estrutura social da pobreza. Cada um constrói uma linguagem que reflete essas abordagens; a primeira, repleta de chamadas polêmicas para observação da injustiça; a segunda, repleta de indicadores concretos e otimistas de progresso. O problema necessita de ambas as visões, criticadas em conjunto e refletindo o poder efetivo dos que fazem as críticas para agir com base em suas convicções.

Nesse veio, Mark Chaves sugeriu que a igreja deve propor distinções claras em sua própria mente, entre os níveis nos quais problemas comunitários são discutidos, quer no nível da congregação, quer no nível de instituições maiores como órgãos de serviços sociais e políticas governamentais.[16] Nossas entrevistas confirmaram essa posição. Verificamos que o clero está totalmente despreparado em seu treinamento para lidar, em um cenário de congregação, com os compromissos formalmente propostos por autoridades acadêmicas e denominacionais com respeito a ideais econômicos.

Fica claro que deve haver movimentação dentro dessas linguagens separadas em vez de um colapso total dos domínios distintos. Como observou Martin Marty, ser religioso não significa que cada minuto do dia seja gasto em contemplação religiosa ou espiritual. As mesmas linguagens não podem ser usadas para representar as diferentes atividades e os diferentes estados de mente sem que se perca a força original do vocabulário. Cruzamentos simplistas ou termos da moda fabricados correm o risco de ser falsos ou artificiais em vez de oferecerem expressão religiosa autêntica.

A Estratégia Evolucionária

É útil identificar uma quarta estratégia lingüística para os termos nos quais igreja e negócios avaliam os negócios à luz das preocupações religiosas. É necessária uma linguagem comum para tal crítica, mas não pode ser inventada no atacado, fabricada com base em princípios gerais e termos vagos. Deve evoluir. Daí a estratégia evolucionista. A linguagem evolui através da interação social. A expressão de papel da religião na vida moderna dos negócios somente se desenvolverá a partir de contínua interação das comunidades religiosa e de negócios que se engajam nas mesmas questões.

Uma estratégia evolucionista reconhece essa necessidade de interação e cuida para construir condições de diálogo que evitam os becos sem saída previsíveis. Por exemplo, abordagens aditivas ou subtrativas implacáveis são substituídas pela consideração das implicações-chave de ambas as abordagens através do diálogo. Isso somente pode acontecer se a linguagem polêmica, absolutista ou excessivamente turbinada for mantida a um mínimo. Também é importante reconhecer como diferenças profundas de visão de mundo podem fazer com que ouvintes pensem que entendem uns aos outros, quando isso não é verdade. Como vimos, a relação de um evento concreto e simples de uma pessoa de negócios representa uma riqueza de valores. Muitas pessoas, no entanto, não têm treinamento algum em como articular esses processos morais e espirituais, e assim lançam mão de platitudes ou de uma retratação altamente instrumental de espiritualidade como aditivo de melhor hipótese ao desempenho nos negócios.[17]

Um vocabulário mais responsivo deve preencher vários quesitos. Deve representar as perspectivas-chave de ambas as profissões e oferecer sintaxe crítica e experiencial para a expressão religiosa no trabalho. Para que ambas as vozes sejam ouvidas, devem ser representadas com exatidão, o que sugere diálogo e meditação. Andy Smith, diretor de justiça econômica para o National Ministries of the American Baptist Churches USA (Ministérios Nacionais das Igrejas Batistas Norte-Americanas dos EUA), chegou a uma conclusão similar após muitos anos como membro do conselho da Interfaith Center for Corporate Responsibility – ICCR (Centro Interdenominacional para Responsabilidade Corporativa). Ele argumenta que muitos dos problemas econômicos que exigem resposta de cristãos se prestam mais a estratégias "dialógicas" em vez de polêmicas.[18]

Em seu estudo-resumo dos vinte e cinco anos de história da ICCR, ele discute o temor de corrupção da instituição. A ICCR se defronta com uma verdadeira charada: ao investir e buscar lucro, a ICCR apóia as mesmas instituições cujas políticas busca mudar. Como coloca os recursos financeiros da igreja em risco, deve procurar obter um bom retorno. Algumas igrejas liberais com fortes interesses de ação social e algumas com visões conservadoras do envolvimento social das igrejas têm criticado a ICCR por esses motivos, achando que a participação nas suposições econômicas aceitas da sociedade é vista como inerentemente contaminada. Mas, argumenta Smith, essa é uma tensão dada da missão da ICCR, não motivo para abandonar suas atividades.[19] Há muitas tais situações, nas quais tanto negócios quanto igreja compartilham experiência e lutam com seu senso de apreensão e oportunidade religiosas. Grupos como a ICCR podem derrotar esse debate, silenciando-o em linguagem de um ataque dos que dizem não ao capitalismo, ou elaborar novas oportunidades para criar um novo diálogo igreja/negócios sobre suas preocupações comuns com as incertezas ligadas a desempenhar uma visão profética em uma grande organização de negócios.

O diálogo é uma dimensão, mas o cruzamento conceitual também deve ocorrer como resultado de tal diálogo. Um bom exemplo é encontrado no livro de James Childs, *Ethics in Business*,[20] e foi desenvolvido a partir de extensivos seminários e trabalho leigo. Childs sugere que o conceito luterano de "ordens de criação" deve ser dividido em duas partes: ordens de vocação, nas quais as pessoas desempenham seu chamado ao serviço nos arranjos mundanos da sociedade; e ordens de expectativa, nas quais a luta em direção ao bem comum através da atividade de negócios pode ser vista como expectativa do futuro prometido por Deus e uma mensagem de esperança. Essa idéia encerra tanto o idealismo crítico da visão eclesiástica quanto o otimismo pragmático da visão dos negócios e dá a ambos um vocabulário de ordenação. É um exemplo de como um vocabulário de mediação para preocupações religiosas com o aspecto econômico pode substituir as palavras-gatilho que silenciam o diálogo. Contexto concreto é outro elemento essencial na estratégia evolucionista e um de seus melhores pontos de partida. O concreto e o experiencial mediam o divisionismo inerente a opiniões generalizadas ao refocalizar as atenções em assuntos específicos e observação conjunta. Bons estudos de caso para tais finalidades, no entanto, são difíceis de ser encontrados; precisamos de muito mais desenvolvimento nessa área, advindo de especialistas que podem ouvir atentamente ambos os lados e reunir os fatos. Muitos casos são demasiadamente simplistas e auto-relatados para servir como substitutos.

O tempo para sondar e um espaço seguro para questionamento, em oposição à deferência obediente quer ao pastor, quer ao executivo-chefe, também são essenciais. Aqui, as novas técnicas de gerência relativas à tomada de decisões participativas e construção de equipes seriam bastante úteis.

Há muito silenciamento a ser superado. Dinheiro e religião são os tópicos proibidos do discurso social norte-americano; para piorar as coisas, igreja e negócios desenvolveram linguagens espantosamente diferentes para considerar esses dois domínios e como poderiam se relacionar. Ambas as linguagens são apenas parcialmente equipadas para a tarefa. O contentamento das pessoas de negócios com a falta de um vocabulário crítico ordenado para avaliar os negócios é um andaime escorregadio sobre o qual pode-se construir compromisso sustentado com liderança moral. O idealismo e a negatividade eclesiásticos deixam de reconhecer a necessidade de crítica construtiva. A falta de linguagem comum significa falta de comunidade sustentadora para a conclusão dessas tarefas.

As dificuldades das duas linguagens não serão superadas automaticamente, mas estando conscientes dos caminhos distanciadores pelos quais essas linguagens tendem a levá-los, leigos da igreja e dos negócios podem se preparar para resistir a tais forças.

Reflexão

- Reveja as observações sobre o uso de abstração utópica, linguagens aditivas e subtrativas e palavras-gatilho como *pobreza*. Será que esses padrões podem detonar algumas de suas próprias avaliações do significado e os deveres religiosos do trabalho?
- Como suas reações a negócios e igreja são coloridas pela linguagem usada por cada um?
- Quando você acha que outros usam essa linguagem para avaliar sua abordagem a problemas de negócios?
- O que você gosta e desgosta nessas conclusões?

Ação

- Escolha um artigo de uma publicação religiosa popular e um de uma publicação popular de negócios, preferivelmente sobre um tópico relacionado.
- Observe o que ressona e o que não ressona com você em cada um e verifique as linguagens.
- Compartilhe suas reações com outros em um grupo de estudos.

Parte III

Trabalhando em Conjunto

Um Novo Modelo de Integração

8

Os Novos Termos de Engajamento Religioso

Como Igreja e Negócios Podem Trabalhar em Conjunto

Uma comunidade religiosa é onde praticamos nossa religião "esposada". No local de trabalho, vivemos nossa "consciência sagrada".

– Pastor protestante.

Como já deve estar abundantemente claro, muitas pessoas de negócios e clero estão presos em uma armadilha circular. Pessoas de negócios procuram espiritualidade mas sentem-se pouco à vontade com a religião como recurso espiritual para o trabalho. Profissionais religiosos buscam transformação econômica mas são arredios em relação a qualquer coisa que possa endossar o mercado ou desviar atenção dos pobres e desvalidos. Resultado: a maior parte das contemplações da cristandade e negócios dispara um processo de entropia espiritual. Os com fortes crenças religiosas não conseguem trazê-las para o trabalho. São deixados com um sentimento de que estão vivendo uma esquizofrenia religiosa.

Algumas pessoas de negócios que buscam trazer o cristianismo para seu trabalho efetivamente dão boas-vindas ao *input* do clero, mas não conseguem encontrá-lo. Alguns grupos leigos, no entanto, já começaram a penetrar o novo território da integração negócios/igreja. Dois exemplos são a Trinity Church (Igreja da Trindade) de Manhattan e um dedicado grupo de profissionais do cinema em Los Angeles.

Conversas na Trinity Church

A paróquia da Trinity Church na cidade de Nova York fica no cruzamento de duas ruas mundialmente famosas: Broadway e Wall Street. Membros da comunidade financeira não podem andar pela mais famosa rua de negócios do mundo sem ver as paredes de arenito rosado e o alto campanário gótico da igreja;[1] em resposta, a igreja oferece orações matutinas e vespertinas todos os dias úteis e eucaristia todos os dias ao meio-dia. A igreja também patrocina vários programas para a comunidade dos negócios, incluindo grupos de meditação e de oração. Um programa, uma série de "conversas", objetivava engajar cinco líderes de negócios em ajudar a sociedade e repensar antigos problemas de formas novas.

A conversa exclusivamente para convidados de Wall Street que se iniciou em janeiro de 1997 foi originalmente projetada como quatro reuniões mensais de três horas cada. Os participantes, aos quais foram designadas leituras de fundo, incluíam uma dúzia de líderes financeiros e meia dúzia de pessoas da Trinity Church cuidadosamente escolhidos. Durante as primeiras duas sessões, participantes explicaram as principais forças que haviam formado seus valores, descreveram o quão bem seus valores pessoais se encaixavam com a sociedade de hoje e deram exemplos concretos de onde precisavam tomar uma importante decisão em face dos valores conflitantes.

O grupo, então, passou a discutir questões tais como ser verdadeiramente eficazes em forças de trabalho diversificadas, como lidar com os valores e práticas de negócios que são encontradas globalmente e como a era da Internet está transformando os negócios. Os participantes descobriram que estas questões os desafiavam a ir além das formas analíticas e técnicas do conhecimento, mas de modo geral não consideravam essa discussão lá muito energizadora. Ao longo do que se transformou em uma série de seis meses, o entusiasmo esmoreceu e vários membros abandonaram a discussão. Como em muitas outras discussões leigas de fé e economia, esse grupo achou que a inquirição não havia sido contextualizada de forma adequada para que pudessem ir embora sabendo como utilizar a perspectiva religiosa de forma concreta em seus papéis de negócios.[2] Na melhor das hipóteses, a preocupação compartilhada do grupo reforçou os participantes em sua opinião de que era legítimo que líderes de negócios cristãos levassem a sério os incertos resultados morais do capitalismo.

O esforço encontrou vida nova quando o mega-investidor George Soros juntou-se a ele para discutir sua matéria de capa no *Atlantic Monthly*, "The Threat of Capitalism" (A Ameaça do Capitalismo). Ironicamente, o argumento de Soros de que a religião nada tinha a oferecer a esse debate deu vida nova ao compromisso do grupo. Para surpresa dos organizadores, os participantes restantes escolheram renovar seu compromisso por mais cinco meses para examinar o futuro do capitalismo como tópico.

Soros modelou a tarefa do grupo ao demonstrar uma forma inteiramente nova de ver os livres mercados. O futuro dos livres mercados é inteiramente imprevisível, explicou, porque um processo sensível de comunicação de ida e volta entre o investidor individual e a atividade econômica coletiva muda tanto o ator humano quanto o mercado. Soros denominou essa complicada interdependência entre sabedor e sabido – entre ações humanas e respostas de mercado – de "reflexividade". Se os livres mercados são imprevisíveis, nós humanos somos "falíveis" ao não sermos capazes de saber nosso futuro econômico. O pensamento econômico por si só não resolverá as terríveis iniqüidades e o sofrimento físico existentes no mundo.

O controvertido ponto de vista de Soros solapa a teoria clássica do determinismo econômico que tem sido o sustentáculo do pensamento capitalista há muito tempo. O grupo da Trinity verificou que o desafio concreto, expresso em paradigmas econômicos familiares, não só os levou a criticar os problemas sistêmicos do capitalismo com maior rigor, como também os motivou ao escrutínio de possíveis implicações morais e teológicas. Membros estabeleceram um novo nível de diálogo à medida que começavam a abrir e compartilhar seus valores espirituais e éticos de forma mais vulnerável e concreta.[3]

Talvez a mais importante lição a ser aprendida a partir da experiência da Trinity na forma pela qual está se desdobrando hoje seja que por mais forte que seja o interesse geral, é difícil aplicar a espiritualidade aos negócios contemporâneos, tanto economica quanto teologicamente. A maçaneta da porta do *insight* religiosamente baseado sobre as atuais questões morais do capitalismo foi a compreensão de que ferramentas analíticas e técnicas tradicionais têm limitações que não podem ser ignoradas. Deixam de fora importantes fatores humanos que influenciam a atividade de mercado além de fatores de desigualdade que são observados por secularistas e por pessoas espiritualmente impulsionadas, desde Soros até Robert Fogel (autor de *The Fourth Great Awakening*). Se os livres mercados são mais radicalmente imprevisíveis do que até então se supunha, líderes de boa consciência podem estar menos no controle dos efeitos humanos do que gostariam de supor.

Com o auxílio do cientista social Daniel Yankelovich, o grupo da Trinity ainda está desenvolvendo modelos que unem as críticas seculares universalizadas ao capitalismo aos conceitos teológicos da falibilidade humana e o grau de conexão de toda a criação. Mas surgem perguntas mais difíceis: Como os líderes da igreja podem aplicar essas lições à tomada de decisões no dia-a-dia? Como líderes da igreja podem incorporar essas lições a uma visão cristã de um Deus pessoalmente envolvido, relacional e amoroso? A tarefa ainda é a de construir uma ponte entre as perspectivas de negócios e de teologia para que assistência espiritual e ética significativa possam ser oferecidas a pessoas no local de trabalho.

O aspecto mais esperançoso dos esforços da Trinity Church é sua insistência em diálogo e debate minuciosos entre pares com poder para influenciar significativamente o sistema financeiro. Não obstante a herança de bifurcação do conhecimento humano em sujeito *versus* objeto, coração *versus* mente e compreensão qualitativa *versus* análise quantitativa, estão desenvolvendo um novo processo para pensamento, relacionamento e comunicação. Testes empíricos das novas formas de saber certamente seguirão. A linguagem e a aplicação de tal processo ainda estão em evolução. É encorajador observar que o *input* coletivo de líderes de negócios e teólogos parece estar evitando obstáculos típicos ao progresso substantivo. Experiências como a da

Trinity Church buscam estabelecer um novo modelo rabínico para formar decisões econômicas no mundo global do século XXI.

O Festival de Cinema da Cidade dos Anjos

A história do De Pree Leadership Center (DLC) e o Festival de Cinema da Cidade dos Anjos sugerem que ao buscar novos formatos para integração, é importante considerar alianças estratégicas e a possibilidade de que uma organização de terceira parte possa ser necessária para criar uma ponte entre os domínios da fé e o profissional. Embora não estivesse tecnicamente sob os auspícios do DLC, o festival de cinema anual foi inicialmente patrocinado pelo Seminário Fuller e teve, desde seu início, a participação contínua do antigo diretor executivo do DLC, Robert Banks.

Como já vimos vez após vez, uma das razões-chave para o relacionamento distanciado entre igreja e negócios é a tendência moderna, como expressou um entrevistado, de "colocarmos nossos papéis em escaninhos separados". A separação recebe reforço institucional, especialmente das instituições da igreja e dos negócios. Uma resposta inovadora a esse problema é a criação de uma organização inteiramente nova que não contenha qualquer contaminação institucional das esferas separadas.

Até recentemente, quando retornou à sua Austrália nativa por motivos pessoais, Banks, um psicólogo e teólogo, detinha a cadeira do Departamento Laical no Seminário Teológico Fuller, o maior seminário multidenominacional do mundo. A meta desse departamento é oferecer forte treinamento teológico e preparação para estudantes que vêem sua missão como profissão leiga. Ouvinte suave e sensível, Banks possui uma capacidade espantosa de organizar pessoas advindas de uma variedade de cenários para fazer fruir um novo projeto. Banks comentou isto com uma observação simples: "Minha paixão é relacionar a teologia à vida." Em 1996, ele ajudou a fundar o DLC para dar oportunidade a profissionais de alto nível nos negócios de no mundo acadêmico refletirem sobre espiritualidade, formação espiritual e papel profissional e para desenvolverem programas que cultivem o caráter do líder e encorajem a integração da fé com a vida pública. O

De Pree Leadership Center continua a desenvolver novos programas sobre negócios e princípios de liderança baseados em fé sob direção de Walt Wright, que foi presidente do Regent College em Vancouver por vinte e dois anos.

Alguns anos antes da fundação do DLC em 1997, Rob Banks foi abordado por um grupo informal de profissionais da indústria cinematográfica. Estavam se reunindo para explorar o papel da fé religiosa em suas próprias vidas de trabalho e buscavam alguém com treinamento teológico para ser uma pessoa-recurso para o grupo. Em suas palavras, queriam seu próprio C. S. Lewis ou Dorothy Sayers, alguém com quem podiam conversar e que inspirasse fé, entendesse os conceitos subjacentes e respondesse a questões leigas. Tinham verificado outros clérigos incapazes de estabelecer uma conexão com suas preocupações. Banks disse que tentaria.

Começaram a se reunir uma vez por mês, aos sábados. Após cerca de um ano de discussões cada vez mais aprofundadas sobre seus valores e seu trabalho, o grupo achou ter chegado a hora de criar mais contato com a comunidade maior. Perguntaram a si mesmos: *O que podemos fazer para mudar as coisas?* Com *mudar*, queriam dizer abordar tanto indivíduos quanto a comunidade de Los Angeles. Haviam formado o grupo em função de uma profunda consciência do cinismo, da exploração e da desilusão pessoal que os cercavam na indústria cinematográfica. De acordo com membros do grupo, não havia qualquer exemplo melhor da separação de fé e trabalho do que a cultura de Hollywood. Como observou Cecilia Gonzalez, chefe da Family Theater Productions: "A coisa freqüentemente se resume à comunidade da fé (idealista e artística) *versus* a comunidade de negócios (orientada para índices de audiência)."

Uma tensão incômoda sobre religião no interior da indústria aumentava a dificuldade. Historicamente, muitos na indústria – desde Louis B. Mayer até Steven Spielberg – têm sido judeus. De acordo com o roteirista e professor da UCLA, Ron Austin, isso significava que estavam acostumados a serem marginalizados pessoalmente ou como grupo. Assim, qualquer vida espiritual na indústria era obrigada a abordar um profundo senso de alienação sentido por seus próprios profissionais na sociedade maior. O mesmo era verdade para os imigrantes católicos. À medida que ambos avançavam na indústria, tendiam a refletir o antigo relacionamento amor-ódio entre imigrantes católicos e judeus norte-americanos existente desde a Depressão. Frank Capra (que dirigiu *It's a Wonderful Life*) foi um exemplo da reaproximação que um bom filme podia obter.

O mesmo, no entanto, não era verdade de discussões iniciadas pela igreja. Na experiência desses produtores, o clero é descrente em relação à indústria do cinema. Não surpreendentemente, tendia a jogar a culpa por todas as "coisas ruins" na cultura sobre essa indústria ou deixava de apreciar a mensagem de um meio de tal forma popular. A animosidade chegou bem próxima de casa. Disse Austin: "Desde os anos 60, Hollywood tem-se oposto à autoridade e a religião é autoridade por excelência." De forma similar, profissionais da mídia empedernidos eram descrentes quanto a considerações religiosas poderem inspirar qualquer tipo de sucesso na indústria. No entanto, na década de 90, tudo isso estava mudando: a espiritualidade (embora não a religião organizada) começou a ser vista como interesse legítimo. Novas produções destacando anjos ou sentimentos religiosos começaram a se infundir na cultura de Hollywood.

Após um ano de reflexões privadas com Banks, o grupo decidiu que era hora de fazer algo além de apoiar seu interesse pessoal em religião e trabalho. Inicialmente, Banks sugeriu uma conferência para abordar essas questões. Mas o grupo respondeu: "Não, isso é o que *você* faz. Nós fazemos filmes." Ele teve a sensibilidade de ouvir e até obteve recursos financeiros da Fuller para subscrever o primeiro festival de cinema. Juntos, criaram um novo grupo, o City of Angels Film Festival.* Realizaram seu primeiro evento em 1994 e escolheram um tema de preocupação comum: a própria cidade. Intitularam o evento "Los Angeles in the Movies: Dreams/Conflicts/Lifestyles" (Los Angeles no Cinema: Sonhos/Conflitos/Estilos de Vida). Durante quatro dias filmes foram exibidos em uma das melhores telas da cidade, a da Directors Guild of America (Associação dos Diretores da América). As idéias subjacentes não foram disfarçadas, como indica esta nota no programa:

---

* N.T.: Uma referência ao nome original da cidade, durante a colonização espanhola: *Pueblo de Los Angeles*, ou Cidade dos Anjos. O nome foi, posteriormente, adaptado para a língua inglesa, *City of Los Angeles*, mantendo, no entanto, a referência a anjos em espanhol.

O Festival de Cinema da Cidade dos Anjos é uma celebração da arte e da religião. O festival é, ao mesmo tempo, um evento e uma conversa. Surgiu de um diálogo entre alguns da comunidade teológica que são dedicados à mídia consciente e cineastas que acreditam que perspectivas espirituais são parceiras indispensáveis do processo cinematográfico. O festival é intencionalmente direcionado à mostra de filmes de qualidade que suscitam questões religiosas vitais.

Banks havia postulado que se empatassem em termos de despesa/receita seria um grande sucesso; isso exigiria cerca de setenta e cinco assistentes. Mais do que dobraram o número no primeiro evento e no terceiro ano se mudaram para uma sala de exibição maior (e mais dispendiosa). Um sucesso, o festival agora alcançou o século XXI.

Todos concordaram que algo especial estava acontecendo. O que começara como um evento para a platéia tornou-se um recurso encorajando os fornecedores de filmes a integrarem espiritualidade e humanismo a seu trabalho. Uma exibição de *It's a Wonderful Life* de Capra não só ofereceu provas vivas da possibilidade de se criar um filme religiosamente focado, como ocasionou uma discussão emocionante de esperança, milagres e ética na Cidade dos Anjos. A observação de Austin de que o conflito entre arte e negócios freqüentemente aparece na tela estava sendo transformada. Os filmes destacavam o profundo conflito humano, mas o festival estava criando uma nova atenção para importantes idéias religiosas – reconciliação, redenção – e um reconhecimento público da relação entre o espiritual e a indústria. O comitê esperava que o festival ajudasse as pessoas a verem que a religião pode ser boa parceira da indústria do cinema em vez de antagonista (um antídoto deliberado para a posição da Direita religiosa). Disse Gonzalez: "Isto está redefinindo, para a comunidade criativa, que religião não é um palavrão. Não é a última coisa que você quer ao seu lado na indústria cinematográfica. Em vez disso, é sobre encontrar o significado da vida."

Vários profissionais do cinema nos relataram que fez uma grande diferença saber que não estavam sós em sua preocupação com conteúdo em uma indústria célebre por sua indiferença a limites morais. Criando sua própria subcultura, o festival de cinema e o grupo privado de discussão constituem um farol para excelência no trabalho e na contribuição para a comunidade. Corolários empolgantes, como o recém-criado prêmio para jovens cineastas hispânicos, sugerem que uma abordagem evolutiva à ação nos negócios baseada em crenças religiosas pode realizar mais do que uma plataforma de ação social entregue de cima para baixo.

Desmantelando o Monólito

Como mostram esses exemplos, é possível passar de uma má concepção, ou de concepção nenhuma, de possibilidade religiosa na vida econômica para a reconcepção da dimensão religiosa cristã do trabalho moderno – e, dessa vez, o fizemos. Apesar das centenas de novas popularizações da tradição cristã – desde romances *best sellers* sobre as forças do bem e do mal até CDs de canto gregoriano no topo da parada de sucessos –, ainda há uma necessidade básica de programas religiosos capazes de oferecer a possibilidade de integração das ricas tradições da igreja cristã com as complexas oportunidades para se viver essa fé no local de trabalho moderno. Há muitos desses programas por aí, desde os encontros mensais de negócios da Woodstock Business Conference (atualmente realizados em mais de dezesseis cidades e plenamente apoiados por extensos materiais de programa da conferência) até o engenhoso Center for Faith Walk Leadership de Ken Blanchard. Blanchard criou essa organização sem fins lucrativos com um grupo essencial de líderes de negócios para ajudar a atrair pessoas de fé e construir uma rede de líderes de fé. Oferece uma série de seminários sobre esse tópico, realizados em conjunto com os compromissos altamente divulgados de palestras de Blanchard, com o patrocínio de CEOs locais.

Um dos novos esforços mais empolgantes e ambiciosos está ocorrendo em Fair Park, em South Dallas. C. McDonald (Don) Williams, presidente do conselho de administração da Tramell Crow, uma das maiores empresas comerciais diversificadas de serviços imobiliários do país, está dividindo seu tempo igualmente entre seus deveres de negócios e a Foundation for Community Empowerment, que trabalha em vários projetos com líderes e organizações de bairros carentes. Don começou este trabalho com base em um simples chamado de sua fé para que se envolvesse na tragédia humana dos bairros pobres de grandes cidades – não apenas por motivos religiosos pessoais, mas para o bem-estar geral da sociedade. Ele enfatiza que a meta não é ser um provedor de serviços, e sim um catalisador para a mudança gerada internamente.

Don aprendeu rapidamente que o sucesso dependeria de um forte relacionamento de parceria com os verdadeiros líderes da comunidade. Como observou, o ouvir mútuo seria essencial. Quaisquer noções preconcebidas que tinha quanto a soluções foram rapidamente mudadas à luz do contexto específico de Fair Park. Como voz informada e de confiança da comunidade, líderes de igrejas de bairro têm desempenhado um forte papel aqui. Ao mesmo tempo, Don e outras pessoas de negócios têm somado seus talentos, incluindo a capacidade de ajudar a mediar financiamento e aquisição de terrenos para desenvolvimento.

Resta ver se as igrejas podem oferecer o mesmo tipo de mediação moral e disposição para entrar em parceria com líderes de negócios nas chamadas comunidades abastadas nas quais muitas pessoas de negócios vivem. Argumentaríamos que a mesma quebra e oportunidade para mudança baseada em religião existe lá. Na analogia de South Dallas, no entanto, progresso requer diálogo transprofissional e transclasse e a disposição de compartilhar autoridade e desenvolver uma nova perspectiva econômica de forma evolucionária e catalisadora.

Para que tal evolução ocorra, necessitamos de uma nova maneira de abordar conceitos cristãos, um campo mediano entre a apologética conservadora em prol do capitalismo e a rejeição ascética liberal da economia de livre mercado. Essa nova maneira, no entanto, não pode ser criada simplesmente através da moderação da intensidade do anticapitalismo da igreja liberal e da apologética da direita evangélica. O extremo sincretismo das religiões do mundo também não atenderá todas as necessidades da vida religiosa da mesma forma que o Esperanto não tem sido capaz de criar uma língua viva. Como vimos em nossas entrevistas, a atual compreensão do papel da religião nos negócios está carregada de temores justificados de intrusão ou favoritismo e exclusividade inadequados, ou uma discussão tépida e improdutiva com pessoas que "não compreendem". *Temos que reconceber a linguagem e a compreensão da própria religião cristã em termos de seu escopo e seu papel na vida econômica de hoje.*

Denominamos essa reformulação "os novos termos de engajamento religioso" porque requer um substancial rearranjo de modelos conceituais, juntamente com um processo relacional radicalmente novo entre profissionais dos negócios e da igreja à medida que abordam questões de fé e de trabalho. É importante que profissionais da igreja e congregantes se engajem em aprofundar a conexão religiosa em termos tanto das regras pelas quais pessoas de negócios guiam suas ações quanto, especialmente, seu estado de consciência espiritual. É importante estabelecer um modelo mental que crie uma condição de feedback contínuo e criativo para indivíduos à medida que navegam por uma vida plenamente significativa que abrace profundidade religiosa e produtividade econômica.

O primeiro passo é afrouxar a rigidez categórica do termo *religião* da forma pela qual é comumente compreendido. Como vimos, um dos bloqueios mentais-chave entre pessoas de negócios parece ser uma paranóia permanente com relação a esse termo, expressa em afirmações tais como "Sou espiritual, mas não religioso" ou "Sou muito religioso, mas não se pode trazer religião para o local de trabalho". Muitas pessoas constroem explicações de seu comportamento no trabalho que excluem sua religião inteiramente, mesmo quando suas ações são plenamente compatíveis com sua religião. Isso é uma estratégia absurda e espiritualmente limitadora. Não é plausível afirmar, como altos executivos freqüentemente fazem, que uma religião que afeta profundamente seu desenvolvimento nada tem a ver com os conflitos mais importantes de suas carreiras.[4]

Para irmos adiante, é importante reconceber o cristianismo como religião que adota muitas formas de expressão, nem todas igualmente apropriadas para os negócios e nem todas implicando lealdade sectária. Muitos dos programas atuais de espiritualidade secular têm restringido, mesmo trivializado, a espiritualidade para que digam respeito quase que exclusivamente a sentimentos e desempenho no trabalho. A religião pode e deve ser a âncora importante para que se possa viver uma vida plena em todos os contextos: trabalho, família, solitude, doença e comunidade. Ao mesmo tempo, reservas quanto à justaposição de negócios e a visão de mundo das atividades da igreja são bem fundamentadas.

A própria história do cristianismo mostra a sua luta para esclarecer a tensão constante entre as necessidades deste mundo e a santidade do outro, causada pelo fato de sermos humanos com uma alma imortal. Às vezes, o cenário de negócios pode ser uma das maiores provas que uma pessoa pode enfrentar. Disse um CEO: "Minha tarefa é lidar constantemente com perguntas que não têm resposta." Em outros momentos, o cenário de negócios tem menos significado religioso. A hora mais sombria de uma alma não é espiritualmente equivalente a um mau dia no escritório ou um jantar da igreja ou um lapso momentâneo de criatividade. Não se pode esperar que as tarefas mundanas de concluir um trabalho evoquem o mistério de uma liturgia ou uma passagem de vida importante. O mesmo é verdade para uma comunidade religiosa. A associação a uma comunidade de fé não é o mesmo tipo de relacionamento que a associação a uma equipe de marketing. Esperar o mesmo resultado espiritual de ambos ou banalizará a fé ou celebrizará experiências no local de trabalho.

Níveis de Engajamento Religioso

Se virmos a religião como um monólito, perdemos essas importantes distinções. A religião se torna escrava do mundano, ou um lugar para onde nos retirarmos dele. Sugerimos o desmantelamento do monólito da religião através do reconhecimento de que ele tem três níveis de engajamento distintos: o esposado, o catalítico e o fundamental (ver Figura 8.1). Compreendendo e reconhecendo esses três níveis, podemos encontrar uma saída da dominância eclesiástica dos negócios sem abandonarmos totalmente a crença religiosa na vida diária. Ao percebermos esses níveis distintos, a religião retoma sua complexidade e começa a encerrar mais relevância e significado do que "espiritualidade Light". Paradoxalmente, torna-se imediatamente mais compatível com espaços públicos.

Religião Esposada

Religião esposada refere-se às formas publicamente proclamadas de religião, principalmente as institucionalizadas. Incluídos estão formas de lealdade sectárias, credo denominacional e o proselitismo. Religião esposada não é simplesmente um "discurso" religioso (oposto à ação); é a intenção de fazer uma declaração cujo propósito é o de unir declarante e recebedor na mesma causa ou compreensão. O nível esposado de religião é mais próximo à raiz latina *religio*, unir, atar.

Nível um: Religião esposada

Nível dois: Religião catalítica

↕

Nível três: Religião fundamental

Figura 8.1. Os Novos Termos do Engajamento Religioso

A religião esposada é uma expressão religiosa que busca realizar uma promessa ou eliciar lealdade. Em muitos casos, essa lealdade toma a forma de associação a uma instituição religiosa ou deferência às afirmações derivadas de dogma, como quando os cristãos observam os principais feriados do calendário litúrgico, judeus se unem em torno de uma chamada denominacional para apoiar causas antidifamação ou budistas norte-americanos apóiam a agenda política do Dalai Lama para a libertação do Tibet. Uma instituição dá força à afirmação religiosa ao garantir uma comunidade comprometida com apoiar as metas da religião e com ajudar a sustentar seu poder ao longo do tempo. Às vezes, o ato esposado é personalizado, como quando alguém oferece testemunho de sua crença. O que a torna esposada é a conexão fortemente declarada ou implícita dessa afirmação a uma cultura religiosa maior, como ao cristianismo evangélico ou ao catolicismo romano. De forma simples, "esposada" é qualquer afirmação ou ato religioso que encerra e apóia um rótulo de associação e apoio a um credo religioso institucionalizado, mesmo que o rótulo não corresponda inteiramente às crenças efetivas de um indivíduo.

Assim, esposado não é o mesmo que crença, que descreve uma visão de mundo. Por exemplo, católicos norte-americanos que divergem da igreja sobre questões específicas freqüentemente tentam se separar das formas esposadas da igreja, mas não de suas crenças fundamentais (nível três). Credos públicos podem ser exemplos de religião esposada até onde sua proclamação serve o propósito de reforçar compromisso com a comunidade religiosa ou as afirmações específicas do sistema de crença. Este é o nível de expressão religiosa menos provável de atrair muitas pessoas de negócios no contexto de suas vidas econômicas. Dado o amplamente difundido compromisso com a manutenção de condições nas quais todos os funcionários estão livres para adorar como bem entenderem, a agenda obrigatória da religião esposada não pode ser tolerada em conexão com a vida no local de trabalho. O crente individual pode também estar ansioso para se divorciar da história social encerrada em um rótulo esposado. A dinâmica de atividades esposada não deve ser subestimada, como vimos nas elaboradas estratégias desenvolvidas por pessoas de negócios para lidar com o problema (relatadas no Capítulo 2). Uma ação que seria considerada louvável do ponto de vista ético secular torna-se inaceitável na cultura do local de trabalho se for expressa em afirmações de lealdade institucional a uma determinada comunidade religiosa.[5]

Os perigos da religião esposada na vida de negócios são muitos e freqüentemente subestimados. A mera deferência a uma pessoa com autoridade religiosa pode ser vista como implicação de lealdade à igreja, como quando um CEO fecha o escritório para homenagear a visita do Papa a uma cidade, ou convida palestrantes religiosos de uma só denominação para falar à equipe gerencial. Proselitismo pode ser um exercício de fé religiosa (em que algumas crenças exigem testemunho), mas a tentativa por trás do proselitismo é de unir outros a uma afirmação de verdade religiosa. Esta é uma agenda considerada inaceitável por ter sido imposta sobre a liberdade de expressão de outra pessoa. Testemunho por alguém com poder sobre o recebedor pode muito facilmente sugerir abuso de poder ou uma sensação de armadilha. O silêncio educado por parte do ouvinte pode ser confundido com concordância, o que torna o problema mais agudo: freqüentemente não há meio de saber quando a expressão esposada atravessa a linha de aceitabilidade na cultura corporativa.

O nível de religião esposada não é facilmente definido por um conjunto de condições essenciais. Dependendo de se o recebedor da mensagem religiosa percebe um convite ou uma pressão para fazer o juramento de compromisso, a definição de esposado é produto de cultura e política. Por exemplo, grupos de proselitismo fervoroso têm afirmado propriedade de Jesus de tal forma forte, que a letra *J* é hoje amplamente percebida como inaceitavelmente sectária e conflitante. Isso torna qualquer representação da mensagem de Jesus vulnerável à percepção de uma agenda esposada e, portanto, território perigoso do ponto de vista da pessoa de negócios. (Observamos esse efeito mesmo em reação ao nosso uso da palavra *cristão* no subtítulo deste livro: "Isto é uma tentativa de proselitismo?") Escritores religiosos que popularizaram modelos de comportamento baseados na vida de Jesus são freqüentemente surpreendidos com a falta de vontade de não-evangélicos de até mesmo ler seus livros, desavisados quanto ao forte viés contra formas esposadas entre a população de negócios em geral.

De forma ideal, a insistência norte-americana em tolerância e pluralismo teria desenvolvido uma etiqueta para sinalizar que uma pessoa tolera uma religião esposada sem sentir lealdade a ela. Na realidade, no entanto, é difícil alcançar tal equilíbrio. O şilêncio tolerante em face ao proselitismo pode ser mal interpretado como significando concordância com, e até mesmo cumplicidade parcial com, as afirmações religiosas do proselitizador. Quando determinada política econômica é ditada por um grupo denominacional, não há meio para a corporação separar totalmente sua consideração da política da aparência de lealdade à igreja institucional que proferiu a afirmação.

Essa confusão é ainda mais intensificada pelo fato de que afirmações religiosas esposadas possam ser indicação de que uma pessoa concorda com muitas outras afirmações de dogma ou política eclesiásticos. Pessoas que podem estar seletiva e ecleticamente formulando suas crenças – um grande segmento na população norte-americana – não têm qualquer meio de sinalizar uma distinção entre o que consideram aceitável ou não nas crenças de uma religião institucional. Como comunicar que embora se apóie determinado boicote por parte de uma igreja, discorda-se da posição adotada pela mesma igreja sobre direitos de reprodução? Ou que se pode ver mérito em meditação budista e acreditar na salvação cristã? Isso é mais esclarecimento do que a maioria dos cenários de negócios facilita, e as chances de ser mal interpretado são altas. Por que seguir esse caminho?

Mesmo o patrocínio de ocasiões ecumênicas, ao deixar de incluir todas as religiões possíveis e reunindo pessoas de pensamento igual para avançar uma agenda política associada a denominações específicas, coloca uma empresa na desagradável posição de parecer estar escolhendo e endossando uma lealdade religiosa acima de outra. Convidar Jesse Jackson, por exemplo, para falar sobre o racismo pode ser mal interpretado como pressão para o alinhamento pessoal com o cristianismo protestante liberal. Corporações caminham por essa corda bamba constantemente em áreas como contribuições para a caridade; freqüentemente se dão um enorme trabalho para extinguir o poder de união de sua relação com uma entidade religiosa quando tais contribuições são feitas.

Por esses motivos, e porque muitas atividades religiosas institucionais efetivamente têm a aquisição de poder como uma de suas agendas, qualquer forma de contato ou mutualidade com religião esposada pode parecer inadequada para o cenário profissional da pessoa de negócios. O nível esposado de engajamento geralmente suscita o medo real de gerar conflito, favoritismo ou intolerância sectários.

As exceções provam a regra geral. Práticas esposadas comumente aceitas na cultura corporativa são claramente embaladas em um contexto protetor que sinaliza lealdade pessoal e passiva em vez de um convite a se unir ao juramento. A maioria dessas formas do esposado ocorre em um contexto radicalmente personalizado, como exibir um item pessoal de paramento religioso (um crucifixo em um cordão ou um *yarmulke* ou solidéu). Outra forma privatizada de religião esposada nos negócios é o capelão industrial ou programas de assistência ao funcionário baseados em fé. As sessões são totalmente confidenciais; ocorrem sob a condição explícita de que a corporação não patrocina qualquer afirmação ou invocação públicas de afiliação religiosa específica. De acordo com o código nacional de capelães industriais, o proselitismo é proibido. De forma semelhante, empresas que disponibilizam espaço para uma prática religiosa durante o dia geralmente envidam grandes esforços para que seja ecumênica e para que o uso do espaço seja opcional.

Outro esposório público tolerado é a reunião ecumênica generalizada, como o café da manhã de orações anual da Casa Branca, ou representação religiosa nos funerais de uma figura pública. Nesses casos, as pessoas reconhecem que a autoridade religiosa foi ela mesma transformada em figura pública, ou que a figura pública tinha uma crença religiosa particular que deve ser servida neste contexto público específico. Está entendido que a criação ou o reforço de uma ligação duradoura a uma instituição religiosa específica entre todos os participantes do evento público não é o propósito primário.

Se o nível de esposamento deve ser evitado de modo geral nos negócios, então o papel do profissional religioso – o esposamento vivo da religião institucionalizada – é difícil em relação à integração da economia e da religião. Muitos clérigos que entrevistamos estavam acostumados a adotar uma estratégia de engajamento com o mundo que se iniciava com a forte sinalização de seu papel esposado e seguiam a partir dali. Uma tal estratégia somente funciona em um cenário relacionado a negócios se a pessoa não tiver qualquer possibilidade de exercer poder abusivo sobre os funcionários da empresa e possa ser vista como incorporando uma maneira de fazer as coisas que faça sentido para os negócios. Para a maioria do clero, essas condições não estavam presentes. Essas dificuldades e a facilidade com a qual são exageradas por pessoas de negócios e diminuídas pelo clero sugerem que deva ser traçada uma linha forte e ininterrupta entre o nível um e o cenário de negócios (ver Figura 8.1).

Religião Catalítica

O nível catalítico de engajamento religioso refere-se à religião personalizada e experiencial que seja transformadora de nossa consciência ou de nossas ações. Essa forma de religião não exige uma promessa ou juramento de lealdade institucional de outros. As muitas formas profundamente privatizadas e atraentes de espiritualidade catalítica de hoje parecem ter pouco em comum com religião da forma pela qual muitos a conhecem desde a infância, que é essencialmente a do nível esposado.

Chamamos esse nível de *catalítico* porque esse fator religioso causa uma mudança direta no indivíduo que sustenta e confere *empowerment* à ação ou consciência religiosamente consistentes. O catalítico estimula o processo de conhecer e experimentar Deus (ou o equivalente não-deístico) pessoalmente, de conectar o ser essencial de cada um como definido em termos religiosos e de ser pessoalmente melhorado por essa experiência ou esse conhecimento.

O nível catalítico refere-se tanto a acessar consciência religiosa quanto a iniciar ações específicas como resultado dessa consciência. A experiência religiosa catalítica assume muitas formas: manutenção de perspectiva, um senso de calma e confiança, uma centelha de criatividade, uma sensação de estar acordado e plenamente operacional. A religião catalítica liga a vida interior à ação em termos de poder emocional, intelectual e físico. Quando, por exemplo, um indivíduo acredita que sua fé religiosa considera sagradas e singulares todas as pessoas, a recuperação dessa crença como recurso ativo para compreender problemas de negócios é um ato religioso catalítico.

Sob esse prisma, a espiritualidade é aquele pedacinho extra de energização que faz toda a diferença na criatividade, no equipamento emocional, na ética e no senso de realização. A espiritualidade nessas circunstâncias é essencialmente uma força intensificadora; intensifica a consciência pessoal e o senso de conexão com poderes cósmicos como definidos de formas especificamente religiosas ou espirituais. Transforma as quatro necessidades sentidas em avenidas para devoção, paz espiritual, equilíbrio e ética, direcionados para os problemas e oportunidades apresentados nos negócios.

A espiritualidade, como apresentada na maioria dos chamados programas da nova espiritualidade, certamente recai nessa categoria. Corporações tendem a patrocinar esses programas devido a suas (às vezes exageradas) afirmações de intensificação de poder e porque têm efetivamente oferecido uma válvula de escape para a crença religiosa no local de trabalho que é claramente desligada do esposado. Um programa orientado para o budismo pode-se valer de meditação orientada ou de cantos e tambores sem exigir qualquer contribuição para a causa política do Dalai Lama. Um programa terapêutico pode incluir exercícios de ouvir empáticos ou sessões de grupos T que suscitam a capacidade de "amarmos uns aos outros". Um retiro na floresta, a aventura extrema, o retiro solitário ou mesmo o simples ato de acender uma vela para defumar um ambiente podem todos ser vistos como atos espirituais que evocam essa capacidade de conexão com o ser interior e com as forças maiores, sagradas, de criação e do amor.

Quando o sócio da Morgan Stanley Buzz McCoy separou um tempo para um tal retiro sabático, sua experiência no Himalaia o levou a escrever um dos mais influentes trabalhos sobre ética nos negócios jamais publicados pela *Harvard Business Review*. "The Parable of the Sadhu" ("A Parábola dos Sadhu")[6] de McCoy tem sido amplamente lido e discutido por grupos diversificados de pessoas de negócios e estudantes. Assim, também, o elemento de crescimento mais rápido do cristianismo dos Estados Unidos, o evangelismo em suas muitas formas, dá forte ênfase ao catalítico. As palavras da oração personalizada ("Senhor, pedimos *apenas* ...") evocam uma consciência personalizada de relação com o divino. Não fosse essa forma de expressão religiosa tão fortemente ligada ao proselitismo, sem dúvida competiria mais fortemente com os programas populares de espiritualidade secular em termos de capturar o interesse dos negócios. Em vez disso, o ponto de mudança se transforma em ponto de tropeço para muitas pessoas de negócios à medida que uma agenda para alistar pessoas para Jesus aparece logo abaixo da superfície.

Exercícios religiosos catalíticos atraem o interesse atual em uma religião autodescoberta em vez de em treinamento institucional de fontes esposadas. No fundo, são radicalmente personalizadas, evitando assim as armadilhas da expressão religiosa esposada no local de trabalho. Muitas das definições de espiritualidade na mais recente pesquisa do Gallup identificam os elementos catalíticos da experiência religiosa. Quando perguntados o que a palavra *espiritualidade* significava para eles, pesquisados responderam:

• Buscar crescer para mais perto de Deus.

• Senso de admiração e mistério no universo.

• Paz interior ou estado mental.

• Procurar ser uma boa pessoa ou levar uma vida boa.

- Buscar o eu interior, o ser dentro do corpo ou a essência de ser pessoal e evoluir para um espírito inteiro ou experimentar o lado espiritual da ordem natural.
- Alcançar o potencial humano e afirmar um senso de valor pessoal.

O último na lista em termos de freqüência foi "ir à igreja e ser uma boa pessoa". A espiritualidade não diz respeito, portanto, à religião esposada na mente da maioria das pessoas, mesmo entre os entrevistados do Gallup, que tendiam a ter orientação cristã.[7]

Sob essas condições, visões de mundo alternativas entre pessoas de fés diferentes ou de nenhuma fé podem ser compartilhadas sem sanitizar religião em humanismo secular. A maioria das religiões do mundo tem uma herança rica de elementos catalíticos, desde a oração até o tratamento disciplinado de necessidades corporais. Mas desde 1950, as principais igrejas têm-se afastado dessas formas de expressão religiosa em favor da ação social e ligação denominacional que ajudaram a formar bairros, raça e *status*. Congregantes relataram ter perdido seu senso de descoberta pessoal e a sensação de admiração e espanto e de mistério em suas vidas religiosas baseadas na igreja. Em reação, são atraídos a outras formas de cristianismo, talvez fazendo sua devoção através de seus laptops juntamente com outros se conectando a uma meditação *on-line* de um mosteiro, ou se associando a uma megaigreja cuja ênfase em relacionamento pessoal com Jesus e hábitos mudados capturam a mesma necessidade por experiência individual do religioso. A atual ênfase no nível catalítico da religião é ao mesmo tempo empolgante e atraente, mas o catalítico sempre corre o perigo de degenerar para uma mera técnica ou auto-referência.

A religião, entretanto, corre mais fundo do que a técnica. Oferece uma visão de mundo que vai além da capacidade de qualquer indivíduo para responder às perguntas realmente angustiantes da alma: Por que estamos aqui? A que propósito maior nossas vidas devem servir? Qual é a força que transcende o fato biológico? Qual a natureza de uma vida boa? Qual o significado da morte ou do infortúnio? O que me conecta a outros? Os programas da nova espiritualidade refletem essas perspectivas maiores sem exigir aceitação de seu dogma no atacado. As pessoas estão livres para escolher e selecionar as partes de que gostam. Compartilham esses livros ou partes desses livros com amigos, não para formar comunidade religiosa por si, mas para sinalizar amizade e apoio. De foco holístico, sublinhando a interdependência das formas de vida e descrevendo relacionamentos sistêmicos, os programas da nova espiritualidade sugerem um modelo para a arquitetura social da corporação que "faz sentido". Confirmam crenças cristãs clássicas em uma humanidade comum, o mandamento de amar a Deus e de amar seu próximo como a si mesmo.

Religião Fundamental

Quando interesses religiosos vão além da técnica para desenvolver um acesso ao sagrado (o catalítico) para uma definição primária do sagrado, adentramos o nível fundamental da religião, o nível no qual ocorrem afirmações generalizadas (em oposição a personalizadas) de sabedoria religiosa. Essas podem ser uma explicação de cosmologia ou de preceitos éticos, um mito comprimindo as experiências compartilhadas de sermos humanos, ou um mandamento refletindo uma forma divinamente ordenada de viver.

É no nível fundamental que os indivíduos encontram palavras para a força sagrada que procuram acessar em exercícios catalíticos: Deus, o Verbo, Tao, espírito, alma, céu, ordem cósmica. Aqui, também, estão as narrativas estreitas que oferecem representações atemporais de atividades com inspiração sagrada. A história fundamental judeu-cristã de Abraão e Isaac é um exemplo do relacionamento entre o líder devoto e Deus que exige sacrifício e amor maiores. A atenção a essas narrativas permite uma forma mais profunda de conhecer o sagrado, oferece sustento necessário para o catalítico (que é em grande parte conhecimento experiencial internalizado), e dá pistas ao indivíduo para replicar, nos negócios, os padrões fundamentais de ordem que sustentam a vida. Uma narrativa cosmológica fundamental na literatura da nova espiritualidade pode-se valer de fractais para ilustrar o potencial ordenador invisível até mesmo das forças estruturais mais aleatórias e aparentemente atomizadas. Se um fractal simples reiterado milhões de vezes pode criar uma linda imagem de uma criatura alada ou a forma de uma folha em uma árvore, que forças similares podem ser geradas em uma arquitetura social organizacional?

Por se valer de "textos de sabedoria", a forma fundamental de expressão religiosa pode parecer sinônima ao nível esposado, que freqüentemente inclui esses textos para reforçar a ligação de comunidade a suas práticas. A diferença, no entanto, está em como o fundamental é apresentado e percebido. O engajamento religioso fundamental não necessariamente requer ligação com a comunidade de fé que afirma ter herdado os ensinamentos. Ele separa o texto da lealdade a um guardião autoproclamado específico dos textos. Esse tipo de engajamento implica propriedade mais universal da mensagem religiosa do que faria uma referência esposada à Bíblia. Uma grande variedade de seitas, no entanto, faz toda referência à figura do Antigo Testamento, Abraão. O texto bíblico pode ser fundamental ou esposado, dependendo do processo pelo qual é apresentado e do relacionamento entre o apresentador e o recebedor.

Em nossa opinião, a conexão entre as formas de fé cristãs e a ação nos negócios será mais provavelmente fortalecida através de atenção intensificada ao estabelecimento de novos elos entre os níveis fundamental e catalítico do cristianismo (representados pela seta de mão dupla na Figura 8.1). Para que tal ocorra, o crente deve criar um novo formato e um novo relacionamento entre autoridades da igreja e pessoas de negócios para evitar o surgimento de formas esposadas dentro do contexto corporativo. Muitas tentativas de estabelecer esses elos já estão em evidência, embora a maioria ainda esteja nos estágios iniciais.

Um exemplo-chave na comunidade judaica é sua leitura do Torá na hora do almoço, aberta a pessoas de qualquer fé mas com especial significado religioso para os judeus. Outro exemplo é a conversão ecumênica de linguagem religiosa em princípios generalizados para orientação dos negócios. Essas afirmações de convicção tendem a buscar um denominador religioso comum entre as religiões do mundo, ao mesmo tempo evitando as mensagens doutrinais que exigem ligação específica a um grupo religioso institucional.

A Declaração Universal dos Direitos Humanos, os Princípios de Caux para Conduta Internacional de Negócios, a Declaração de Paz do Aga Khan ou o Parlamento Mundial das Religiões de Hans Kung também recaem nessa categoria, mas saltam para o esposado no ponto em que exigem lealdade às instituições que apoiaram a elaboração das declarações. O *Seven Habits of Highly Effective People* (Sete Hábitos de Pessoas Altamente Eficazes) de Covey recairiam na categoria catalítica com forte ligação à fundamental.

O fator "opcional" que distingue o fundamental do esposado pode ser um ingrediente ardiloso. Conteúdo religioso sem crença é sanitizado na grande literatura e perde sua apresentação como verdade revelada. Isso por sua vez enfraquece a conexão com as práticas catalíticas e experienciais que ajudam a transformar sabedoria em inspiração levando à ação considerada. É aqui que há necessidade de mais trabalho dentro das igrejas e especialmente em grupos leigos que enfatizam o personalizado e buscam dar orientação sem muita conexão com conceitos religiosos mais profundos. A transformação dos princípios fundamentais em simples axiomas é uma das formas de ligação ao catalítico (que, ironicamente, tende a assumir forma tanto personalizada quanto universalizada). A análise de John Templeton das "leis da vida" recai solidamente nessa categoria.[8] Ele observa, por exemplo, o uso disseminado da Regra de Ouro entre pessoas de todas as fés. A invocação desse axioma em um contexto de fé carrega uma poderosa força nominativa, mas devido a seu uso universal, desafia o esposamento de uma agenda institucional. Por esse motivo, é facilmente adotado e vocalizado com autoridade no local de trabalho sem pedido de desculpas. Muitos entrevistados que afirmaram que a religião não tem lugar no trabalho invocavam a Regra de Ouro como seu padrão orientador. Como tal, estavam se protegendo de uma incursão no engajamento religioso esposado mas também estavam divorciando publicamente sua própria consciência de sua identidade religiosa.

Para evitar esse tipo de esquizofrenia religiosa, temos que desenvolver meios de abordar e criticar os negócios através de lentes religiosas catalíticas e fundamentais despidas de intenção esposada. Alguns dos textos fundamentais mais populares em programas de negócios são uma ressurreição de escritos e rituais arcaicos ou não-ocidentais. Quanto mais antigos e não-ocidentais, menos prováveis serão de se associarem a grupos modernos de religião esposada. Por esse motivo, ensinamentos budistas podem ser secularizados pelo Dalai Lama apesar das formas pesadamente politizadas e institucionais do budismo, enquanto uma recitação da parábola do Bom Samaritano carregaria implicações de esposamento muito mais pesadas em um cenário norte-americano.

Como profissionais religiosos, por definição, carregam associações de esposamento, sua participação na formação desses elos pode requerer um papel menos autoritário. Podem, por exemplo, ser mais eficazes ao simplesmente prover apoio espiritual e recursos intelectuais para leigos que liderariam uma discussão de religião e negócios. (A Woodstock Business Conference tem adotado essa abordagem ao insistir que um líder de negócio seja o anfitrião do evento e que um padre participe como recurso. O elemento esposado das reuniões é preservado na associação com a própria Woodstock e quando um clérigo lidera as orações e as leituras da Bíblia.) Gurus de negócios freqüentemente ajudam a fazer a ligação fundamental. Os formatos de parábola de Ken Blanchard em seus livros sobre valores e negócios são um tal exemplo e em várias ocasiões ele tem formado parcerias com líderes religiosos, tais como Norman Vincent Peale e Bill Hybels para criar um diálogo negócios-igreja nesses livros. O romance de Tolstoi, *A Morte de Ivan Ilyich* e outras obras de poesia e não-ficção que lidam com crises espirituais e existenciais são extremamente populares em *workshops* de executivos sobre espiritualidade e negócios. Ao selecionar esses textos relativamente contemporâneos e oferecer autoridade interpretativa, tais programas ajudam as pessoas a aprender conceitos fundamentais e ligá-los a uma forma catalítica de espiritualidade pessoal.

Metáforas de uma busca por uma "alma corporativa" têm ajudado a mover o fundamental para o catalítico em um contexto de negócios específico. Veja, por exemplo, um exercício catalítico popular sobre construção de equipes e criatividade no qual participantes se posicionam em duas fileiras paralelas e são instruídos a darem as mãos. A maioria dos grupos começa dando as mãos às pessoas de cada lado. Quando levantam os braços, é preciso pouco esforço para derrubar o "telhado". Mas se esticarem os braços e formarem "arcos" quádruplos, uma pessoa adulta pode facilmente se pendurar em suas "vigas". Assim, o trabalhador moderno descobre os arcos em cantiléver da catedral medieval. Dali, é um salto curto de analogia para a construção de equipes e solução de problemas através de um apelo não apenas para o padrão estrutural do arco mas para a espiritualidade que entra em sua construção.

A técnica do exercício e a ressonância espiritual dos participantes podem ser ainda mais intensificadas fazendo-se referência aos princípios de expressão religiosa que subjazem o projeto de catedrais. Quando uma pessoa de negócios leiga invoca esses princípios, participantes não temem serem convidados a participar do catolicismo romano. Fosse o mesmo exercício conduzido em um grupo religioso misto de executivos por um padre, no entanto, a resistência à aprendizagem aumentaria agudamente em proporção ao aumento em implicação de uma agenda esposada.

Para assegurar que uma tal agenda não seja implícita, a maioria dos programas de espiritualidade patrocinados por empresas evita particularidades religiosas fundamentais ocidentais em favor do desenvolvimento de "pequenas tradições" de sua própria elaboração. Novas cosmologias são especialmente populares, valendo-se da nova ciência da teoria do caos e conexões mente-corpo para criar um gabarito para a determinação da maneira correta de resolver problemas e viver a vida. O amplamente disseminado interesse nesses programas apresenta um forte argumento para a geração de tais novos formatos e linguagens para o engajamento religioso cristão nos problemas e no contexto das vidas de trabalho de pessoas de negócios.

O desafio, é claro, é uma fundamentação religiosa tradicional manter sua mensagem essencial enquanto é estudada em busca de relevância nos negócios. Uma nova adaptação de texto a contexto é essencial. Por exemplo, idéias fundamentais de justiça na comunidade religiosa cristã se baseiam em um modelo agrícola que simplesmente não resiste sem ajustes complexos para a intensa diversidade de afirmações sociais na vida econômica moderna.

Considerando os Três Níveis

Consideração dos três níveis e de seus cenários apropriados pode ajudar em todos os aspectos da busca negócios-e-religião. Até onde a mensagem religiosa contemporânea é ligada às formas esposadas de dogma, requer isolamento de cenários onde haja grande diversidade e forte separação institucional de igreja e estado (ou igreja e negócios). Até onde idéias fundamentais são desenvolvidas sem consideração de sua capacidade de se ligarem ao catalítico, encerram pouco *insight* religioso para o que deve ser feito no domínio dos negócios (o círculo sombreado). Muitas discussões acadêmicas de pluralismo e cristianismo parecem sofrer desse problema, construindo uma teoria cuja única força catalítica aparenta ser a geração de mais teoria, sem efeito prático.

Todos os três níveis são essenciais. O poder da participação em tradição que tem sido repetida ao longo dos séculos de forma tal que pareça ser imediatamente relevante e compartilhada não pode ser replicada em uma busca totalmente personalizada e privatizada baseada no eu interior. Em vez de evitar a particularidade, a busca religiosa deve procurá-la por sua capacidade de aprofundar a espiritualidade. Ao mesmo tempo, a particularidade deve ser apresentada em um processo capaz de transcender as afirmações específicas de um grupo esposado. Caso contrário, o buscador perde a força espiritual que advém da liberdade de escolha,[9] e a própria mensagem corre o perigo de se transformar em uma construção humana altamente maleável utilizada para propósitos políticos puramente humanos.

Novas vozes estão ajudando no processo de fundir a fé cristã com a responsabilidade nos negócios. Por exemplo, as mulheres estão desempenhando um forte papel na redefinição do aspecto catalítico e experiencial das práticas tradicionais no cristianismo, com o resultado de estarem redefinindo idéias essenciais do poder das mulheres. Os efeitos práticos de tal redefinição sobre as práticas de homens e mulheres no local de trabalho podem ser profundos se perseguidos de forma tal que a compreensão em vez do triunfalismo evolua. No passado, muitos dos preceitos religiosos fundamentais e esposados propuseram conceitos de *desempowerment* da espiritualidade e da autoridade feminina. Após terem-nos abandonado no atacado por algum tempo, as mulheres estão agora reconstruindo sua compreensão dos textos fundamentais ao reconceberem especificamente sua conexão ao catalítico. Rituais de limpeza, por exemplo, que outrora significavam poluição, estão agora sendo reinterpretados como indicação de forças rítmicas sagradas.

Tais rituais não são para todo mundo. Eles inevitavelmente transbordam para a arena esposada porque são específicos o suficiente para representar uma escolha, um juramento, uma ligação. Esse é o preço do poder religioso. É ingênuo pensar que prática e contato com o fundamental podem ser apoiados por muito tempo sem transbordamento esposado. Um ritual de comunhão pode ser sanitizado em um compartilhamento ecumênico de uma refeição, assim dramatizando um mandamento religioso para amarmos uns aos outros, mas também perde o significado religioso referente à Última Ceia.

O desafio, então, é encontrar o cenário correto para cada nível de engajamento religioso e fortalecer todos os três tipos. O estabelecimento de alguma distinção entre o nível um e o cenário de negócios e a formação de elos mais fortes entre os níveis dois e três podem aumentar a capacidade de discernimento de uma perspectiva religiosa e a espiritualidade pessoal na vida diária nos negócios. É preciso reconhecer que todos os três níveis de religião são importantes, mas que estamos em um estado constante de busca mútua pela forma e estrutura contextual exatas que devem assumir.

Condições para Reconexão

O que podemos fazer para reconectar o movimento atual de espiritualidade e negócios a raízes religiosas? Em primeiro lugar, como indivíduos, pessoas de negócios podem começar a ancorar suas próprias ações em um papel religiosamente definido para si mesmas que não leve necessariamente ações esposadas para o local de trabalho, mas que podem encontrar uma rica confirmação textual na literatura fundamental do cristianismo. Três desses seriam:

1. *Chamamento pessoal:* a idéia de que criar bens, serviços, riqueza e comunidade corporativa pode ser expressão de talentos conferidos por Deus e de uma obrigação de realizar certos propósitos religiosos no mundo, tais como louvar a Deus, amarmos uns aos outros, alimentar os pobres, e assim por diante.

2. *Máquina da justiça:* aceitar responsabilidade, baseada em religião, para corrigir os desequilíbrios e males da atividade de negócios. Isso inclui promover processos de direitos humanos na corporação e em suas atividades externas.

3. *Consciência sagrada:* fortalecimento de nossa experiência própria de fé como uma realidade na arena dos negócios, através da espiritualidade, da contemplação de decisões e realizações que estendem os limites do eu em identidade e conexão com outros.

Além da criação contínua de tais ganchos conceituais, a reconexão bem-sucedida à tradição religiosa depende de três características adicionais: novas vozes, um retorno ao básico (incluindo as formas catalíticas de engajamento religioso) e uma compreensão desenvolvida de como a vida nos negócios deveria ser uma expressão importante da ética social cristã.

Novas Vozes

A participação de novas vozes e novas fontes para a narrativa religiosa ajuda a evitar a entropia espiritual que tem acompanhado a possibilidade de o esposado se infiltrar na cultura dos negócios. Essas novas vozes incluem pessoas de negócios leigas, profissionais religiosas do sexo feminino e futuristas preocupados com a interação da nova ciência e religião. A Trinity Church em Wall Street criou um novo periódico, *Spirituality and Health*, com patrocínio explicitamente cristão, mas que se vale de múltiplas fontes religiosas além da biologia, da genética e da psicologia para explicar abordagens holísticas à espiritualidade. Ao fazê-lo, as autoridades da igreja e da ciência criaram novos textos e aprendizagem, além de essencialmente formar um novo relacionamento.

O estudo feminista de textos antigos até então reprimidos sobre mulheres na história da igreja também abriu novas formas de conhecimento religioso e um novo senso do passado religioso. Seu apelo fundamental-catalítico para leigos está na aura de ser uma nova descoberta, mas de alguma forma dentro das margens externas da tradição religiosa. A exposição de arte religiosa da irmã Wendy Beckett é outro exemplo dessa recuperação de texto, história e narrativa biográfica, há muito dissociados da tradição esposada, para estimular novas conexões entre símbolos e práticas fundamentais e a espiritualidade catalítica. Universidades são outra voz nova e potencialmente ecumênica, especialmente nas faculdades de administração que estão combinando espiritualidade e ética nos negócios, entre elas Notre Dame, Loyola, Gonzaga, Harvard Business School e Santa Clara.

Retorno ao Básico

O interesse atual no fundamental é formado por um viés em direção ao pessoal e experiencial, mais obviamente na conexão entre mente e corpo. O nascimento, a sexualidade, a morte, a cura, o saber e a força são tópicos de narrativas fundamentais com forte potencial para ligação ao catalítico, movendo-se em um processo de *feedback* construtivo da técnica para a cosmologia para "novas formas de saber" que conferem *empowerment* às habilidades intelectuais das pessoas, tão necessárias no contexto da nova economia.[10] Em contraste, os cânones esposados das principais igrejas liberais têm-se preocupado principalmente com o político e o institucional, em alguns casos quase que sem conexão ao estudo da Bíblia. Em nossa opinião, pessoas de negócios encontram mais ressonância com material de passagens de vida tirado da Bíblia do que nos textos que sofreram forte filtragem política, como passagens sobre Deus e o terreno.

Ética Social

Embora o pessoal e o experiencial continuem a ser elementos fortes, o interesse espiritual de hoje apresenta oportunidade crescente para contemplação de sistemas sociais e sua ética. É importante que questões de ética social cristã sejam enquadradas de forma tal que possam tirar proveito dessa oportunidade, não matá-la. A oportunidade já está sendo explorada de novas maneiras que promovem o autodescobrimento quanto à ética social na área de Dallas, com base na conversão ativa da esperteza em negócios imobiliários do falecido Jim Rouse para o desenvolvimento de moradias para pessoas de baixa renda enquanto ainda estava vivo.

À medida que as pessoas buscam inteireza espiritual através da consistência entre pensamento e ação, são forçadas a se conscientizar de que sistemas sociais devem ser engajados e mudados para tornar possível tal integridade. O comportamento individual não basta. Nesse ponto, conceitos religiosos de justiça tornam-se indispensáveis. Essa oportunidade para contemplação de uma ordem justa é desperdiçada, entretanto, quando apresentada como esposamentos triunfalistas de privilégio especial para impor uma estratégia para alcançar a ordem de Deus na terra.

Outra abordagem seria através de textos modernos que ajudam a interpretar idéias religiosas de justiça a partir de um ponto de vista personalizado, como a psicologia. Ao fazê-lo, esses textos evitam associações esposadas e ajudam a ligar o fundamental ao catalítico. Um exemplo popular atual é a narrativa ficcional *The Celestine Prophecy*, mas exemplos mais interpretativos incluem os clássicos modernos de Henry Nouwen, Herbert Marcuse, Norman O. Brown ou Erich Fromm. *The Responsible Self* de H. Richard Niebuhr ou *Being Good and Doing Good* de Martin Marty também extraem discussões fundamentais e personalizadas de justiça social de um contexto fortemente esposado. *I and Thou* de Martin Buber foi instrumental em ajudar o líder de negócios Tom Chappell a criar uma corporação com "alma".[11] Narrativas biográficas também explicam idéias religiosas de justiça sem demandas denominacionais específicas; a obra de Martin Luther King Jr., *Gandhi's Truth* de Erik Erikson e as histórias de Toni Morrison todas oferecem ligação da espiritualidade pessoal para ideais normativos sociais. De forma semelhante, exercícios catalíticos para o ouvir direcionado podem inspirar o descobrimento em grupo dos princípios subjacentes de inclusão e justiça que têm muitas implicações para a criação de um mercado justo.

Co-descobrimento

A igreja deveria sequer tentar ser uma força nas vidas de pessoas de negócios em seus papéis como gerentes e trabalhadores? Ou deve uma religião esposada restringir sua influência econômica a economias subdesenvolvidas e às classes menos favorecidas? É de direito a igreja ser porta-voz apenas dos pobres em seu encontro com as corporações ricas, enquanto abandona os chamados privilegiados? Em nossa opinião, tal estado de marginalização dos poderosos dos negócios seria trágico para a igreja e para os negócios.

Os novos termos de engajamento religioso exigem revisão, não o fim, do relacionamento da igreja com as pessoas de negócios. Vejam os padrões eclesiásticos existentes de afirmações impessoais ou de demandas referentes a comportamento econômico. Como vimos, têm capacidade limitada de penetrar o círculo sombreado onde as idéias religiosas das pessoas de negócios se tornam ativas em relacionamentos e na tomada de decisões. São de tal forma embutidas em um contexto esposado e de tal forma carregados de instrução religiosa em vez de autodescobrimento religioso que não marcam qualquer ponto de convergência para os padrões de pensamento e para as preocupações situacionais das pessoas de negócios. Se essa já ameaçadora mensagem é também condescendente ou mesmo hostil a pontos básicos pragmáticos como a eficácia econômica, a pessoa de negócios não vê qualquer vantagem. Para que se unir a um jogo no qual você é o perdedor predeterminado?

Por outro lado, igrejas que têm tentado adotar uma abordagem de negócios correm o risco de não saberem do que estão falando ou de soarem de forma igual às mensagens seculares sobre sagacidade nos negócios ou ética humanista. Seu fino verniz de santidade ao atribuírem sucesso nos negócios a Deus ou a Jesus adiciona pouca profundidade à compreensão espiritual. Some o medo que a religião esposada tende a gerar conflito fútil, e há pouco motivo para que a pessoa de negócios não opte pela expressão humanista secular mais desafiadora para determinar responsabilidades no trabalho.

Alguns programas de igrejas têm tentado inovar simplesmente tomando emprestado no atacado de programas de espiritualidade secular. Embora esse modelo tenha vantagens na recolocação de ênfase no catalítico, com demasiada freqüência não há qualquer elo desenvolvido com idéias cristãs fundamentais para aprofundar esse esforço e suscitar suas perspectivas espirituais distintas. Entrementes, há uma intensa pressão sobre o pastor para que seja um chefe de torcida psicológico para cada congregante individual – uma circunstância pouco conducente a diálogo crítico.

Para irem para a frente, profissionais da igreja têm que adotar uma compreensão revisada de sua função e do conteúdo de suas mensagens sobre a vida econômica. Como tal, sua relação de poder com a comunidade leiga muda. Devem abandonar o papel de guru instrucional do sistema para se tornarem parceiros em uma nova busca por experiência religiosa catalítica e por sabedoria fundamental aplicável à vida na nova economia. As novas metas operacionais são o co-descobrimento dos aspectos catalíticos de religião na vida diária e o aprofundamento da consideração de assuntos de negócios enraizados nos conceitos fundamentais da fé.

Técnicas Catalíticas Compartilhadas

Um bom ponto de partida para o processo de co-descobrimento está em técnicas catalíticas compartilhadas tiradas de muitas fontes religiosas e o co-exame de funções compartilhadas nas vida profissionais de leigos e do clero. Tanto a igreja quanto os leigos têm muitas bases comuns inexploradas em termos de como a religião deve formar a gerência de uma organização.

Comunidades de fé também podem deslocar sua orientação para o catalítico e para o fundamental ajudando membros a recuperarem uma perspectiva de fé em vez de enfatizarem a aquisição de membros e de poder político. Mais importante, podem ajudar indivíduos a sustentarem sua identidade religiosa mesmo no papel de pessoas de negócios. Isso é uma ânsia que claramente impulsiona a atual sede de espiritualidade, com sua insistência em voltar para o eu interior e sua conexão com o divino.

Para tal, no entanto, os níveis de religião devem ser reconhecidos e acessados de formas e em cenários variados. Os três níveis de religião não podem ser simplesmente fundidos em uma única forma esposada e impostas à livre empresa na esperança de integração assim como não se pode criar um idioma compreensível para dois países pela simples fusão dos sons de duas línguas nativas. Assim, também, a integração de fé e negócios somente se desenvolverá através da referenciação de ambos os domínios em sua sintaxe correta. O nível esposado, que pode oferecer o suporte e recuperação de ritual e compromisso religiosos mais fortes, deve ser claramente distinto do contexto de negócios mais catalítico e aplicado, mas distinto não precisa significar contrário.

Estreitando a Faixa

Uma importante condição do novo caminho é estreitar a faixa de expressão de poder religioso nos negócios mesmo quando restrito ao nível catalítico ou ao fundamental. Na superfície, essa condição parece não ser religiosa, mas é consistente com a idéia de domínios diferentes. A visão religiosa é, afinal de contas, um instantâneo de absolutos; os negócios geralmente não são. Como observamos anteriormente, a ameaça à participação de mercado pode ser urgente, mas não é equivalente à perda de um ser amado. Muitas pessoas verificam que espiritualidade as ajuda a ver essa importante distinção e que essa perspectiva dá a elas força adicional não só na vida mas também no trabalho. Um CEO que entrevistamos, por exemplo, estava em meio a uma ação judicial bastante desagradável contra a sua empresa. Parecia ser uma ameaça à sua vida, até que se lembrou, através da oração e do estudo da Bíblia, onde seus verdadeiros tesouros estavam e como Jesus havia dado um exemplo de amor e sacrifício incondicionais. Esse conhecimento o fez manter mente e coração nos procedimentos e a iniciar uma reunião que levou à reconciliação.

A maioria das religiões, incluindo o cristianismo, não acha que a perfeição dos santos possa ser replicada na terra de alguma forma sustentada. O melhor que podemos esperar são momentos pontuados de transcendência e esperança sustentada de agirmos de formas que nos levem a conhecer Deus e nosso papel no plano divino. Religião no domínio dos negócios deve abrir espaço para essas distinções entre o pragmatismo do dia-a-dia e os níveis mais profundos de espiritualidade. Deve tolerar, também, espaço para erro e experiência.

Com demasiada freqüência, a integração espiritual nos negócios vem embalada em uma expectativa de integração absoluta, uma possibilidade de tal forma desafiadora que seria melhor ser deixada de lado. Essa tendência de engajar em pensamento utópico encoraja a afirmação totalitária de poder religioso sobre a vida econômica ou um encaixe perfeito entre o capitalismo e o cristianismo – exatamente os cenários questionáveis que interrompem a busca espiritual de muitas pessoas de negócios.

Fazer a distinção entre os três níveis de engajamento religioso pode ajudar a evitar essa armadilha. A integração da dimensão religiosa no trabalho não precisa significar integração de todos os três níveis para ser legítima ou autêntica. Como comentou um pastor perspicaz após considerar os três níveis de religião:

> Uma comunidade religiosa é onde praticamos nossa religião "esposada". No local de trabalho, vivemos nossa "consciência sagrada". Isso é desenvolvido na comunidade religiosa, mas não compartilhamos nossa religião esposada no trabalho. Onde o nosso [da igreja] modelo sofre é que sugere um modelo de como as coisas podem acontecer. Não é realidade. Quando ligo para meus paroquianos no trabalho, atendem o telefone de forma diferente da voz que ouço aos domingos. Devemos dizer que o modelo aponta um caminho para a criação de uma nova realidade para um mundo mais gentil e bondoso, embora a igreja também não seja esse mundo?

Esse comentário faz uma distinção importante: a igreja sugere um modelo e a exposição ao modelo pode inspirar uma mudança de atitude e de comportamento. Mas o modelo não é realidade. Viver a religião requer diálogo, *insight* e experiência adicionais.

Os Quatro A's

O que está faltando é o elo que vai da consciência sagrada em um cenário real de volta para as idéias fundamentais que formam pelo menos quatro aspectos do comportamento, que denominamos os quatro A's: alvo, atitude, ator e responsabilização.* Esses podem ser vistos como *benchmarks* na busca pela aplicação da jornada espiritual à vida nos negócios. Os quatro A's são ganchos nos quais as pessoas podem pendurar sua consciência da dimensão religiosa, uma maneira de determinar os efeitos da fé e de medir se a fé está realmente tendo um efeito transformador no local de trabalho.

Retornando ao exemplo de mudança de voz apresentado pelo pastor, os quatro A's poderiam ajudar a determinar o que a voz mudada indicava. Quantos dos quatro A's eram radicalmente "diferentes"

---

* N.T.: No original, *Aim, Attitude, Actor and Accountability*.

em um cenário de igreja e por quê? A mudança era superficial, um ato de responsabilização perante a etiqueta de pacifismo e gentileza protestantes ou há atitudes e propósitos mais profundos, invocados pelo tempo na igreja que se perdem ou são suplantados no trabalho? Essas mudanças sinalizam uma mudança significativa no ator? Como lidamos com tal esquizofrenia espiritual? Por que o propósito e o eu sagrados se perdem em um cenário de negócios? A não ser que todos os quatro A's sejam afetados pela afirmação de ser espiritual no trabalho, a jornada prática de fé está sendo truncada de alguma forma importante. Isso não quer dizer que comportamento e metas devam ser exatamente iguais nos cenários esposado e de trabalho. Deve haver movimentação entre vários tipos de expressão religiosa para que se alcance a plena transformação do eu.

Uma Rede de Conexões

Uma das maneiras de descrever essa movimentação é na forma de um processo de referência em três partes que cria uma rede de conexões entre os domínios sagrado e de negócios:

- Estágio um: retirada
- Estágio dois: renovação
- Estágio três: reconexão

No estágio um, retirada, o indivíduo desacelera o suficiente para dar um passo atrás nos negócios como sempre e invocar uma perspectiva ampla que inclui preocupações religiosas ou que permite tempo para exercícios catalíticos. O estágio dois, renovação, traz fontes profundas de fé para o mesmo contexto. Essas podem ser catalíticas, fundamentais ou apoio da comunidade esposada, desde que o cenário de retirada seja suficientemente distanciado dos negócios. Esse é o estágio semelhante ao que Covey denominaria "afiando o serrote". Por essa metáfora o processo de retirada e renovação não precisa ser deflagrado apenas por crise; é uma necessidade ou hábito regular dos que buscam uma vida espiritualmente rica.

Embora o estágio um seja geralmente provocado por uma reação negativa a alguma situação – insatisfação com seu estado espiritual ou uma preocupação ética quanto ao ambiente dos negócios – o estágio dois é enquadrado em termos positivos, um tempo de renovação. Tanto o catalítico quanto o fundamental podem ajudar esse processo, através da oração, meditação e de limpeza ritual, idéias de arrependimento, inquirição ética mais profunda das perspectivas apoiadoras da fé e exercícios de cura. Dadas as mensagens muitas vezes arrebatadoramente negativas da igreja sobre a vida nos negócios, é importante desenvolver uma abordagem positiva a esse estágio. Uma forma simples de acessar esse estágio é usar a pergunta "Qual é a oportunidade espiritual no que estou fazendo?" Os três pontos conceituais de engajamento listados anteriormente – chamamento, máquina de justiça e cultivo da consciência sagrada – são exemplos desse tipo de oportunidade.

O estágio três, reconexão, passa da renovação religiosa para transformações pragmáticas, resumidas pelos quatro A's. Aqui, a forma catalítica de religião é mais evidente, mas certas idéias fundamentais exploradas em um estágio de renovação criam avenidas particularmente fortes para o catalítico. Mais uma vez, o chamamento ou vocação é uma tal idéia. Originalmente aplicado apenas aos "chamados" para o sacerdócio ou ingresso em um convento, o conceito tem assumido um significado catalítico para se viver compromisso religioso em uma profissão chamada secular. O estudo da natureza desse compromisso pode ser uma dimensão extremamente importante da compreensão das responsabilidades dos negócios pela pessoa religiosa. Como observou Robert Wuthnow em *Crisis of the Churches*, muitas pessoas têm noções simplistas de vocação como sendo felicidade ou auto-realização na carreira escolhida. Os quatro A's podem ser aplicados para aprofundar a compreensão de vocação, abrindo uma arena maior de relevância sagrada nas atividades de uma empresa. As reflexões de Robert Greenleaf sobre liderança servil são outro exemplo do tipo mais profundo de reconexão do qual estamos falando.

O novo caminho representa um estado de espiritualidade aumentada no qual todos os três níveis de religião são acessados em *feedback* contínuo. A meta é permitir a busca de chamamento, a criação de práticas de negócios que sejam funcionais, intensificadoras da vida e, em última análise, devotas. O estado atual da integração de negócios e religião é de tal forma causador de perplexidade que não há sequer termos padronizados para esse tipo de integração religiosa cristã nos negócios. Em determinada época, poder-se-ia ter chamado esse processo de "tentar ser um bom cristão" no mercado, mas hoje tais termos deflagram o fator de esposamento, com todos os seus desafios.

A exposição aos pensamentos e ao suporte da comunidade cristã é de suma importância aqui. Muitos programas de espiritualidade hoje são de tal forma desconfiados de formas de religião esposadas que se têm divorciado de qualquer conexão com a particularidade ocidental. Seus lindos e brilhantes princípios são tão tênues que se mostram evanescentes quando comparados aos problemas mais profundos da responsabilidade nos negócios. Tanto Covey quanto o Dalai Lama já tentam aprofundar seus programas com livros que abordam particularidades religiosas. O Dalai Lama desenvolveu um programa para "encontrar Deus sem ser religioso", enquanto Covey tem escrito em profundidade sobre sua própria espiritualidade baseada na crença mórmon. Ambos os livros se mostraram pessoalmente inspiradores, mas menos adaptáveis ao patrocínio público de um programa de negócios do que os livros anteriores.

Duas conclusões devem ser tiradas aqui. Primeiro, a espiritualidade é inevitavelmente tênue quando estudada por uma platéia geral de negócios em um contexto corporativo, como um *workshop* de executivos. Para evitar armadilhas, esses exercícios precisam ser restritos essencialmente ao catalítico ou a estudos cuidadosamente ecumenizados de textos fundamentais; caso contrário, invocarão acusações de religião esposada. Isso não os torna inúteis, mas certamente os limita.

Por outro lado, a espiritualidade catalítica de alguma força quase que inevitavelmente provoca transbordamento para as outras formas de expressão religiosa. À medida que a espiritualidade é levada a sério, as pessoas buscam fontes cada vez mais profundas de verdade e orientação, nas quais é dada plena atenção à experiência humana em todas as suas formas e nuances. Excluir os transbordamentos inteiramente é impossível; as pessoas estão constantemente buscando novas fontes de desenvolvimento espiritual, incluindo a contemplação de conceitos fundamentais. Esses interesses devem ser fomentados, não eliminados. Por esse motivo, é essencial separar a expressão esposada do local de trabalho até onde for possível.

O desafio central hoje é criar novas formas para a movimentação do contexto generalizado do *workshop* executivo para o transbordamento de pesquisa religiosa. As formas fundamental e esposada de religião passam para além do contexto corporativo e é assim que deve ser. Necessitam de proteção, no entanto, na forma de espaços seguros onde a crença privada e a afiliação religiosa comunal podem ser expressas e fomentadas. Ao mesmo tempo, não podem fugir da responsabilidade de oferecer um caminho de volta para o mundano. Ajudar indivíduos a fomentarem a experiência religiosa catalítica é parte importante do processo de reconexão.

O verdadeiro desafio é ajudar pessoas de negócios a encontrar elos conceituais entre as sociedades agrícolas patriarcais dos textos fundamentais do cristianismo e a compreensão atual de ciência, genética e economia. Certos princípios são especialmente adaptáveis a esses propósitos. A vocação é um deles, como mencionamos. Outro é o amor e suas várias narrativas das oportunidades e conflitos da compaixão, do amor filial, do amor cuidadoso, do amor romântico ou do amor estético. Um terceiro é a criação de vida e o evitar rigoroso de seu oposto, a destruição de vida – do qual há abundantes exemplos nos negócios.

Será possível ecoar as idéias fundamentais sem esposá-las? Não inteiramente, mas certamente pode-se encorajar a procura do fundamental com um nível muito menor do esposado, assim como muitos não-budistas encontram grande sabedoria e relevância no estudo de textos budistas. Claramente, as generalidades estéreis baseadas em princípios da ética nos negócios não estão inspirando a liderança em questões ecológicas e econômicas necessária em uma sociedade global. E as linguagens religiosas esposadas também não estão oferecendo o cruzamento necessário para uma população moderna e diversificada. A intensidade atual de interesse na espiritualidade é sinal, cremos, dessas falhas, mas é também indicação de uma receptividade à religião amplamente disseminada, mesmo surpreendente, como dimensão essencial de um futuro sustentável.

Para irmos adiante, entretanto, devemos reconhecer o estado geral de confusão existente quanto à religião hoje, o quão rapidamente nossa compreensão de espiritualidade e ciência está mudando a ênfase da religião para o personalizado e o experiencial e também sua tendência potencial de abordar o sistêmico. Em nossa opinião, o relacionamento distanciado entre o cristianismo formal e os negócios não é inevitável. É urgente que as igrejas e as pessoas de negócios de convicções cristãs encontrem meios de se valerem da ajuda uma das outras, relacionadamente. O propósito dos três níveis de religião é oferecer alguma diferenciação e ordenação coerentes para esse processo tanto no nível conceitual quanto no relacional. Os níveis ajudam a refinar o senso de religião no trabalho e religião na vida para o indivíduo sem começar a seguir os caminhos sem saída das estratégias de hoje que visam lidar com o problema. Idealmente, indivíduos entram e saem dos três níveis de religião em cenários diferentes, mas com boa chance de testarem crença religiosa no contexto da vida econômica moderna.

Como já vimos, muitos fatores trabalham contra a capacidade da igreja de ajudar pessoas de negócios nesse processo. Muitas interpretações eclesiásticas de textos fundamentais encerram mensagens de tal forma hostis sobre capitalismo ou riqueza que profissionais religiosos consideram impensável apoiar espiritualidade catalítica direcionada à atividade de negócios bem-sucedida. No entanto, cada vez mais pessoas de negócios estão encontrando tempo para freqüentar aulas de estudos da Bíblia ou faculdades de teologia para se tornarem mais familiarizados com tradições e textos religiosos. Muitas dessas pessoas não pretendem abandonar os negócios, e sim esperam transformá-los em uma instituição com mais compaixão. Aqui, universidades e grupos leigos assumem uma responsabilidade nova e em grande parte inesperada de facilitar o conhecimento de religião prática em um contexto sem sacerdócio e religiosamente pluralista.

O processo de três níveis delineado na Figura 8.1 pretende encorajar a busca religiosa das pessoas de negócios em comunidade, para realizar a transformação dos negócios sobre os quais uma vida boa e uma boa sociedade devem ser baseadas. Somente com diferenciação é que os níveis de religião poderão ser abordados de forma a nutrirem-se uns aos outros em vez de trabalharem em oposição como hoje acontece com tanta freqüência. Mesmo sob as melhores circunstâncias, o confronto entre princípios religiosos cristãos e os ideais de negócios é inerentemente uma fonte de conflito intelectual e estresse pessoal. Essas tensões devem ser canalizadas para uma espiritualidade transformadora e catalítica; do contrário, as tensões se tornam motivo para esquecer a coisa toda.

Reflexão

Utilizando a estrutura para a construção de uma rede de conexões, pergunte-se o seguinte sobre sua vida nos negócios.

Estágio Um: Retirada (Verificação de Contexto)

O que está acontecendo com minha vida nos negócios?

Quais são os alvos e as atitudes aqui?

Em quem estou me transformando?

Se fosse responsabilizado, como veria isso? Estou sendo responsabilizado?

Quais lacunas de realidade existem entre minhas intenções e os resultados de minhas ações?

Estágio Dois: Renovação (Infusão do Sagrado)

Qual a oportunidade espiritual neste contexto?

Engajar em oração e meditação para evocar consciência sagrada.

Fazer referência à ética cristã, aos modelos e aos princípios bíblicos.

O que a comunidade cristã está dizendo sobre essa questão?

O que outras comunidades de fé estão dizendo?

Estágio Três: Reconexão (Ação Criativa)

Complete um perfil dos itens básicos da liderança religiosamente embasada e centrada em uso.

Como as virtudes de sua liderança baseada em valores, como coragem, confiança e *insight*, têm sido carregadas pela sua busca espiritual?

Ser cristão é ser funcional, intensificador de vida e devoto. Que ações de devoção, eficácia e intensificação de vida você concluiu na última semana? Que outras poderia empreender?

Ação

Aqui estão exemplos específicos de ação em cada nível de engajamento religioso. Escolha uma ação e pratique-a por uma semana, individualmente ou em um grupo de buscadores de pensamento igual.

Arena de Ação Um: Esposada

Tire uma folga pessoal dos negócios para participar de comunidade religiosa.

Fortaleça sua comunidade religiosa com uma contribuição pessoal.

Peça o apoio da comunidade religiosa para ação coletiva referente a um problema mundano que você acha que deveria estar abordando.

Encontre um lembrete pessoal concreto de sua identidade religiosa e coloque-o onde possa acessá-lo durante seu dia de trabalho.

Arena de Ação Dois: Catalítica

Desenvolva práticas espirituais (meditação, disciplina, oração) que aumentem sua eficácia pessoal e sua habilidade de se conectar com os padrões de Deus (diversidade, ecologia, e assim por diante).

Estabeleça um conjunto claro de diretrizes morais para escolhas no mercado.

Seja um catalisador cultural na vida econômica (criando locais de trabalho e produtos humanos e dignificantes; representações honestas de negociações financeiras, e assim por diante).

Arena de Ação Três: Fundamental

Familiarize-se com exemplos bíblicos de liderança.

Revisite textos sagrados.

Compare as mensagens que percebe nesses textos com as finalidades presumidas da religião esposada e dos negócios.

Examine uma representação visual do sagrado ou ouça música sacra. Como isso refresca sua perspectiva sobre o significado e o propósito de sua vida? E de sua vida nos negócios?

Reúna um grupo de pessoas de negócios e profissionais da igreja e contemple essas questões em conjunto. Estabeleça um problema concreto que contribuirá para examinar em conjunto.

9
O Caminho pela Frente

Nós os temos aos domingos, costumávamos tê-los na escola. Então os deixamos retornar aos negócios sozinhos. Não é a isso que dizemos que a igreja diz respeito.
— Pastor protestante.

Essa é uma relação automática, fé e trabalho.
Não se pode precisar isso.
— Pessoa de negócios cristã.

O estado alarmante da capacidade da igreja de ser uma força relevante influenciando os negócios pode ser resumido em uma observação simples: já vemos muitos sinais de pessoas de negócios cristãs de todas as denominações rejeitando sua religião, e da religião avassaladoramente rejeitando pessoas de negócios. O impasse está de tal forma arraigado em nossa cultura atual que ambos os grupos supõem que o cristianismo e o capitalismo humano são, na melhor das hipóteses, compatíveis mas separados. Para lidar com essa suposição, ambos os grupos desenvolveram estratégias severamente limitadoras para pensar em fé e carreira nos negócios, tão penetrantes que são consideradas verdade aceita.

Nenhuma dessas estratégias estabelece uma sinergia ativa e em desenvolvimento entre fé e negócios. No entanto, o papel da fé é extremamente importante para os negócios. Como fonte de força e perspectiva, é a base da convicção através da qual pessoas de negócios podem arriscar desapontamento ou fracasso na busca de fazer um mundo melhor. Ela reafirma uma estrutura maior pela qual podem medir progresso em direção à vida boa e aos propósitos de Deus. Essas perspectivas são vulneráveis à corrosão tanto por sucesso extremo nos negócios quanto por práticas impiedosas nos negócios. A religião formal permite a articulação de crença, para ser compartilhada, celebrada e elevada como padrão perante o qual comunidades de fé ajudam a se manter responsáveis. Essas crenças são mensagens de salvação pessoal e de profunda obrigação social. Poucas pessoas desejam trabalhar apenas em troca de um contracheque. Isso não significa, no entanto, que acreditam ser melhor jogar fora todo o arranjo econômico do capitalismo.

Ao buscarem um mapa para viver essas necessidades sentidas, as pessoas sentem-se incompreendidas pelo clero, que estereotipa, negativamente, seus sentimentos e diminui sua contribuição para a vida diária. O que é especialmente perturbadora é a aparente incapacidade da igreja em entender esse problema. A não ser que as igrejas encarem sua tendência continuada de romantizar os negócios da direita conservadora ou de adoção de hostilidade mal disfarçada de esquerda ao capitalismo por parte das igrejas principais, continuará havendo uma corrida constante em direção a formas alternativas de orientação religiosa relativa aos muitos desafios com os quais pessoas de negócios de fé se deparam atualmente.

Dada a atual falta de atenção à busca espiritual altamente personalizada da pessoa de negócios, é difícil acreditar no desejo da igreja de ser uma força no fluxo principal da vida econômica. Não se pode abordar questões verdadeiramente difíceis sem uma base de confiança. Em nossas entrevistas, tanto os negócios quanto a igreja mostram uma grande parcela de desconfiança em relação aos motivos, à compreensão e à moralidade um do outro.

As igrejas e as pessoas de negócios dentro e fora da congregação devem levar muito a sério as lições gerais da busca espiritual atual. Dados o foco individualista e autodependente do pragmatismo protestante, os temores de religião esposada em um ambiente pluralista e a recente incapacidade da voz religiosa cristã de se adaptar aos problemas econômicos atualmente enfrentados pelos negócios, não é surpresa que pessoas de negócios subestimem a importância de comunidade religiosa para o desenvolvimento de uma vida espiritual ativa e sadia. Muitas pessoas supõem que uma responsabilidade pessoal isolada por manter verdadeiras suas convicções é a única peregrinação apropriada para assegurar que a vida de negócios tenha alma. Acreditamos haver uma necessidade urgente de desenvolvermos um apoio comunitário mais forte nas instituições religiosas para congregantes que procuram viver sua fé em ocupações mundanas.

Em *Crisis in the Churches*, Robert Wuthnow destacou a falha da igreja em efetivamente se engajar nas vidas econômicas pessoais de seus congregantes.[1] Ele prevê conseqüências alarmantes para os valores da cultura além de para a capacidade da igreja se sustentar fisicamente. Nosso estudo de fé em um cenário corporativo reforça muitas das conclusões de Wuthnow. As conexões entre domingo e segunda-feira são bastante tênues para muitos cristãos nominais. Há muito poucos modelos bem-sucedidos dentro das igrejas para ajudar as pessoas a estabelecer essas conexões e continuar nos negócios.

A busca espiritual de hoje nos negócios está transformando como as pessoas pensam em relação a corporações, sucesso, carreira e sua própria relação com o sagrado. Pessoas que buscam podem ser encontradas em todas as congregações e corporações, determinadas a embarcar em sua jornada espiritual em direção a uma consciência vocacional com ou sem a igreja. A igreja está desafiada a responder.

Um Toque de Alvorada

Nosso propósito ao escrevermos este livro foi oferecer um toque de alvorada: a tarefa de criar pontes entre a fé e os negócios tem sido negligenciada por tempo demais. Como está hoje, a identidade religiosa das pessoas de negócios se vê reduzida a um conjunto de caricaturas; podem agir apenas como serviçais morais ou gênios morais, realizando os males necessários ou agindo como Papai Noel. A incapacidade da maioria do clero de compreender pessoas de negócios em uma luz de nuances ameaça o relacionamento da igreja como presença viva nas vidas dos leigos.

Atualmente, há poucos recursos para experiência espiritual personalizada, catalítica, cristã diretamente acessíveis no arsenal cognitivo da solução de problemas de negócios. Pessoas de negócios que têm interesse espiritual reduziram suas expectativas quanto à relevância religiosa de suas vidas de trabalho. Como nos disse um professor escolar religiosamente devoto: "Não está realmente claro que a igreja tenha algo a dizer nessa área que seja de alguma utilidade."

Esse não-engajamento entre a igreja e os negócios é ao mesmo tempo irônico e alarmante dos pontos de vista moral e prático. Não é nem inteiramente percebido nem remotamente satisfatório. O antigo termo "protestantismo confortável" não diz respeito apenas a fracasso em se engajar em ação social do tipo radical, e sim a fracasso em abordar o desafio de ajudar congregantes a negociarem as múltiplas responsabilidades e pressões da vida econômica moderna.

O mapeamento simples que exploramos no Capítulo 4 suscita, com espantosa vividez, a falta de penetração religiosa associada a igrejas no setor privado, qualquer que seja a forma – valores, consciência sagrada ou comportamento baseado em caráter. Um pastor presbiteriano reagiu com choque ao estudar a estrutura durante uma sessão de grupo de foco: "Fazemos quase nada para ministrar a pessoas de negócios no local onde *moram*."

Embora muitos do clero e muitos teólogos que entrevistamos achassem que a igreja estava abordando ativamente a economia de uma maneira que oferecia orientação efetiva a congregantes de negócios, a realidade relatada pelas pessoas de negócios é diferente: os esforços da igreja nessa área são freqüentemente descartadores e, portanto, são freqüentemente descartados pelas próprias pessoas que buscam influenciar.

O vácuo de referência baseada em fé dentro do círculo sombreado de nossa estrutura é de tal forma enraizado na cultura da corporação e da igreja, que é considerado normal. Estratégias para lidar com isso e a aceitação comum de distinções vagamente compreendidas como "espiritual mas não religioso" racionalizam a separação quando ela clama por pensamento novo. Como resultado, as complexidades e os paradoxos da fé cristã e dos negócios são reduzidos a diatribes, platitudes ou noções vagas – até mesmo fracas – de generalização, niilismo ou justificativa.

A racionalização desse *status quo* e a falha em abordar conflito e dissidência de forma construtiva são problemas sérios. O senso mútuo de distância e, às vezes, de abandono, nos dois grupos profissionais é como um caso de hemorragia interna dentro da comunidade da igreja. As conseqüências desse distanciamento estão enfraquecendo a força prática da religião das pessoas e o papel da igreja na sociedade.

A não ser que seja abordado de forma construtiva, o relacionamento distanciado provavelmente levará a uma marginalização ainda maior da igreja. Pessoas de negócios importantes estão abandonando as igrejas principais; estão participando de muitos outros programas que oferecem ajuda para a formação de atitudes e comportamentos que negociam espiritualidade e economia. Essa tendência desafia as aspirações transformativas da igreja. Ela deixa de servir à comunidade religiosa cristã e deixa de estimular os *insights* pessoais e sistêmicos que levam às mudanças radicais de cultura e prioridades sugeridas pela visão social da igreja. Disse um entrevistado com longa experiência nos negócios e em trabalhos financeiros voluntários para a igreja: "O ministério leigo costumava significar dizer às pessoas a não freqüentarem bares, ficarem em casa e fazerem o jantar. Agora precisamos de uma visão mais matizada que leve em conta as vidas profissionais de homens e mulheres. O antigo autoritarismo – 'Reze, pague e obedeça' – não funciona mais."[2]

Os que abandonaram as tradições da igreja – Os "Buscadores" de Wade Clark Roof – têm uma visão negativa ainda mais forte do potencial da igreja de ser útil para abordar as questões mais profundas de fé ou espiritualidade e vida diária.

Além disso, a marginalização tem um transbordamento em termos da saúde econômica e social da própria igreja. Como observou Wuthnow, as igrejas principais estão experimentando um compromisso enfraquecido das congregações sobre questões econômicas, desde a manutenção das instalações até o financiamento de projetos de missões. A retirada das questões econômicas apenas exacerba essas condições.

Comentários dentro e fora da igreja sugerem uma certa cegueira no processo de auto-avaliação eclesiástica, que tem implicações práticas para os seminários. As estruturas de treinamento e credenciamento eclesiásticos continuam a recompensar a conversa especializada de eclesiásticos falando entre si, mas excluindo os otimistas pragmáticos que conduzem negócios e sentam nos bancos da igreja. Isso suscita questionamentos sérios quanto a se os seminários estão realmente preparando sacerdotes para saírem mundo afora. Nossa pesquisa de seminários indicou que muitos alunos estavam desapontados com sua falta de treinamento em instituições econômicas contemporâneas. Alguns comentaram a auto-satisfação enganada que viam ao seu redor à medida que corpo docente e alunos desenvolvem fortes posicionamentos teológicos contra os negócios e os utilizam para justificar substanciais lacunas de conteúdo programático nessa área.

A verificação mais perturbadora em nosso estudo foi o grau de aparente inconsciência da comunidade eclesiástica relativamente ao distanciamento e de seu papel na contribuição para as causas subjacentes. Para que a velocidade de desconexão não acelere, a igreja deve-se engajar em uma avaliação séria de seus próprios padrões de gatilho para desenvolver novas abordagens a ser uma força crítica na vida das pessoas de negócios. Como vimos, essa falha tem muitas fontes complexas, incluindo diferenças profundamente arraigadas de visão de mundo, desconhecimento de negócios e economia, definição de problemas, de linguagem e conflito não resolvido sobre autoridade adequada.

Profunda confusão ideológica, uma agenda política oculta, mau histórico em lidar com responsabilidade fiscal e tradições fundamentais que têm sido usadas para apoiar visões racistas e sexualmente discriminatórias devem ser levados em conta na reavaliação do posicionamento da igreja quanto à vida econômica. Sem dúvida, seria rapidamente descoberto que eclesiásticos e pessoas de negócios têm muitos problemas profissionais em comum e que nenhum dos dois já exauriu as possibilidades para o aprofundamento da dimensão religiosa na abordagem a esses assuntos.

Mesmo assim, embora a dinâmica do distanciamento tenha muitas fontes, fica claro que as igrejas devem chegar a termo com a bancarrota intelectual de suas ideologias econômicas existentes. Isto não é necessariamente uma convocação para outra rodada de teoria, mas para uma discussão mais perceptiva e inclusiva da lacuna entre teoria e prática. A apologia e a romantização do capitalismo expressas pela direita conservadora podem ser mais eficazes na promoção da criação de riqueza e da liberdade do que a agenda da esquerda liberal, mas essas abordagens têm falhado em dar orientação aos muitos obstáculos ao "capitalismo preocupado" existentes no terreno.

A tendência a buscar a ressacralização do local de trabalho no nível de religião esposada continua a ser mais divisiva do que útil. A direita não pode camuflar as pressões sistêmicas encaradas por pessoas de negócios e optar por ser impiedosa. Além do mais, a associação continuada do programa econômico da direita religiosa à intolerância religiosa e social solapa severamente a abordagem relacional extremamente útil do evangelismo de modo geral. Perspectivas religiosas que fazem sentido do ponto de vista de responsabilidade e espiritualidade pessoais no trabalho são, não obstante, suspeitas de passarem por cima de falhas profundamente perturbadoras em expandir oportunidade econômica para aqueles no degrau inferior da escada.

As mensagens econômicas da igreja da esquerda liberal são igualmente problemáticas. Elites eclesiásticas ainda estão promulgando soluções autocráticas estatais para a pobreza e um viés profundamente anticorporativo. Se a igreja considera alguma forma de capitalismo como estrutura econômica legítima, deverá reconhecer a necessidade de abandonar um posicionamento antinegócios absolutista. Eclesiásticos aceitam o fato de que seu viés amplamente disseminado em favor do comunalismo continua a favorecer soluções econômicas que não trouxeram direitos humanos ou desenvolvimento econômico aos desvalidos. Devem reexaminar sua falha em reconhecer os ativos sociais essenciais a serem encontrados nas bases que sustentam os negócios no livre mercado: responsabilização financeira, assunção de riscos, concorrência aberta, criação de valor, infraestrutura jurídica. Apoio aos representantes dos pobres que com freqüência têm cometido atos absurdos de roubo, monopólio ou intolerância ética e racial, essas plantas-baixas para uma abordagem econômica responsável são mal aceitas pelos que trabalham para serem guardiães do dinheiro dos outros. Planos macro para um capitalismo global de princípios são tão ingênuos quanto o vocabulário generalizado da espiritualidade secular e de pouca relevância pessoal na arena de tomada de decisões do protagonista de negócios. Entrementes, os seminários celebram a continuada promulgação da polêmica elitista.

Há sinais de mudança no interior das instituições eclesiásticas e leigas. O progresso, no entanto, tem sido lento, em grande parte devido à falha continuada em alcançar o cruzamento intelectual entre dois mundos profissionais nos estágios fundamentais desses programas. Mais uma vez, não está claro se um dos dois percebe plenamente o impacto que essas falhas têm sobre a vida da igreja ou a capacidade da pessoa de negócios para entender o cristianismo como fonte respeitada de força e orientação.

O que Você Pode Fazer

Claramente, a dinâmica de influência espiritual na vida prática não é tão bem compreendida quanto poderíamos esperar. Além do mais, o contexto dos negócios é certamente um dos desafios mais extremos ao cristianismo aplicado já enfrentado por crentes. É necessário maior esforço. Qualquer pessoa de negócios servindo em um conselho de consultores convidados ou em um diaconato deveria estar responsabilizando sua instituição eclesiástica (que inclui organizações sem fins lucrativos baseadas em fé e seminários) pela tarefa de unir os dois domínios – e ajudando-a a encontrar meios para fazê-lo. Isso deveria estar ocorrendo não apenas em termos de compartilhamento de contatos e informações, mas também no desenvolvimento de uma troca de níveis mais profundos de consciência que marcam as duas profissões.

Mais pesquisa e discussão da dinâmica das causas do distanciamento é especialmente necessária, mas não podemos fazer isso aqui. Como um exemplo simples, vejamos o uso de *slogans* por pessoas de negócios. Freqüentemente ridicularizados como superficiais, não está evidente que realmente compreendemos a função moral de tais padrões lingüísticos. Tampouco é claro que outra forma de articulação aprofundaria a aplicação de uma perspectiva religiosa à vida diária.

Diretrizes para Conectar Igreja e Trabalho

Sugerimos que você use este livro primariamente como ferramenta de diagnóstico para testar atitudes e realizações dentro de sua própria experiência e como recurso comum para discutir esses fatores em conjunto com outros indivíduos preocupados dentro e fora da igreja. No Capítulo 8, sugerimos um processo e uma estrutura para um engajamento religioso pessoal em questões de negócios e para encorajar um diálogo com pares. A seguir estão recomendações gerais adicionais para ir adiante visando criar um melhor diálogo entre os negócios e a igreja. Essas são diretrizes tanto para profissionais de negócios quanto para os da igreja. Podem ser vistas como aviso acautelado para evitar as armadilhas previsíveis na questão de negócios e religião – ou na compreensão de quando efetivamente vão ocorrer, por que ocorrem e como ouvir além delas.

Pontos de Entrada

Conscientize-se dos pontos de entrada e retrabalhe-os:

- Comece a partir do personalizado, do experiencial e do contextual e evite leonização ou ataques generalizados ao sistema.

- Repense as primeiras perguntas com cuidado do ponto de vista de estereótipos não declarados ou agendas radicais dos que dizem sim e dos que dizem não.

- Evite material que comece com uma afirmação de territorialidade institucional acima do direito de ditar uma solução.

- Trabalhe a partir de conceitos religiosos que expressem a oportunidade pessoal de fundir fé e trabalho: chamamento, máquina de justiça, consciência sagrada.

Evitando Gatilhos

Evite começar com as palavras-gatilho que cortam diálogo e inquirição mútua:

- Para o clero: "os quatro P": lucro, pobreza, polêmica e proselitismo.*

- Para pessoas de negócios: as platitudes relativas a fazer o bem para se dar bem, a santidade de Jack Welch e equacionar atividades de negócios com Jesus.

Visões de Mundo Diferentes

Verifique a existência de diferenças inerentes responsáveis perante a visão de mundo:

- Idealismo crítico *versus* otimismo prático.

- Abordagens subtrativas *versus* aditivas a assegurar um mercado moral.

- Ressonância pessoal com imagens de força ou fraqueza.

- Uso excessivo de metáforas religiosas romantizadas para descrever situações contemporâneas ou retratação de corporações como vilãs.

Conhecer a Você Mesmo e ao Outro

Conheça a você mesmo e uns aos outros; não suponha que compreende:

- Preste atenção, procure ouvir os textos ocultos como descrito nos Capítulos 5 a 7. Teste como podem estar limitando seu desejo de compreender e ouvir.

- Ajude a informar o clero de como mudanças-chave no ambiente de negócios estão afetando os problemas que você vê sendo enfrentados pelas pessoas de negócios.

---

* N.T.: No original, "profit, poverty, polemics and proselytizing".

Construa Pontes

Construa pontes entre os profissionais:

- Forme novas conexões entre os domínios profissionais, estrutural, cognitiva e relacionalmente.

- Construa pontes do nível religioso catalítico para o fundamental para o esposado.

- Identifique domínios sobrepostos de oportunidade religiosa e obstáculos à ação ou consciência religiosas no trabalho profissional.

- Construa uma ponte dos esforços de espiritualidade secular (na qual congregantes encontrem valor) para conceitos fundamentais cristãos.

- Ofereça aconselhamento de carreira para que alunos de seminários entrem nos negócios e em organizações sem fins lucrativos quando o sacerdócio não for a sua vocação.

Contexto

Desenvolva contextos particularizados:

- Compartilhe experiências concretas como ponto de partida para interpretação religiosa.

- Ajude a convocar ocasiões para reflexão sobre problemas contemporâneos.

- Financie e participe de estudos de casos inteiramente desenvolvidos e liderados por líderes de debates experientes.

Melhore a Preparação Profissional

Pondere e aconselhe sobre como refazer a preparação educacional formal de eclesiásticos e pessoas de negócios de forma a abordar:

- Lacunas agudas de conteúdo de curso sobre negócios e religião.

- Falta de educação sobre pensamento moral básico em universidades.
- Desenvolvimento de casos e desenvolvimento de pesquisa.
- Problemas de financiamento.
- Replicação do efeito de distanciamento na dinâmica de comitês consultivos acadêmicos dos quais participam pessoas de negócios.
- Preparação mais aprofundada para lidar com complexidade moral na prática.
- Esclarecimento da distinção da tradição religiosa.
- Desenvolvimento de suporte para faculdades de administração gerarem nova participação na educação para a fé e o trabalho separado de agendas esposadas.
- Encorajamento de atenção religiosa para a pergunta: Por que ser ético nos negócios?

Novo Formato para Inquirição

Desenvolva novos formatos de entrega para a inquirição religiosa:

- Explore conceitos teológicos conhecidos que evitam associações esposadas já existentes.
- Faça ressurgir exercícios cristãos em espiritualidade catalítica.
- Crie expressões simbólicas tangíveis de respeito pelo trabalho e lembretes religiosos pessoais que levem a ambientes pluralistas.

Compartilhe Autoridade

Repense como a autoridade se desenvolve e é comunicada:

- Desenvolva novos cenários neutros e zonas livres do levantamento de recursos financeiros.
- Crie liderança conjunta para jornadas mútuas.

- Construa novas associações contínuas através de grupos de leigos.
- Invista na construção de novos conhecimentos especializados em negócios e religião. Não selecione conhecimentos especializados parciais para seu próprio programa de conferência sem dar algo em troca para o desenvolvimento de aprendizagem adicional.
- Inclua terceiras partes para a mediação de território, para conhecimentos especializados e interpretação de perspectivas religiosas e de negócios.

Participação

Compareça e se interesse:

- Clero: participe de seminários de negócios.
- Pessoas de negócios: passem um dia andando nos sapatos de seu clero.
- Pergunte às pessoas o que fazem e o que pensam.
- Crie oportunidades para sua participação pessoal em serviço social, em papéis que não se equiparem à sua vida ou ao seu *status* nos negócios.
- Desenvolva programas internos para pessoas de negócios em seminários e tire sua própria licença para estudo, diálogo e reflexão.

Crie Linguagem

Enquadre linguagem para contextos práticos de negócios:

- Use vocabulário e sintaxe evocativa e poética.
- Evite admoestação e abstrações densas.

Limpe a Casa

Faça a faxina dentro da própria igreja:

- Modele uma administração bem-sucedida e religiosamente coerente.

- Eduque o clero em gerência, incluindo atitudes subjacentes quanto a responsabilização e eficácia financeiras.

- Submeta problemas fiscais e organizacionais a inquirição ética plena. Não encoberte ou ignore a má conduta de pessoal ou práticas discriminatórias de contratação e promoção.

A Jornada Já Começou

Cada uma dessas recomendações tem exemplos a caminho no momento. Há sinais de progresso. Mudanças substantivas têm ocorrido no passado recente, primariamente em parcerias leigas. Os grupos evangélicos leigos, como Fellowship for Companies for Christ International, FaithWalk, Leadership Forum, Marketplace Network e um grande número de outros estão relatando aumentos constantes de membros.

Novas alianças entre o guru de negócios e o pastor, como a do consultor Ken Blanchard, autor de *One-Minute Manager* e a Willow Creek, do pastor Bill Hybels, oferecem exemplos empolgantes de diálogo em vez de diatribe. Hybels e Blanchard publicaram uma conversa sobre fé e trabalho que criou um projeto geral para um novo seminário sem fins lucrativos sobre fé e liderança, denominado Faith-Walk. Como nos esforços de Fair Park/South Dallas, esse grupo está criando novas alianças entre religião e negócios na prática, buscando alcançar a comunidade de San Diego com novos programas cívicos envolvendo líderes de negócios e grupos de igrejas.

O poder de tais esforços parece residir em sua capacidade de criar novas parcerias de trabalho entre gurus eclesiásticos e de negócios ou líderes acostumados a treinamento gerencial e a falar em público sobre questões sociais. James Gustafson e o antigo consultor jurídico externo da General Motors, Elmer Johnson (hoje presidente do Aspen Institute), formaram uma tal parceria, capturada em um ensaio extremamente desafiador sobre as virtudes da liderança.[3] George Soros conseguiu sair na frente ao ressuscitar o seminário da Trinity Church em Wall Street com uma confissão franca de suas reservas quanto à religião e ao capitalismo perante um grupo de CEOs. A aliança do Fuller Seminary com o De Pree Leadership Center recentemente formou uma parceria com o executivo imobiliário Robert Anderson, uma autoridade em sua igreja, para realizar uma série de discussões para executivos de negócios locais; a freqüência vem dobrando a cada evento.

O que Uma Vida de Fé Significa no Contexto dos Negócios?

O interesse em formas religiosas fundamentais parece estar aumentando, mas ainda há uma crença amplamente disseminada de que religião e negócios não devem se misturar. O que, então, significa uma vida de fé no contexto dos negócios? Se não baseada na incorporação de símbolos religiosos, linguagem e autoridade explícitos ao local de trabalho, então como a conhecerá ao vê-la? Um ponto de partida para essa conversa é esclarecer os três níveis de religião discutidos no Capítulo 8 e eliciar as reservas das pessoas quanto a religião e negócios em conjunto.

Na ausência de mais exemplos de formas aplicáveis de *insight* religioso, a sociedade tem encontrado muitos outros mecanismos com os quais guiar e restringir a atividade de mercado. O arrebatador aumento em controle legislativo da atividade corporativa forma um grande leque litigioso, movendo-se do canto superior direito da estrutura de integração da Figura 4.5 (ação social), e alcançando quase que todos os aspectos da vida corporativa, excetuando-se a questão de consciência individual. Essa estrutura tem, não obstante, penetrado a consciência dos negócios, até o ponto em que as pessoas de negócios sentem que não podem considerar estratégias pessoalmente relacionais não-litigiosas para solucionar conflito sem pôr seus negócios em perigo. Pessoas de negócios perdem a capacidade de sentir empatia e tolerar o risco de procurar uma solução que desafie a estrutura adversária. Programas de espiritualidade seculares, começando exatamente pela ponta oposta, mergulham profundamente na consciência e na cognição individuais, despertando os sentimentos suprimidos pela conquista legalista de decisões de negócios, mas deixam de estimular novas soluções cívicas (apoiadas pela legislação) para problemas criados ou solucionáveis por forças de negócios.

Juntas, essas duas perspectivas seculares cobrem o mapa, mas não dão plena liberdade a conceitos religiosos cristãos. Nem verdadeiramente trabalham em conjunto uma com a outra. Há pouca indicação de que adeptos de Covey saiam para reformar leis trabalhistas, nem que advogados trabalhistas estejam transformando seus eus interiores para adotarem práticas mais respeitosas e conferidoras de *empowerment* aos que estão fora do grupo trabalhista.

Esses programas são concorrência para a consciência espiritual e ética da pessoa de negócios, mas não precisa ser assim. Nenhum dos dois defende um mundo totalmente Secularista. A maioria dos programas seculares de espiritualidade sugere a necessidade de se valer de tradições de fé pessoais sem assumir responsabilidade por ajudar pessoas a fazê-lo. Muitos dos programas quase-legais de ética nos negócios são povoados por pessoas que professam crer em Deus, senão no cristianismo. As igrejas devem acessar, em vez de ignorar, o dinamismo desses movimentos. A igreja deveria estar explorando ativamente meios para transpor o vazio em seus esforços para alcançar uma sociedade justa, livre e humana. Para adotar uma tal abordagem aditiva, entretanto, a igreja precisa primeiro compreender a natureza do viés subtrativo em seus próprios padrões de engajamento econômico.

Como vimos em nossos perfis de casos, tornou-se claro que programas leigos precisam ser suplementados com substancial desenvolvimento educacional de pesquisa e material de curso. Dada a forte cultura de especialização no mundo acadêmico, esforços de educação cruzada precisam de financiamento forte e estendido, suporte sólido de reitores e presidentes e acesso à ajuda de líderes de negócios.

Atualmente, muitos programas em faculdades de teologia e de administração de empresas têm falta de pessoal, tendo sido criados como concessão a grandes financiadores que, possivelmente, serão desviados para outras necessidades financeiras da universidade. Os próprios doadores precisam estar muito mais certos desde o início sobre como a universidade apóia e desenvolve novos programas. Os negócios e os ex-alunos precisam oferecer apoio substancial e um amortecedor de segurança em torno desses programas, mesmo enfrentando enorme resistência acadêmica por parte de corpos docentes entrincheirados. Exatamente por essas razões, pode haver mais folga em fundações privadas, e pesquisas e programas podem florescer melhor sob seus auspícios.

Parece haver também um problema recorrente na mudança do modelo de financiamento por grandes patronos para fontes múltiplas na comunidade dos negócios. (Em contraste, vejam os vastos e diversificados recursos corporativos investidos em programas e livros como os de Covey.) Tipicamente, uma única pessoa de negócios semeia um esforço para patrocinar atividades de fé no trabalho em um cenário baseado em fé, e participantes do mundo dos negócios consideram esses esforços como serviços gratuitos. Parecem surpreender-se com a idéia de efetivamente contribuírem com dinheiro para instituições que não sua ex-escola ou igreja local.

Embora seja necessário financiamento crítico por parte da comunidade de negócios para incentivar mudanças no treinamento e nos programas dos seminários (e, em menor grau, nas faculdades de administração), também é importante não permitir que os programas recaiam na definição estreita da pessoa de negócios como doador potencial para a igreja. O levantamento de recursos tem associações cínicas e pode solapar a capacidade de entrega de qualquer mensagem sobre a fé.

Por outro lado, o financiamento atual para o desenvolvimento de programas e de material educacional sobre fé e trabalho é fraco. Precisa haver muito mais esclarecimento inicial sobre necessidades de financiamento, para que doadores possam ser encontrados. Um exemplo do planejamento cuidadoso e apoio que precisam ocorrer é o de um grupo de negócios judeu em Los Angeles. Procurando reconectar-se a suas raízes religiosas, o grupo formou um clube privado no qual de cada membro é exigida uma doação de US$30,000 por ano para manter um rabino e um *staff* de pesquisa para realizarem vários esforços de estudos sobre judaísmo, sociedade e negócios. O grupo se reúne mensalmente para explorar essas questões e também criou um forte programa filantrópico dentro do clube de modo geral. Além disso, é bastante privado em suas reuniões e não as alardeia de qualquer forma no local de trabalho. Isso tem permitido um nível de seriedade não replicado em muitos dos programas que vimos. O que o clube não faz, entretanto, é compartilhar essa aprendizagem com uma comunidade acadêmica mais ampla para discussão e crítica. A necessidade de cruzamentos institucionais é óbvia.

À medida que revemos essas recomendações, há uma tentação de nos tornarmos demasiadamente prescritivos nesse estágio inicial do reparo geral do relacionamento negócios-igreja. No final, nossa mais forte recomendação é a de concentração no foco original apresentado aqui: o interesse e o relacionamento. Consideramos ser a maior falta uma tentativa de alcance mútuo – da igreja e dos negócios igualmente – para oferecer apoio e orientação em vez de desconsideração e condenação no atacado.

Nossa visão de uma nova abordagem ao relacionamento entre negócios e igreja não significa que a igreja deva abandonar sua prioridade de representar as necessidades dos desvalidos. Nem que a religião deva deixar de ser uma voz tentando influenciar a política pública de decisões econômicas. Em vez disso, sugerimos que a igreja não confunda as prioridades finais com onde se deve primeiramente estabelecer um diálogo religioso. Uma comunidade religiosa informada deve fazer distinções cuidadosas entre o que é um assunto de política pública, o que é tratável dentro do setor corporativo e o que leva a dimensão religiosa para as vidas diárias de congregantes no alto e no pé da escada dos negócios.

A observação de Tocqueville da religiosidade e do pragmatismo extremos da cultura norte-americana não se tornou obsoleta. Ainda vemos norte-americanos canalizando muito de sua energia para novas e empolgantes formas de comércio, apenas para embarcarem em novas formas de inquirição espiritual num piscar de olhos. Como demonstrou o comerciante puritano Robert Keayne, o cruzamento jamais foi suave. O ambiente de hoje apenas intensificou a justaposição de impulsos espirituais e de negócios nos Estados Unidos. Esses impulsos podem ser banalizados em expressões fugazes de idealismo sentimental ou capturados e desenvolvidos em uma plena compreensão da boa pessoa.

Nossas verificações sugerem que o desenvolvimento religioso de congregantes que estão nos negócios é um processo de duas mãos, não uma afirmação instrucional vinda do alto. Advém de participação e relacionamento. O melhor foco para ir adiante com a busca espiritual da pessoa de negócios atual é que profissionais tanto eclesiásticos quanto de negócios cuidem de seu relacionamento mútuo.

Um Desafio Esperançoso

Nós o convidamos a considerar a nova busca por integração como um desafio esperançoso: não apenas para fortalecer a conexão entre as preocupações de fé cristã e os crentes no mundo dos negócios, mas também para fortalecer a própria igreja.

A oportunidade para um significado religioso mais profundo nos negócios deve ser oferecida e desenvolvida dentro e fora da igreja. Nas idéias fundamentais dos arranjos sociais mais antigos da igreja, há temas que ressonam com os assuntos espirituais mais progressistas do dia: uma economia estruturada em harmonia com os ritmos da natureza, uma idéia de trabalho espiritualmente igual a uma vida de contemplação, um senso de missão religiosa para a comunidade como um todo para avançar propósitos justos. As condições da comunidade correta, descritas no Êxodo, são um ponto de partida rico: libertação da injustiça, sistemas opressivos em um estado caracterizado por correção, alegria religiosa e provisões abundantes para a vida terrena – uma terra de leite e mel.

Ao mesmo tempo, não devemos nos esquecer do novo mandamento: amarmos uns aos outros. Encontrar uma idéia ricamente desenvolvida de amor e devoção no mercado é por vezes uma charada, embora em outros momentos seja tão aparente quanto um simples ato de serviço a outro necessitado. Nossa esperança é que esses momentos possam ser fortalecidos e sustentados através do investimento da comunidade de negócios em sua própria busca por significado religioso – e em uma igreja que apóie essa busca.

Uma Nota Sobre Metodologia

Ao conduzirmos entrevistas para este livro, as respostas nos surpreenderam vez após vez. Algumas pessoas mostraram uma total falta de interesse em abordar o problema. Outras se atinham à insistência inicial de que tinham um bom relacionamento – pessoa de negócios com pastor e pastor com pessoa de negócios – até sondarmos um pouco mais fundo. Em ambos os casos tinham acabado por aceitar o *status quo* e não imaginavam por que desejaríamos abordar a questão.

Dadas as extremas sensibilidade e relutância em participar de forma significativa nas perguntas sobre o papel da igreja relativamente aos negócios, tivemos que nos valer de uma amostragem um tanto desorganizada, encontrando evidências de visão de mundo, atitudes e experiência onde nos era possível. Nossa pesquisa era constituída de entrevistas em profundidade com pessoas de negócios e clero primariamente caucasianos cristãos das principais denominações e também não-afiliados e grupos leigos (aproximadamente noventa e cinco indivíduos, com um número maior assistindo mas nem sempre comentando); estudos de casos de programas que aparentavam estar oferecendo programas especialmente dignos de nota para pessoas de negócios em dez locais, revistos para fins de precisão pelas instituições perfiladas; uma pesquisa escrita de seminários e uma extensa avaliação de mais de cem livros, artigos e programas (seculares e religiosos) apelando para o desenvolvimento espiritual de executivos. Também se baseia em material coletado de *Believers in Business*, um livro anterior sobre oitenta e cinco CEOs cristãos publicado por Laura Nash.

Nosso foco principal foi em pessoas de negócios em cargos de autoridade gerencial e clero cristão e grupos leigos servindo à comunidade.

Nossas congregações-amostra foram escolhidas para destacar a gerência de níveis médio e superior. Realizamos a maioria das entrevistas na área da grande Boston, com *input* significativo de várias congregações ao longo do litoral oriental, Chicago e área de Los Angeles. Fomos avisados de que nossa amostra pode ter um viés excessivo para a população mais liberal e secular-humanística dos Estados Unidos. É uma boa observação. Por esse motivo, tentamos apresentar esses dados como *representativos de questões-chave* no movimento de fé e trabalho sem fazer alegações de estarmos retratando o estado definitivo das relações entre igreja e congregantes nos Estados Unidos de hoje.

Muitas pessoas expressaram um intenso senso de privacidade em relação ao tópico e sua participação, e portanto decidimos manter todos os comentários anônimos a não ser que anteriormente publicados em outro lugar. Por essa mesma razão, não reconhecemos os nomes dos pastores e pessoas de negócios que nos ajudaram neste projeto. Nossa gratidão por suas contribuições é enorme e pode ser mais bem expressada através da preservação de sua privacidade.

A dificuldade de obtenção de acesso a executivos quanto ao estado de sua relação com a igreja em tópicos relacionados a negócios não pode ser superestimada. Para muitas pessoas de negócios, especialmente as que estão fora de uma tradição confessional evangélica, a afiliação religiosa pessoal é algo privativo, inadequado para discussão no que se relaciona com seu papel executivo oficial. Executivos freqüentemente procuram disfarçar, não anunciar, seu relacionamento com sua igreja. Pessoas de negócios se mostraram relutantes em oferecer nomes de colegas para participação em entrevistas, com medo de parecer estarem usando seu poder para coagir pessoas a discutir assuntos privados. Muitos integrantes do clero não se mostraram dispostos a abordar membros de suas congregações que detinham cargos de considerável responsabilidade nos negócios e recusaram nossa solicitação de participarem. Em um exemplo, uma grande igreja católica do subúrbio, com uma congregação de altos executivos, publicou tal convite em seu boletim durante três semanas. Apenas uma pessoa de negócios expressou interesse em participar. O líder da igreja que deu permissão para a publicação do anúncio não considerou apropriado contatar as pessoas pessoalmente com medo de parecer estar coagindo. Mesmo grupos de leigos que conheciam nosso trabalho e confiavam em nós pessoalmente não necessariamente consideravam apropriado nos permitir qualquer tipo de acesso a seus membros, nem mesmo com um panfleto indicando a existência de nosso estudo e um convite para nos contatarem.

De modo geral, obtivemos acesso através de clérigos que gentilmente se mostraram dispostos a correr o risco e reunir um grupo de foco, através de recomendação pessoal de outra pessoa de negócios (o método bola de neve), ou por serendipidade. Algumas das melhores entrevistas foram obtidas pela porta dos fundos – em conexão com uma reunião para outro fim expresso relativo a negócios ou religião. Claramente, há mais trabalho metódico a ser realizado e esperamos que esse estudo seja o ímpeto inicial para inquirição adicional por parte das próprias igrejas.

A maioria dos entrevistados sem afiliação a igrejas haviam sido membros de uma igreja no passado. O coeficiente de clérigos (incluindo teólogos) para pessoas de negócios foi de aproximadamente um para quatro (em cerca de dez casos, as pessoas detinham ambas as posições profissionais). Uma entrevista normalmente era realizada durante uma refeição em particular ou em um grupo de discussão convocado em uma igreja ou universidade. Em alguns casos, o clero participou em reuniões de grupo realizadas em uma igreja. A maioria das discussões, no entanto, foi realizada com pessoas de negócios e clérigos separados uns dos outros.

Compartilhamos nossas conclusões e estrutura de integração com vários grandes grupos de clérigos e pessoas de negócios fora de Boston. Mesmo onde a experiência local diferia das verificações, as verificações em si deram a clérigos e pessoas de negócios *insight* da dinâmica geral e dos problemas de interesse baseado na igreja em espiritualidade e trabalho hoje. Se isso for verdade, nossas metas foram atingidas.

Nosso estudo não incluiu religiões não-cristãs, igrejas e congregações afro-americanas e igrejas cujas congregações são primariamente de operários. Operários não foram incluídos pela suposição de que a maioria dos programas de "espiritualidade secular" patrocinados por corporações é orientada para a gerência intermediária e superior. Também achamos que os problemas de negócios de gerentes são freqüentemente de natureza diferente da dos operários e que gerentes haviam sido menos estudados pela igreja do que o movimento trabalhista. Nosso foco de forma alguma reflete uma opinião de que cargos operários têm menos potencial espiritual do que os de colarinho branco.

Originalmente, planejamos incluir igrejas com congregações predominantemente afro-americanas, mas abandonamos essa idéia após algum trabalho de entrevistas e estudos de casos. Logo verificamos que em muitas áreas tanto os perfis econômicos quanto os sociais dessas congregações e o papel histórico da igreja negra como mediadora na vida econômica dos congregantes eram radicalmente diferentes das igrejas brancas. Lidar com as duas coisas estava além da nossa capacidade.

É fato infeliz da vida norte-americana que igrejas estão entre as instituições mais segregadas do país. É perigoso extrapolar as experiências religiosas de uma denominação ou classe social para outra. Na verdade, nossa análise preliminar mostrou muitas diferenças. Aparentemente, igrejas negras parecem atravessar os domínios com muito mais freqüência do que o clero branco. Têm sido a instituição predominante na vida de muitos de seus congregantes, em parte porque as possibilidades econômicas ou educacionais da comunidade são muito restringidas. A igreja permanece uma importante guardiã – espiritual e econômica – para uma população sem acesso fácil a outros apoios institucionais dos setores público e privado.

Igrejas afro-americanas desempenham muitas funções. São o local de ação política local. Ajudam as pessoas a fazer *networking* em busca de empregos ou empréstimos. São uma plataforma para o compartilhamento de informações sobre as atividades financeiras de seus membros. Asseguram assistência para os necessitados em suas próprias congregações e comunidades. Abrem seus púlpitos a figuras políticas que possam trazer melhorias econômicas para a comunidade. Ajudam membros a desenvolver habilidades profissionais (incluindo a aquisição de educação). Também patrocinam negócios iniciantes.

Em contraste, para muitos brancos são as corporações e as instituições humanistas seculares que têm sido os guardiães predominantes de seu desempenho financeiro e de carreira. Essas mesmas instituições competem com as igrejas brancas e com elas compartilham preocupação moral sobre muitas atividades importantes associadas à doutrina cristã.

O papel de guardiã da igreja negra e a marginalização econômica de muitos de seus congregantes em relação aos negócios tradicionais, são apenas dois dos fatores que prevêem um perfil diferente para a igreja na questão de integração de fé e trabalho. Um estudo comparativo detalhado seria de grande valia, mas estava além do escopo de nosso conhecimento especializado e deste projeto.

De forma similar, não tentamos estudar congregações judias ou islâmicas devido a diferenças fundamentais de teologia econômica e práticas congregacionais que teriam tornado nossas verificações excessivamente complexas. Mais uma vez, uma pesquisa comparativa certamente seria útil mas estaria além de nosso escopo pretendido.

Uma palavra sobre a pesquisa. Tentamos contatar vinte e cinco dos mais importantes seminários e escolas de teologia nos Estados Unidos por telefone. A cada um foi solicitado distribuir um questionário escrito a vinte alunos e cinco membros do corpo docente. A finalidade não era separar escolas específicas por preparação especialmente boa ou má e por esse motivo não atribuímos a fonte de quaisquer comentários tirados das pesquisas. Nossa amostra era demasiadamente limitada para que chegássemos a quaisquer conclusões. Quatorze das quinze instituições que concordaram em participar responderam

(154 respostas ao todo): Andover Newton Theological Seminary, Boston University School of Theology, Catholic Theological Union, Episcopal Divinity School, Fuller Theological Seminary, Gordon-Conwell Theological Seminary, Harvard University Divinity School, Holy Cross Greek Orthodox School of Theology, Institute for Buddhist Studies (Graduate Theological Union), Nazarene Theological Seminary, Princeton Theological Seminary, Southern Baptist Theological Seminary, St. Vladimir's Orthodox Theological Seminary e Weston Jesuit School of Theology.

Pedimos às escolas que escolhessem uma amostra mista que incluísse, mas não fosse exclusivamente composta de pessoas que estivessem ensinando ou realizando trabalhos de curso de alguma forma relativos a negócios e religião. Também pedimos que tentassem alcançar alunos que estivessem próximos do fim de seu curso de graduação para melhor refletir a experiência de seu treinamento. Dadas as amplas diferenças de conteúdo de curso, foi impossível estabelecer quaisquer parâmetros adicionais quanto à escolha dos estudantes. (Uma pesquisa de catálogos foi de ajuda apenas mínima.)

Pedimos aos pesquisados que indicassem quaisquer cursos que tivessem freqüentado ou ministrado relativamente a negócios, mas sem entrevistas extensas foi impossível determinar a profundidade e a natureza da cobertura nesses cursos. Não parecia haver qualquer correlação com tal exposição e com as respostas a outras perguntas. Todas as respostas foram tabuladas e cruzadas por escola, pergunta, *status* (estudante ou professor) e sexo. Uma amostra de Perfil Biográfico de Pesquisado e um Questionário estão incluídos no fim desta seção.

Os dados dessas respostas são fascinantes mas não devem ter sua importância exagerada, dado o método de amostragem. Por este motivo relatamos padrões gerais nas respostas em vez de percentuais efetivos, por medo de que uma vez colocados no papel, os percentuais sejam exagerados em discussões posteriores. Em nossa opinião, o papel de instituições acadêmicas na capacidade da igreja de oferecer orientação a pessoas de negócios merece estudo e reflexão continuados. Esperamos que as informações aqui contidas sejam de ajuda a outros que estejam empreendendo tal esforço.

Perfil Biográfico de Pesquisado e Questionário

Objetivo do questionário: Explorar como seminários preparam alunos para ministrar a membros da comunidade dos negócios. Esta pesquisa é parte de um estudo maior que inclui entrevistas com membros do clero, rabinos e líderes de negócios, com foco em executivos que detêm altos cargos e tenham funções de responsabilidade significativa.

Confidencialidade: Todas as informações serão relatadas de forma generalizada, ex.: "Um seminarista jesuíta de primeiro ano que já foi proprietário de um negócio comentou como segue. ..." As identidades dos participantes não serão divulgadas a não ser com a concordância por escrito do autor e do participante.

A. Informações Pessoais

Nome: _____

Profissão(ões) dos pais: _____

_____

Endereço: _____

_____

Profissão anterior (se houver): _____

Telefone: _____

Seminário ou escola atual: _____

Área de concentração acadêmica: _____

Sexo: F   M

Estados e países onde já viveu: _____

Instrução: _____

Afiliação religiosa: _____

Afiliação religiosa anterior (se diferente): _____

B. Conteúdo de Curso

(Por favor, faça um círculo em torno de Sim ou Não onde apropriado.)

1. Há algum curso relacionado a negócios incluído em seu conteúdo?

    Não   Sim
    (Favor especificar o título do curso ou dos cursos.)

2. Há algum livro, revista ou programa de TV sobre negócios ou economia designado como leitura ou assistência obrigatória?

    Não   Sim
    (Favor especificar.)

3. O quão importante você acha que é a inclusão de questões de sacerdócio referentes a negócios e pessoas de negócios em seu conteúdo de curso?

C. Escrituras

(Por favor, faça um círculo em torno de Sim ou Não onde apropriado.)

4a. Você incluiu alguma passagem das escrituras em seus cursos com a finalidade explícita de discutir suas implicações para os negócios ou pessoas de negócios?

    Não   Sim
    (Favor descrever.)

4b. Você já tentou aplicar quaisquer passagens das escrituras ao que você vê acontecer no mundo dos negócios?

    Não   Sim
    (Favor especificar.)

5. Você já deu ou ouviu quaisquer sermões sobre como pessoas de negócios formam parte da comunidade religiosa e como se encaixam no tecido da sociedade?

    Não   Sim
    (Favor especificar as mensagens-chave transmitidas.)

D. Tradição Religiosa

(Por favor, faça um círculo em torno de Sim ou Não onde apropriado.)

6. Quais as principais imagens ou temas, ou o que você percebe como as questões principais, relativamente ao relacionamento entre a igreja/templo e pessoas de negócios?

7a. Você acha que sua tradição religiosa tem alguma opinião específica sobre pessoas de negócios ou os negócios?

   Não   Sim
   (Favor explicar se essa opinião é positiva ou negativa.)

7b. Há alguma atenção a esses cursos?

   Não   Sim
   (Favor especificar.)

7c. Qual a sua própria opinião relativamente ao acima?

8. Você acha que de modo geral o relacionamento da igreja/templo tem mudado com relação aos negócios?

   Não   Sim
   (Favor especificar.)

E. Experiência Pessoal e Desenvolvimento de uma Visão de Mundo

(Por favor, faça um círculo em torno de Sim ou Não onde apropriado.)

9a. Seu programa inclui algum tipo de contato com pessoas de negócios que possuem cargos de responsabilidade, ex.: palestras, reuniões informais etc.?

   Não   Sim
   (Favor especificar.)

9b. Você participa de alguma atividade que o põe em contato com pessoas de negócios?

   Não   Sim
   (Favor especificar.)

10. Você tem algum membro de sua família ou amigo que pode ser considerado alto executivo de negócios?

    Não   Sim
    (Favor especificar.)

11. Você acha que compreende o papel desempenhado pelos negócios em nossa sociedade atual?

    Não   Sim
    (Favor comentar.)

12. Você tem oportunidades para discutir suas opiniões a esse respeito com outros colegas?

    Não   Sim
    (Favor especificar com quem e com que freqüência.)

13. Você alguma vez já preparou um sermão ou deu uma palestra orientada para a comunidade de negócios?

    Não   Sim
    (Favor especificar o título ou tema principal e anexe uma cópia se desejar.)

14. Como você entende as necessidades por sacerdócio das pessoas de negócios?

15. Se pudesse, como gostaria de influenciar o papel ou a atitude da igreja/templo em relação a grandes empresas?

16. Se pudesse, como mudaria os negócios?

17. Se pudesse, como gostaria de ministrar para as pessoas de negócios de sua comunidade religiosa?

Obrigado por sua participação.

Notas

Prefácio

1. *The Apologia of Robert Keayne; the last will and testament of me, Robert Keayne, all of it written with my own hands and began by me, mo: 6: 1: 1653, commonly called August; the Self-Portrait of a Puritan Merchant.* (B. Bailyn, org.). Nova York: Harper Torchbooks, 1965.

Introdução

1. Ver James, W. *The Varieties of Religious Experience: A Study in Human Nature.* Nova York: Macmillan, 1961, p. 90. (Originalmente publicado em 1902.)
2. Fogel, R. *The Fourth Great Awakening and the Future of Egalitarianism.* Chicago: University of Chicago Press, 2000.
3. O termo é de Wade Clark Roof, usado em suas excelentes pesquisas dos novos perfis religiosos da geração pós-guerra. Ver *A Generation of Seekers: The Spiritual Journeys of the Baby Boom*

Generation, com Bruce Greer (San Francisco: HarperSanFrancisco, 1993); e *Spiritual Marketplace: Baby Boomers and the Remaking of American Religion*. Princeton: Princeton University Press, 1999.

4. Ver Cimino, R. P., e Lattin, D. *Shopping for Faith: American Religion in the New Millenium*, San Francisco: Jossey-Bass, 1998; Gallup, G. Jr., e Castelli, J. *The People´s Religion: American Faith in the '90s*. Nova York: Macmillan, 1989; Jones, T., e Gallup, G., Jr. *The Next American Spirituality: Finding God in the Twenty-First Century*. Colorado Springs, Colo.: Cook Communications, 2000; Marty, M. E. *The One and the Many: America's Struggle for the Common Good*. Cambridge: Harvard University Press, 1997; Roof, W. C. *A Generation of Seekers*. San Francisco: HarperSanFrancisco, 1993 e *Spiritual Marketplace*. Princeton: Princeton University Press, 1999; e Wuthnow, R. *The Crisis in the Churches: Spiritual Malaise, Fiscal Woe*. Nova York: Oxford University Press, 1997. George Barna do Barna Research Group denomina a nova principal geração de crentes "o Mosaico". Ver também Mitroff, I. I., e Denton, E. A. "A Study of Spirituality in the Workplace." *Sloan Management Review*, verão de 1999, 83-92; e McLennan, S. *Finding Your Religion*. San Francisco: HarperSanFrancisco, 1999.

5. Por exemplo, a United Methodist Church (Igreja Metodista Unida) declinou de 11 milhões de membros em 1965 para 9 milhões hoje; A Igreja Episcopal foi de 3,6 milhões para 2,5 milhões.

6. Para discussão adicional de nossa metodologia, veja "Uma Nota sobre Metodologia".

7. Jones e Gallup (2000), pp. 184-185.

8. Mitroff, I. I., e Denton, E. A. *A Spiritual Audit of Corporate America: A Hard Look at Spirituality, Religion and Values in the Workplace*. San Francisco: Jossey-Bass, 2000. Eles relatam que 60% de sua amostragem se inclinavam positivamente à idéia de espiritualidade e negativamente quanto à religião. Outros 30% eram positivos em relação a ambos. Ver também, Grossman, C. L. "In Search of Faith: For Many, Self-Defined 'Spirituality' Is Replacing a Church-Based Faith". *USA Today*, 23-26 de dezembro, 1999, pp. 1A, 2A. Em uma pesquisa da CNN e do Instituto Gallup relatada neste artigo, as pessoas se vêem como "espirituais mas não religiosas". Para a

tendência em direção à religião autodefinida de base, ver Roof (1993, 1999); ver também Creedon, J. "God with a Million Faces." *Utne Reader*, julho-agosto de 1998, 22-28; e McDonald, M. "Shush. The Guy Is the Cubicle Is Meditating. Spirituality is the Latest Corporate Buzzword." *U.S. News & World Report*, 3 de maio, 1999.

Capítulo 1

1. Muitos outros repetiram os comentários deste entrevistado. Para opiniões confirmadoras e divergentes, ver Wuthnow, R. *God and Mammon in America*. Nova York: Free Press, 1994, 55-56. Ele cita resultados de pesquisa contraditórios relativamente à participação da igreja e à compreensão dela com relação à religião no trabalho. Em uma pesquisa 90% dos membros da igreja afirmaram jamais terem ouvido um sermão que relacionasse fé e seu trabalho. A Pesquisa de Valores Econômicos de Wuthnow revelou que 40% haviam ouvido um sermão que os inspirasse a trabalhar com mais afinco e apenas 24% da força de trabalho concordam com a afirmação "Membros do clero têm muito pouca compreensão de como é no mundo de trabalho do mundo real". Notou também, no entanto, que apenas 20% dos membros da igreja dizem que conversaram sobre seu trabalho com um membro do clero no ano anterior. Ver também Wuthnow (1997), p. 66, citando a atitude em que um trabalhador não procuraria seu pastor para conselhos sobre uma questão ética séria no trabalho.

2. Veja, por exemplo, Wuthnow (1997), p. 6. Ele relata uma forte tendência do clero pregar sobre tópicos apresentados pela mídia refletindo grandes questões políticas e as guerras das culturas em vez de a realidade da vida diária.

3. Kelly, K. *New Rules for the New Economy: Radical Strategies for a Connected World*. Nova York: Viking, 1998.

4. De um estudo realizado pelos professores de administração Albert Vicere, da Pennsylvania State University e Robert Fulmer, da College of William and Mary, relatado por Farnham, A. "In Search of Suckers: A Growing Army of Tom Peters Wannabes Are Making Millions Peddling Advice to Managers." *Fortune*, 14 de outubro, 1996, p. 119.

5. No mesmo veio, alguns conservadores cristãos usam *secular* para indicar qualquer afirmação não centrada em Cristo, incluindo práticas budistas.

6. William James observou a freqüência do que chamou de linguagem da "opressão respiratória" na Bíblia e o uso ainda mais forte de expiração e inspiração nas práticas religiosas orientais. James (1961), p. 278.

7. Covey, S. R. *The Seven Habits of Highly Effective People*. Nova York: Simon and Schuster, 1989, p. 292.

8. Block, P. *Stewardship: Choosing Service over Self-Interest*. San Francisco: Berrett-Koehler, 1993, pp. 48-49.

9. Embora as quatro necessidades tenham sido tiradas de uma variedade de programas de espiritualidade e de nossas entrevistas, observe que os autores John B. Izzo e Eric Klein sugerem quatro caminhos para a alma corporativa que, grosso modo, refletem uma descrição mais funcional de nossas quatro necessidades sentidas. Suas categorias são realizar trabalho que tenha o potencial de se tornar expressão direta de nossos valores; trabalho que possibilite às pessoas sentirem que estão realizando uma contribuição válida; trabalho que permita às pessoas encontrarem e descobrirem novas áreas de maestria e artistismo; e trabalho que nutra comunidade e atuação em equipe em uma empresa. Izzo, J. B. e Klein, E. *Awakening Corporate Soul: Four Paths to Unleash the Power of People at Work*. Edmonton: Fair Winds Press, 1998.

10. Ver especialmente Shor, J. *The Overworked American: The Unexpected Decline of Leisure*. Nova York: Basic Books, 1993; e *The Overspent American: Why We Want What We Don't Need*. Nova York: Harper-Collins, 1999.

11. Greenleaf, R. K. *Servant Leadership: A Journey into the Nature of Legitimate Power and Greatness*. Nova York: Paulist Press, 1977, pp. 28, 186.

12. Rogers, F. *You Are Special: Words of Wisdom from America´s Most Beloved Neighbor*. Nova York: Penguin, 1994.

13. Para uma discussão comparativa de religiões e justiça social, ver Green, R. M. *Religion and Moral Reason: A New Method for Comparative Study*. Nova York: Oxford University Press, 1988, pp. 162-194.

14. Para discussão adicional, ver Nash, L. *Believers in Business*. Nashville: Thomas Nelson, 1994, pp. 6-8, 124-162.

15. Coué, E. e Orton, J. L. *Conscious Auto-Suggestion*. Londres: T. F. Unwin, limited, 1924.

16. Kaminer, W. "The Latest Fashion in Irrationality." *Atlantic Monthly*, julho de 1996. Também Kaminer, W. *Sleeping with Extra-Terrestrials: The Rise of Irrationalism and Perils of Piety*. Nova York: Pantheon Books, 1999.

17. Dykstra, C. "Religion and Spirituality." *Responsive Community*, inverno de 1996, p. 6.

Capítulo 2

1. De acordo com Ian Mitroff, cerca de 60% das pessoas de negócios que alegam ter algum tipo de crença adotam esse posicionamento. Ver Mitroff, I. I. e Denton, E. A. *A Spiritual Audit of Corporate America: A Hard Look at Spirituality, Religion, and Values in the Workplace*. San Francisco: Jossey-Bass, 2000.

Capítulo 3

1. Wuthnow (1997), p. 11. Ver também Ammerman, N. T. com Farnsley II, A. E., e Adams, T. *Congregation and Community*. New Brunswick, N. J.: Rutgers University Press, 1997.

2. Marty, M. "Number of Centers Studying Public Religion Grows." *Sightings*, 19 de junho, 1999.

3. Ver, por exemplo, Bellah, R. N. *Beyond Belief: Essays on Religion in a Post-Traditional World*. Berkeley: University of California Press, 1991; Bellah, R. N. e outros. *Habits of the Heart: Individualism and Commitment in American Life*. Berkeley: University of California Press, 1996; e Madsen, R., Sullivan, W. N., Bellah, R. N. e Swidler, A. *The Good Society*. Nova York: Vintage, 1992.

4. Como relatado em Greenhouse, S. "Clergy and Unions Teaming Up Again. Roots of Labor Day Recalled in Services." *New York Times*, 6 de setembro, 1999, p. A9.

5. No todo, avaliamos mais de 125 livros nas áreas da nova espiritualidade, ciência e religião ou gerência e religião. Os 25 mais importantes dos quais tiramos nossas principais conclusões sobre o conteúdo, suposições subjacentes e técnicas do movimento da nova espiritualidade nos negócios foram Allman, W. F. *The Stone Age Present*. Nova York: Touchstone, 1995; Autry, J. A. *Love and Profit: The Art of Caring Leadership*. Nova York: Avon, 1992; Blanchard, K., Hybels, B., e Hodges, P. *Leadership by the Book: Tools to Transform Your Workplace*. Nova York: William Morrow, 1999; Blanchard, K. e Peale, N. V. *The Power of Ethical Management*. Nova York: William Morrow, 1988; Block, P. *Stewardship: Choosing Service over Self-Interest*. San Francisco: Berrett-Koehler, 1993; Briner, B. *The Management Method of Jesus: Ancient Wisdom for Modern Business*. Nashville: Thomas Nelson, 1996; Canfield, J. e outros, *Chicken Soup for the Soul at Work*. Deerfield Beach, Fla.: Health Communications, 1996; Carlson, R. *Don´t Sweat the Small Stuff... and It´s All Small Stuff.* Nova York: Hyperion, 1997; Chappell, T. *The Soul of a Business: Managing for Profit and the Common Good*. Nova York: Bantam, 1993; Chopra, D. *The Seven Spiritual Laws of Success: A Practical Guide to the Fulfillment of Your Dreams*. San Rafael, Calif.: Amber-Allen, 1994; Chopra, D. *How to Know God: The Soul´s Journey into the Mystery of Mysteries*. Nova York: Crown, 2000; Covey, S. R. *Principle-Centered Leadership*. Nova York: Fireside, 1992; Covey, S. R., Merrill, A. R. e Merrill, R. R. *First Things First: To Live, to Love, to Learn, to Leave a Legacy*. Nova York: Simon & Schuster, 1994; Covey, S. R. *The Seven Habits of Highly Effective People*. Nova York: Simon & Schuster, 1989; Lama Surya Das. *Awakening the Buddha Within*. Nova York: Broadway Books, 1997; De Pree, M. *Leadership Is an Art*. Nova York: Doubleday, 1989; Edelman, J. e Crain, M. B. *The Tao of Negotiation*. Nova York: HarperCollins, 1993; Garfield, C. *Peak Performers: The New Heroes of American Business*, Nova York: Avon, 1986; Greenleaf, R. K. *Servant Leadership: A Journey into the Nature of Legitimate Power and Greatness*. Nova York: Paulist Press, 1997;

Guinness, O. *The Call: Finding and Fulfilling the Central Purpose of Your Life*. Nashville: Word, 1998; Handy, C. *The Hungry Spirit*. Nova York: Broadway Books, 1998; Harner, M. *The Way of the Shaman.*, (3ª ed.) San Francisco: HarperSanFrancisco, 1990; Hendricks, G. e Ludeman, K. *The Corporate Mystic: A Guidebook for Visionaries with Their Feet on the Ground*. Nova York: Bantam, 1997; Hillman, J. *The Soul's Code: In Search of Character and Calling*. Nova York: Warner Books, 1996; Hutchens, D. *Outlearning the Wolves: Surviving and Thriving in a Learning Organization*. Waltham, Mass.: Pegasus Communications, 1998; Inamori, K. *A Passion for Success: Practical, Inspirational, and Spiritual Insight from Japan's Leading Entrepreneur*. Nova York: McGraw-Hill, 1995; Jaworski, J. *Synchronicity: The Inner Path of Leadership*. San Francisco: Berrett-Koehler, 1996; Jones, L. B. *Jesus CEO: Using Ancient Wisdom for Visionary Leadership*. Nova York: Hyperion, 1995; Kauffman, S. *At Home in the Universe: The Search for the Laws of Self-Organization and Complexity*. Nova York: Oxford University Press, 1995; Komisar, R. com Lineback, K. *The Monk and the Riddle: The Education of a Silicon Valley Entrepreneur*. Boston: Harvard Business School Press, 2000; Noble, D. F. *The Religion of Technology: The Divinity of Man and the Spirit of Invention*. Nova York: Alfred A. Knopf, 1998; Oakley, E. e Krug, D. *Enlightened Leadership: Getting to the Heart of Change*. Nova York: Fireside, 1994; Peck, M. S. *The Road Less Travelled: A New Psychology of Love, Traditional Values, and Spiritual Growth*. Nova York: Touchstone, 1978; Pollard, C. W. *The Soul of the Firm*. Nova York: HarperBusiness/Zondervan, 1996; Redfield, J. e Adrienne, C. *The Celestine Prophecy: An Experiential Guide*. Nova York: Warner, 1995; Robbins, A. *Awaken the Giant Within: How to Take Immediate Control of Your Mental, Emotional, Physical and Financial Destiny!* Nova York: Fireside, 1991; Wheatley, M. J. *Leadership and the New Science: Learning About Organization from an Orderly Universe*. San Francisco: Berrett-Koehler, 1992; Whyte, D. *The Heart Aroused: Poetry and the Preservation of the Soul*. Nova York: Currency/Doubleday, 1994; Wilber, K. *Spirituality: A Brief History of Everything*. Boston: Shambala, 1996; e Wilber, K. *The Marriage of Sense and Soul: Integrating Science and Religion*. Nova York: Random House, 1998.

6. Bellah (1991).
7. Hendricks e Ludeman (1997), p. xviii.
8. Crentes conservadores ou fundamentalistas nas comunidades muçulmanas, judaicas e cristãs (incluindo os mórmons) discordaram dessa avaliação e em algumas ocasiões têm acionado corporações judicialmente por lhes imporem religião de "nova era". Isso tem levado a uma reafirmação do Título VII (*Title VII*, uma referência à legislação dos EUA) como não ter implicado qualquer discriminação com base em religião e no direito de liberdade de expressão (mas não de opressão) no local de trabalho. Embora essas queixas sejam importantes, não aparentam representar a população de negócios de modo geral. Em nossas entrevistas e trabalho com executivos, muitos demonstraram certa preocupação com o fato de a corporação agir como um Grande Irmão Espiritual, mas também se achavam plenamente capazes de manter seus compromissos religiosos particulares. Em sua opinião, a participação nesses exercícios não apresentava ameaça de se imporem à sua liberdade de religião, em parte porque não os consideravam como religião no sentido tradicional da palavra.

Capítulo 4

1. Para uma discussão dessa tendência, ver Nash, L. "The Nanny Corporation." *Across the Board*, maio/junho 1994; e Heuberger, F. e Nash, L. (orgs.). *A Fatal Embrace? Assessing Holistic Trends in Human Resources Programs*. New Brunswick: Transaction Publications, 1994.

2. Essa seleção se assemelha mais à descrição clássica do domínio do gerente identificada primeiramente por Chester I. Barnard em *The Functions of the Executive* (Cambridge: Harvard University Press, 1938). Dividiu organizações por situações cooperativas e descreveu quatro relativamente à corporação: (1) as que se relacionam com aspectos do ambiente físico; (2) as que se relacionam com aspectos do ambiente social; (3) as que se relacionam com indivíduos e (4) outras variáveis. Os detalhes do domínio dos negócios dados aqui combinam esses princípios com descrições funcionais típicas utilizadas em empresas atualmente.

3. O especialista em gestão Herbert Simon observou isso em seu trabalho, hoje um marco, *Administrative Behavior: A Study of Decision-Making Processes in Administrative Organization*. (3ª ed.) Nova York: Free Press, 1976. Simon observou (p. 38) que a maioria das descrições de administração se limitava demasiadamente a mecanismos de autoridade, assim criando um quadro superficial, excessivamente simplificado e irreal de por que pessoas se comportam como se comportam.

4. Sethi, S. P. e Williams, O. *Economic Imperatives and Ethical Values in Global Business: The South African Experience and International Codes Today*. Boston e Dordrecht: Kluwer Academic, 2000. Para uma boa seleção de trabalhos de posicionamento denominacional sobre economia, ver Stackhouse, M. L., Dennis, D. P., McCann, P. e Roels, S. J. (orgs.), com Williams, P. *On Moral Business: Classical and Contemporary Resources for Ethics in Economic Life*. Grand Rapids, Mich.: Eerdmans, 1995.

5. Como anteriormente observado, igrejas afro-americanas não se encaixaram nos padrões aqui descritos. Independentemente de diferenças étnicas e raciais, congregações em grande parte compostas de operários demonstraram extensas atividades da igreja em aconselhamento econômico prático (uso de cartões de crédito, como controlar um talão de cheques ou meios de desenvolver novas habilidades de emprego). Como este estudo se concentra primariamente em executivos de nível médio e de alto escalão que já possuem essas habilidades, nossa discussão não aborda atividades desse tipo.

Capítulo 5

1. Essa citação e o evento foram tirados de Bombardieri, M. "Bankers Come Up with Y2K Sermon." *Boston Globe*, 17 de outubro, 1999, p. B4.

2. Ver especialmente o extenso trabalho de Robert Wuthnow sobre atitudes em relação a dinheiro em *God and Mammon in America*. Nova York: Free Press, 1994; *Poor Richard's Principle*. Princeton, N. J.: Princeton University Press, 1996; *The Crisis in the Churches: Spiritual Malaise, Fiscal Woe*. Nova York: Oxford University Press,

1997; e *Learning to Care: Elementary Kindness in an Age of Indifference*. Nova York: Oxford University Press, 1995. Nossas pesquisas confirmaram muitas de suas verificações sobre o tipo de tópico e motivos por uma sensação de desconexão. Em vez de repetirmos todos os aspectos aqui, tentamos expandir sua já profunda análise com a discussão de como essas atitudes eram fator-chave na dinâmica que fez com que pessoas de negócios se sentissem desamparadas por suas igrejas em sua tentativa de integrar fé e seus papéis profissionais.

3. Se sobrepuséssemos essa concepção de negócios à nossa estrutura de integração, o círculo sombreado seria reduzido a um cifrão. Na prática, no entanto, é assim que descrições dos negócios pela igreja são freqüentemente enquadradas. O estudo de Mark Ellingsen de declarações públicas sobre questões sociais feitas por grupos eclesiásticos entre os anos 60 e os anos 90 revelou que em mais de trinta anos de atividade em questões econômicas, apenas três declarações enquadram a corporação como contribuição potencialmente positiva para o bem-estar humano; a sobrepujadora maioria expressou dúvidas quanto a qualquer possibilidade de contribuição espiritual ou moral por parte dos negócios. Ver Ellingsen, M. *The Cutting Edge: How Churches Speak on Social Issues*. Genebra: Instituto de Pesquisas Ecumênicas, WCC Publications e Grand Rapids, Mich.: Eerdmans, 1993.

4. Stackhouse, M. "Theology and the Economic Life of Society in a Global Era: On Mars, Eros, the Muses, Mammon and Christ." *Public Policy Review and Civil Reform*.

5. Para uma explicação extremamente detalhada e cuidadosa das visões bíblicas sobre riqueza, passadas pelo filtro "contaminado", ver Wheeler, S. E. *Wealth as Peril and Obligation: The New Testament on Possessions*. Grand Rapids, Mich.: Eerdman, 1995.

6. Embora pareça haver ecos marxistas na preocupação do capitalismo ter cooptado os valores do *establishment*, nenhum clérigo e apenas um punhado de seminaristas referiram-se diretamente a Marx em nossas entrevistas. Wuthnow relata que em suas pesquisas de atitudes econômicas entre profissionais religiosos, a palavra que surge com mais freqüência quando pastores falam de questões econômicas é *egoísmo* (Wuthnow, 1977, p. 77).

7. De acordo com o Programa de Desenvolvimento das Nações Unidas, as três pessoas mais ricas do mundo (Bill Gates era o número um, Warren Buffett o número três) têm ativos pessoais que, em conjunto, excedem o Produto Interno Bruto combinado dos quarenta e oito países menos desenvolvidos do mundo. Ver Knickerbocker, B. "Billionaires Giving to Get the Numbers Down." *Christian Science Monitor*, 30 de setembro, 1999, p. 17. De acordo com esse mesmo estudo, os 358 bilionários do mundo excedem a receita bruta dos países que contêm 45% da população mundial. Tais números sugerem um nível de injustiça relativamente aos mecanismos sistêmicos para o equilíbrio de recompensa e esforço que vai além de quaisquer discussões quanto a diferenças de custo de vida e coisas afins.

8. Green, R. N. *Religion and Moral Reason: A New Method for Comparative Study*. Nova York: Oxford University Press, 1988, p. xv.

9. Pollard., W. C. "Bridging the Gulf." Discurso proferido no Yale Berkeley Seminar, 8 de maio de 1998, distribuído privadamente, pp. 18-19.

10. Stackhouse, M. com P. Paris (orgs*.) God and Globalization,* Vol. 1. Harrisburg, PA: Trinity Press International, 2000, p. 19.

11. Tawney, R. H. *Religion and the Rise of Capitalism*. (A. B. Seligman, org.) New Brunswick, N. J.: Transaction, 1998, p. 128.

12. Wilson, W. J. *When Work Disappears: The World of the New Urban Poor*. Nova York: Knopf, 1996.

13. Wuthnow (1997), pp. 93-98.

14. Assim, também, Wuthnow (1997), p. 77: "A palavra que surge com mais freqüência quando pastores falam de questões econômicas é egoísmo." Obviamente, evangelhos da prosperidade eram a exceção a essa visão. Não eram prevalecentes em nossas entrevistas.

15. Hough, J. C., Jr. "Theologian at Work." Em C. S. Duley (org.), *Building Effective Ministries*. Nova York: HarperCollins, 1983, p. 112. Somos gratos ao reverendo Charles Bennison por chamar nossa atenção para esse trabalho.

Capítulo 6

1. Essa passagem é citada em Weber, M. *The Protestant Ethic and the Spirit of Capitalism*. (T. Parsons, tradutor.) Nova York: Scribner, 1958, p. 175.

2. Weiss, R. *The American Myth of Success*, Urbana, Ill.: University of Chicago Press, 1988, pp. 19ff.

3. Ver Mather, C. *Bonifacius: An Essay upon the Good*. (Editado, com introdução por David Levin.) Cambridge, Mass.: Belknap Press of Harvard University Press, 1966.

4. Como demonstrou Daniel Bell, de forma tão admirável, em *The Cultural Contradictions of Capitalism* (Nova York: Basic Books, 1976).

5. Baltzell, E. D. *The Protestant Establishment*. New Haven: Yale University Press, 1964, pp. 159ff.

6. Dos dezessete tipos de respostas auto-enquadradas à pergunta "Se pudesse, como gostaria de ministrar para as pessoas de negócios em sua comunidade religiosa?" quase 30% dos estudantes não viram qualquer motivo para crer que pessoas de negócios tivessem qualquer necessidade de ministração especial (vinte e uma respostas de estudantes; mais nove responderam ou "não sei", "prefiro ministrar para os pobres" ou "não é relevante para mim". As respostas que vieram em segundo lugar em termos de freqüência foram "seminários, sermões e ensino" (quatorze) e "suscitar apoio, encorajamento, demonstrar interesse" (quatorze). As respostas que vieram em terceiro lugar foram "criar oportunidades para a fé" (onze estudantes) e "ajudar a integrar fé com a vida diária" (onze). As duas respostas mais freqüentes entre os corpos docentes foram "ajudar a integrar fé" e "encorajamento, demonstrar interesse". Cf. Wuthnow, R. *The Crisis in the Churches: Spiritual Malaise, Fiscal Woe*. Nova York: Oxford University Press, 1997, p. 72: "O clero com que falamos uniformemente considerou o domínio da economia uma área importante de sacerdócio." Ao lado desse interesse, entretanto, ele relatou que "a maioria do clero considera [o mundo econômico] problemático. Muitos do clero

o vêem como um mundo imperialista e expansionista que seduz pessoas, atraindo-as para ele, tentando-as a querer mais, trabalhar mais e gastar mais" (pp. 76, 260, nº 4). Em nossa pesquisa, respostas de professores e alunos a "O quão importante para seu currículo você considera ser a inclusão de questões de sacerdócio relativas a negócios e pessoas de negócios?" mostraram uma interessante divisão de dois para um entre "muito importante" e "nem um pouco". Respostas de "muito importante" se correlacionavam aos que viam os negócios como maus ou ruins, mas poderiam se ver como tendo que "encorajar e apoiar" pessoas de negócios.

7. Resumo de respostas afirmativas à pergunta "Você recebeu (ou foi designado) quaisquer passagens das escrituras para estudar com a finalidade explícita de compreender a mensagem de Deus com respeito aos negócios ou à responsabilidade de pessoas de negócios?" As passagens citadas do Antigo Testamento, grosso modo parafraseadas: (1) Gen. 22:17-18, "pelos seus rebentos todas as nações receberão bênçãos"; (2) Lev. 25, relativamente ao ano de descanso: (3) Deut. 15:7-8, referente ao ano de descanso; (4) Prov. 22:1, escolha um bom nome em vez de riqueza; (5) Prov. 22:26-69, não seja daqueles que se empenham; (6) Prov. 28.8, um que aumenta riqueza por meio de juros exorbitantes e o aumento colhe para si que é bom com os pobres; (7) Ec. 4:9-10, dois é melhor que um pois cuidarão um do outro; e (8) Ezeq. 22-23-30, o povo praticou a extorsão e cometeu roubo; oprimiu os pobres e desvalidos. Passagens citadas do Novo Testamento, grosso modo parafraseadas: (1) Mateus 4:1-4, não se vive apenas do pão; (2) Mateus 5, Sermão da Montanha (citado como evidência de opção preferencial pelos pobres); (3) Mateus 6:24, ninguém pode servir a dois mestres; (4) Mateus 18:23-24, rei acertando suas contas com seus escravos; perdão; (5) Mateus 19:23, dificuldade para que um homem rico entre no Reino dos Céus; (6) Mateus 20:1-16, pagamento dos trabalhadores no vinhedo; (7) Mateus 21:12, Jesus expulsa os mercadores do templo; (8) Mateus 21:33-43, parábola dos maus inquilinos; (9) Marcos 10:41-45, quem dentre vós quiser ser grande deverá ser seu servo; (10) Lucas 6:34-35, mesmo pecadores emprestam a pecadores para muito receber; mas ame seus inimigos e faça o bem e empreste sem nada esperar em troca; (11)

Lucas 12:13-21, alerta contra o desejo material; o homem que acumular tesouros para si e não é rico em relação a Deus; (12) Lucas 19:11-17, parábola dos dez quilos (mina); (13) Lucas 21:1-9, a contribuição da viúva pobre *versus* as oferendas dos ricos; (14) João 13:34, o novo mandamento, amai-vos uns aos outros; (15) Rev. 18:3-23, a queda da Babilônia; (16) 1 Cor. 6:1-8, ações judiciais contra os que são menos estimados pela igreja; discordar da idéia de uns precisarem acionar outros dentro da igreja local; egoísmo de membros relativamente a bebida e alimento; (18) Efésios 6:5-9, escravos obedeçam seus mestres terrenos, mestres evitem ameaçar; (19) Col. 3:22-25, escravos, obedeçam a seus mestres terrenos; trabalhem com afinco como se servissem ao Senhor, sabendo que receberão sua herança do Senhor; e (20) 1 Timóteo 6:17, exige dos ricos não serem prepotentes, e que ponham suas esperanças em Deus; devem fazer o bem e ser generosos. Várias referências gerais também foram citadas: com maior freqüência, ao Sermão da Montanha, a "opção pelos pobres" e o homem rico não servir a dois mestres. Atos foi citado como modelo bíblico de relevância geral.

8. Alguns dos congregantes que entrevistamos que haviam participado de comitês de suas igrejas que entrevistavam novos pastores sugeriram que o clero de hoje é de modo geral preconceituoso em relação à religião prática e concreta. Comentou um: "Eles têm essas abstrações-padrão, como 'comunidade', com uma estrutura conceitual padrão. Eles apresentam isso, mas não há qualquer senso de que eles tenham qualquer interesse real em saber ao que a sua comunidade religiosa específica diz respeito. Parecem desconhecer que existe uma diferença."

9. Greenhouse, S. "Labor and Clergy are Reuniting to Help the Underdogs of Society." *New York Times*, 18 de agosto, 1996, p. 1.

10. Esse padrão aflorou claramente no apoio inicial ao movimento do Sindicato de Trabalhadores Agrícolas (United Farm Workers) de Cesar Chavez pelos negócios e pela mídia e a subseqüente retirada de apoio. Ao mesmo tempo em que se afastavam do endosso as exigências do movimento, enquanto algumas igrejas ainda boicotavam ativamente uvas e alface, pessoas de negócios caracte-

rizavam as igrejas como "não compreendendo" plenamente as questões. A *Time* chegou ao ponto de dizer que era uma briga entre sindicatos na qual a igreja não deveria se envolver.

11. Ver, por exemplo, John A. Ryan, "The Church and the Workingman." *The Catholic World*. Setembro, 1909, pp. 776-782.

12. Vaill, P. B. "The Learning Challenges of Leadership." *Kellogg Leadership Studies Project*. Julho, 1997, p. 74.

13. Ammerman, N. T., com Farnsley, A. E. II e Adams, T. *Congregation and Community*. New Brunswick, N.J.: Rutgers University Press, 1997.

14. Essas atitudes são bem comprovadas em Roof, W. C., com Greer, B. *A Generation of Seekers: The Spiritual Journeys of the Baby Boom Generation*. San Francisco: HarperSanFrancisco, 1993.

15. Wyszynski, S. C. *All You Who Labor: Work and the Sanctification of Daily Life*. Sophia Institute Press, 1995.

Capítulo 7

1. Gomes, P. J. *The Good Book: Reading the Bible with Mind and Heart*. Nova York: Morrow, 1998.

2. Ver Seglin, J. L. *The Good, The Bad, and Your Business: Choosing Right When Ethical Dilemmas Pull You Apart*. Nova York: Wiley, 2000.

3. Greenleaf, R. *Servant Leadership: A Journey into the Nature of Legitimate Power and Greatness*. Nova York: Paulist Press, 1983, p. 45.

4. Ver especialmente Kaufman, G. *Critical Terms for Religious Studies* (M. Taylor, org.) Chicago: University of Chicago Press, 1998; e Beckley, H. R. e Swezey, C. M. (orgs.). *James M. Gustafson's Theocentric Ethics: Interpretations and Assessments*. Macon, Ga.: Mercer University Press, 1988. O problema separado suscitado por Kaufmann – se os termos e conceitos doutrinais do cristianismo ainda são justificáveis no mundo moderno – está além do escopo dessa discussão.

5. Novak, M. *The Catholic Ethic and the Spirit of Capitalism*. Nova York: Free Press, 1993, p. 23.

6. Korten, D. C. *When Corporations Rule the World*. San Francisco: Berrett-Koehler, 1995, pp. 70, 271.

7. Larsen, D. V. "Confessions of a Christian Professional", *Vocatio* 1.1. Vancouver: Gent College Foundation, fevereiro de 1998, p. 8.

8. Os viéses direcionais citados aqui não devem ser vistos como sendo absolutos. O médico citado também passou para tarefas aditivas, descrevendo como subseqüentemente aceitou um cargo para estabelecer assistência à saúde em KwaZulu-Natal. Assim, também, apelos para dar dinheiro são seguidos por recomendações aditivas sobre onde dá-lo. A ênfase do executivo de negócios em "tarefas" capacitadoras – amar ao Senhor, honrar minha esposa, encorajar meus filhos, usar meus talentos – era temperada na vida real por contribuições extremamente ativas de governança pessoal e financeira para uma organização de serviços sociais baseada em fé de âmbito nacional. Esse compromisso "levou embora" ativos financeiros e tempo de sua família. Para uma seleção de linguagem concretizada de religião e trabalho entre os novos esforços iniciados por leigos, ver, por exemplo, Brink, B. e Specht, D. (orgs*.). The Bridge: Field Notes for Seeing Things Whole*. Shelburne Falls, Mass., um projeto afiliado ao Robert K. Greenleaf Center for Servant Leadership.

9. Ulcer, S. "Guilty of a Lesser Love. Missionaries for Christ or Prosperity?" *Regeneration Quarterly*, inverno, 1996, p. 24. Ver também Brueggemann, W., Parks, S., e Groome, T. H. *To Act Justly, Love Tenderly, Walk Humbly: An Agenda for Ministers*. Nova York: Paulist Press, 1986.

10. Em *Good Intentions Aside: A Manager´s Guide to Resolving Ethical Problems* (Cambridge: Harvard Business School Press, 1993), Laura Nash observou que pessoas de negócios bem-sucedidas com convicções inerentemente fortes pareciam focar em relacionamentos capacitadores como seu paradigma-chave para a solução de problemas. Essencialmente, esse conceito reflete a abordagem aditiva aqui discutida e sublinha um foco em interesses que vão além do material para o psicológico e comunitário.

11. Tillich, P. *Dynamics of Faith*. Nova York: HarperCollins, 1965, p. 49.

12. Ver Olson, D. "Fellowship Ties and the Transmission of Religious Identity." Em J. Carroll e W. C. Roof (orgs.), *Beyond Establishment: Protestant Identity in a Post-Protestant Age*. Westminster: John Knox Press, 1993. Olson também teve a gentileza de compartilhar suas conclusões sobre o pluralismo de um estudo ainda a ser publicado. Para uma visão mais positiva do efeito do pluralismo sobre a religião, ver Stark, R. e Finke, R. *Acts of Faith: Explaining the Human Side of Religion*. Berkeley: University of California Press, 2000.

13. Hunter, J. D. *Evangelicalism: The Coming Generation*. Chicago: University of Chicago Press, 1987.

14. Comentários de Warren Buffett, citados em *HARBUS*. Boston: Harvard Business School, 19 de setembro, 1999, p. 1.

15. Jones, L. B. "He was a Turnaround Specialist." Capítulo em *Jesus CEO* (1995).

16. Chaves, M. e Miller, S. L. (orgs.) *Financing American Religion*. Walnut Creek, Calif.: Alta Mira Press, 1999.

17. Smith, J. A., III. "Polemical and Dialogical Approaches to Issues." Trabalho privado, maio de 1999.

18. Smith, J. A., III. "Religious Activism and Economic Power: Assessing 25 Years of the Interfaith Center on Corporate Responsibility." Trabalho privado, 7 de janeiro, 1998.

19. *Ibid*.

20. Childs, J. M., Jr. *Ethics in Business. Faith at Work*. Minneapolis: Fortress Press, 1999, p. 51.

Capítulo 8

1. Merriam, D. *Trinity: A Church, a Parish, a People*. Nova York: Cross River Press, 1996, pp. 9, 11.

2. Carta de Beth Robinson (consultora dos Diálogos de Wall Street da Trinity Church), 13 de julho, 1999.

3. Burnham, F. B. "Dialogue Lives: A Wall Street Story." *Trinity News*, 1998, *45*(1), pp. 10-11.

4. Ver especialmente Mitroff e Denton (2000). Para exemplos adicionais, ver Seglin (2000).

5. As exigências paradoxais da livre expressão religiosa em uma sociedade diversa têm sido amplamente discutidas. Ver especialmente Marty (1997); Rouner, L. S. e Langford J. (orgs.). *Philosophy, Religion, and Contemporary Life: Essays on Perennial Problems*. Notre Dame, Ind.: University of Notre Dame Press, 1996; Thiemann, R. F. *Constructing a Public Theology: The Church in a Pluralistic Culture*. Louisville, Ky.: Westminster/John Knox Press, 1991; Wolfe, A. *One Nation After All: What Middle-Class Americans Really Think About God, Country, Family, Racism, Welfare, Immigration, Homosexuality, Work, the Right, the Left and Each Other*. Nova York: Viking, 1998.

6. McCoy, B. "The Parable of the Sadhu." *Harvard Business Review*, set.-out. 1983.

7. Gallup e Jones (2000), pp. 184-185.

8. Templeton, J. M. *Discovering the Laws of Life*. Nova York: Continuum, 1994.

9. Para discussão desse poder como aspecto positivo do pluralismo, ver Berger, P. L. *A Far Glory: The Quest for Faith in an Age of Credulity*. Nova York: Free Press, 1992.

10. Para uma discussão das diferenças entre formas industriais de conhecimentos especializados e as habilidades "intelectivas" necessárias no ambiente de negócios de hoje, ver Zubof, S. *In the Age of the Smart Machine: The Future of Work and Power*. Nova York: Basic Books, 1988.

11. Ver Chappell, T. *The Soul of a Business: Managing for Profit and the Common Good*. Nova York: Bantam Books, 1993.

Capítulo 9

1. Wuthnow (1997).

2. Para evidências e nomenclatura similares, ver Wuthnow (1997), pp. 96-97.

3. Gustafson, J. M. e Johnson, E. W. "The Corporate Leader and the Ethical Resources of Religion: A Dialogue." Em O. Williams e J. Houck (orgs.), *The Judeo-Christian Vision and the Modern Corporation*. Notre Dame, Ind.: University of Notre Dame Press, 1982.

Leitura Sugerida

**Livros Gerais sobre Espiritualidade e Eficácia
(Seculares e Cristãos)**

Buchanan, C. *Choosing to Lead: Women and the Crisis of American Values*. Boston: Beacon, 1996.

Canfield, J. e outros. *Chicken Soup for the Soul at Work*. Deerfield Beach, Fla.: Health Communications, 1996.

Carlson, R. *Don't Sweat the Small Stuff ... and It's All Small Stuff*. Nova York: Hyperion, 1997.

Chopra, D. *The Seven Spiritual Laws of Success: A Practical Guide to the Fulfillment of Your Dreams*. San Rafael, Calif.: Amber-Allen, 1994.

Chopra, D. *How to Know God: The Soul's Journey into the Mystery of Mysteries*. Nova York: Crown, 2000.

Covey, S. R. *The Seven Habits of Highly Effective People*. Nova York: Simon & Schuster, 1989.

Covey, S. R. *Principle-Centered Leadership*. Nova York: Fireside, 1992.

Covey, S. R. com Merrill, A. R. e Merrill, R. R. *First Things First*. Nova York: Simon & Schuster, 1994.

Das, Lama Surya. *Awakening the Buddha Within*. Nova York: Broadway, 1997.

Edelman, J. e Crain, M. B. *The Tao of Negotiation*. Nova York: HarperCollins, 1993.

Garfield, C. *Peak Performers: The New Heroes of American Business*. Nova York: Avon, 1986.

Handy, C. *The Hungry Spirit*. Nova York: Broadway, 1998.

Harner, M. *The Way of the Shaman*. (3ª ed.) San Francisco: HarperSanFrancisco, 1990.

Hendricks, G. e Ludeman, K. *The Corporate Mystic: A Guidebook for Visionaries with Their Feet on the Ground*. Nova York: Bantam, 1996.

Hillman, J. *The Soul's Code: In Search of Character and Calling*. Nova York: Warner, 1996.

Kaminer, W. *Sleeping with Extra-Terrestrials: The Rise of Irrationalism and Perils of Piety*. Nova York: Pantheon Books, 1999.

Redfield, J. e Adrienne, C. *The Celestine Prophecy: An Experiential Guide*. Nova York: Warner, 1995.

Whyte, D. *The Heart Aroused: Poetry and the Preservation of the Soul*. Nova York: Currency/Doubleday, 1994.

Wilber, K. *Spirituality: A Brief History of Everything*. Boston: Shambala, 1996.

Nova Ciência e Religião e/ou Negócios

Jaworski, J. *Synchronicity: The Inner Path of Leadership*. San Francisco: Berrett-Koehler, 1996.

Kauffman, S. *At Home in the Universe*. Nova York: Oxford University Press, 1995.

Noble, D. F. *The Religion of Technology: The Divinity of Man and the Spirit of Invention*. Nova York: Knopf, 1998.

Wheatley, M. J. *Leadership and the New Science: Learning About Organization from an Orderly Universe*. San Francisco: Berrett-Koehler, 1992.

Wilber, K. *The Marriage of Sense and Soul: Integrating Science and Religion*. Nova York: Random House, 1998.

Liderança em Negócios e Religião

Autry, J. *Confessions of an Accidental Businessman*. San Francisco: Berrett-Koehler, 1996.

Beckett, J. D. *Loving Monday*. Downers Grove, Ill.: Inter-Varsity, 1998.

Blanchard, K., Hybels, B. e Hodges, P. *Leadership by the Book: Tools to Transform Your Workplace*. Nova York: Morrow, 1999.

Blanchard, K. e Peale, N. V. *The Power of Ethical Management*. Nova York: Morrow, 1988.

Block, P. *Stewardship: Choosing Service over Self-Interest*. San Francisco: Berrett-Koehler, 1993.

Buford, B. *Half Time*. Grand Rapids, Mich.: Zondervan, 1994.

Buford, B. *Game Plan*. Grand Rapids, Mich.: Zondervan, 1997.

Chappell, T. *The Soul of a Business: Managing for Profit and the Common Good*. Nova York: Bantam, 1993.

Childs, J. M., Jr. *Ethics in Business: Faith at Work*. Minneapolis, Fortress, 1995.

De Pree, M. *Leadership Is an Art*. Nova York: Doubleday, 1989.

Greenleaf, R. *Servant Leadership: A Journey into the Nature of Legitimate Power and Greatness*. Nova York: Paulist Press, 1983.

Griffiths, B. *The Creation of Wealth: A Christian's Case for Capitalism*. Downers Grove, Ill.: Inter-Varsity, 1984.

Guinness, O. *The Call: Finding and Fulfilling the Central Purpose of Your Life*. Nashville, Tenn.: Word, 1998.

Jones, L. B. *Jesus CEO: Using Ancient Wisdom for Visionary Leadership*. Nova York: Hyperion, 1995.

Komisar, R. com Lineback, K. *The Monk and the Riddle*. Boston: Harvard Business School Press, 2000.

Mitroff, I. I. e Denton, E. A. *A Spiritual Audit of Corporate America: A Hard Look at Spirituality, Religion, and Values in the Workplace*. San Francisco: Jossey-Bass, 2000.

Novak, M. *Business as a Calling*. Nova York: Free Press, 1996.

Pollard, C. W. *The Soul of the Firm*. Nova York: HarperBusiness/Zondervan, 1996.

Stackhouse, M. L. e outros (orgs.). *On Moral Business*. Grand Rapids, Mich.: Eerdmans, 1995.

Análise Social de Tendências Religiosas nos EUA, Especialmente em Relação aos Negócios

Baltzell, E. D. *The Protestant Establishment*. New Haven: Yale University Press, 1964.

Bellah, R. N. e outros. *Habits of the Heart: Individualism and Commitment in American Life*. Berkeley: University of California Press, 1996.

Berger, P. L. *The Sacred Canopy*. Garden City, Nova York: Doubleday, 1967.

Campbell, C. *The Romantic Ethic and the Spirit of Modern Consumerism*. Nova York: Blackwell, 1987.

Cimino, R. P. e Lattin, D. *Shopping for Faith: American Religion in the New Millenium*. San Francisco: Jossey-Bass, 1998.

Colson, C. com Vaughn, E. S. *Against the Night*. Ann Arbor, Mich.: Vine Books, 1989.

Cox, H. *Fire from Heaven: The Rise of Pentecostal Spirituality and the Reshaping of Religion in the Twenty-First Century*. Reading, Mass.: Addison-Wesley, 1995.

Ellingsen, M. *The Cutting Edge: How Churches Speak on Social Issues.* Genebra: Instituto de Pesquisas Ecumênicas, WCC Publications e Grand Rapids: Eerdmans, 1993.

Fogel, R. *The Fourth Great Awakening and the Future of Egalitarianism.* Chicago: University of Chicago Press, 2000.

Gallup, G. Jr. e Castelli, J. *The People´s Religion: American Faith in the '90s.* Nova York: Macmillan, 1989.

Hunter, J. D. *The American Culture Wars.* (J. L. Nolan, Jr., org.). Charlottesville: University Press of Virginia, 1996.

James, W. *The Varieties of Religious Experience.* Nova York: Collier, 1961. (Originalmente publicado em 1902.)

Jones, T. e Gallup, G., Jr. *The Next American Spirituality: Finding God in the Twenty-First Century.* Colorado Springs, Colo.: Cook Communications, 2000.

Roof, W. C. *Spiritual Marketplace: Baby Boomers and the Remaking of American Religion.* Princeton: Princeton University Press, 1999.

Rouner, L. (org.) *Civility.* Notre Dame, Ind.: University of Notre Dame Press, 2000.

Stackhouse, M. L. *Christian Social Ethics in a Global Era.* Nashville, Tenn.: Abingdon Press, 1995.

Tawney, R. H. *Religion and the Rise of Capitalism.* (A. B. Seligman, org.) New Brunswick, N. J.: Transaction, 1998.

Weber, M. *The Protestant Ethic and the Spirit of Capitalism.* (2ª ed., T. Parsons, org.) Londres: Allen & Unwin, 1976.

Wolfe, A. *One Nation After All: What Middle-Class Americans Really Think About God, Country, Family, Racism, Welfare, Immigration, Homosexuality, Work, the Right, the Left, and Each Other.* Nova York: Viking, 1998.

Wuthnow, R. *The Crisis in the Churches.* Nova York: Oxford University Press, 1997.

Os Autores

Laura Nash é pesquisadora sênior da Harvard Business School e vem atuando como consultora de valores corporativos junto a várias importantes empresas há vinte anos.

Antes de se juntar ao corpo docente da HBS em 2000, foi diretora de programas de negócios e religião no *Center for the Study of Values in Public Life* (Centro para Estudo de Valores na Vida Pública) da Faculdade de Teologia de Harvard. Foi, durante dez anos, integrante do corpo docente do *Institute for the Study of Economic Culture* (Instituto para o Estudo da Cultura Econômica) da Universidade de Boston e ensinou nas faculdades de administração de empresas e de teologia daquela universidade. Foi presidente da *Society for Business Ethics* no período 1996-97.

Nash já publicou diversos livros e artigos sobre ética corporativa, valores pessoais e religião. Entre seus livros estão *Good Intentions Aside: A Manager's Guide to Resolving Ethical Dilemmas* e *Believers in Business: Resolving the Tensions Between Christian Faith, Business Ethics, Competition, and our Definitions of Success*.

Detém um Ph.D. em filologia clássica da Universidade de Harvard e mora em Cambridge com seu marido e seus dois filhos.

Scotty McLennan é reitor de vida religiosa na Universidade de Stanford. De 1984 a 2000 foi capelão universitário na Universidade de Tufts e de 1988 a 2000 foi palestrante sênior na área de liderança nos negócios, ética e religião na *Harvard Business School*. É autor de *Finding Your Religion: When the Faith You Grew Up with Has Lost Its Meaning*.

Graduou-se na Universidade de Yale (bacharelado em artes) em 1970, na Faculdade de Teologia de Harvard (Mestrado em Teologia) em 1975 e na Faculdade de Direito de Harvard também em 1975. Foi ordenado ministro da igreja Unitária Universal (UU) em 1975 e também admitido na Ordem dos Advogados de Massachusetts naquele ano. Continua como ministro da UU e advogado conceituado em Massachusetts. Por nove anos, antes de ingressar na Tufts, praticou advocacia sob patrocínio da igreja em uma área carente de Boston.

Índice Remissivo

A

A Morte de Ivan Ilyich (Tolstoi), 254
Afirmações denominacionais, 126
Afirmações ideológicas religiosas, 89-90
Ammerman, N., 190
Amor, idéia fundamental de, 268
Asceticismo puritano, 175
Asceticismo, acumulação de riqueza e, 174, 175
Associação de Banqueiros dos EUA (ABA), 143
Ativismo, com viés da igreja, 82-83, 121-122, 154; econômico, 90-93, 126, 183-184.
Atomistas, integração religião-negócios e, 69-71, 76-77
Austin, R., 237
Automelhoria, e o sagrado pessoal, 35-36

B

Banks, R., 235-236, 237-238
Beliefnet.com, 40, 52
Believers in Business (Nash), 56, 294
Bellah, R., 97
Bem-estar público, engajamento da igreja com, 88-89, 149, 165-166
Berger, P., 60
Blanchard, K., 239, 254
Block, P., 31
Buffett, W., 220
Busca espiritual: viés experiencial e pragmático de, 41-43; quatro "necessidades sentidas" em, 32-48

C

Calvinismo, cultura de negócios e, 154-155
Capelães industriais, 131, 246
Capitalismo: e integração negócios-religião, 73-74, 75-77, 78, 81; e "capitalismo preocupado", 78; catolicismo e, 180-181; Regra de Ouro e, 62, 63, 67; visões de mundo opostas sobre, 138-139; crítica baseada em religião a, 172-173, 174-177
Caridades baseadas em fé, financiamento governamental de, 79-81
Center for Faith Walk Leadeship, 239

Chamada espiritual, 266
Chamada pessoal, 257
Chaves, M., 223
Childs, J., 225
Chopra, D., 98
Christensen, C. R., 116
Cínicos, estratégia niilista dos, 61-63, 76
Clero: e atividades centradas em negócios, 21; congregantes de negócios e, 23-24, 93; remuneração, 197-198; mecanismos para lidar com problemas, 75-81; justiça distributiva e, 78-81; papéis institucionais e gerenciais do, 123, 185-186, 188-190; autoridade conferida de forma sacra do, 187-189; abusos sexuais por, 192-193
Comunidade: relacionada a negócios, 42-44, 114-115; como necessidade sentida, 40-42; representação religiosa de, 41-45
Conferência Nacional de Bispos Católicos dos EUA
Congregação afro-americana, 284, 296
Congregante de negócios: clero/igreja, interações com, 23-25, 92-93, 180-182; e viés da igreja em relação a negócios, 174-177, 184; estratégias para lidar com problemas de, 56-75; domínios relacionais de, 112-115, 120; uso de linguagem religiosa por, 202-203, 211-213; e chamada espiritual, 266
Congregante Obediente, integração negócios-igreja e, 70-72

Consciência sagrada, 258
Consultores, gurus de negócios como, 28
Corporação: como comunidade, 100-102; mudança social criativa e, 154; controles legislativos de, 287-288; papéis tradicionais da, 115-120
Corporate Mystic, The, 212
Coué, E., 48
Covey Leadership Center, 17-18
Covey, Stephen, 31, 49, 87, 212, 253, 265
Credo Nicéia, 30
Cultura do consumidor. *Ver* Riqueza
Cultura dos negócios: valores calvinistas em, 154-155; de eficiência e pragmatismo, 155-156; viés otimista e autodependência na, 159, 163-165

D

Dalai Lama, 29, 267
De Pree Leadership Center (DLC), 207, 235-236
Direita religiosa, programa econômico da, 279
Direitos de propriedade, 211
Dyskstra, C. 51, 105
"Ecclesia in America", 182
Eck, D., 205
Eclesiásticos: vida econômica e. 180-181, 211-213; padrões lingüísticos de, 204-207; papéis mediadores de, 184-185 *Ver também* Clero
Empowerment, mensagem corporativa de, 34
Engajamento religioso: em cenário de negócios, 244-247;

nível catalítico de, 247-251;
no nível fundamental, 251-255;
níveis de, 242-257;
publicamente proclamado
(esposado), 243-247
Espiritualidade catalítica, 255-256,
267; e práticas e símbolos
fundamentais, 259; natureza
pessoal e experiencial de,
247-248; e programas seculares
de espiritualidade, 248-251
Espiritualidade secular, definição
de, 29-30
Espiritualidade: *benchmarks* de,
82; definições de, 30-32,
249-250; em programas
espirituais seculares, 237-248
Estresse psicológico, relacionado
ao trabalho, 26
Estrutura congregacional, e
desconexão de negócios-igreja,
163
Ethics in Business (Childs), 225
Ética, nos negócios, 148; visão
cínica de, 61-63; confiança
declinante em, 46-47; como
necessidade sentida, 46-48;
noções jesuítas de
discernimento e, 48;
programas de, 287-288;
vocabulário de, 208-209
Ética, social cristã, 259-260
Eu sagrado, consciência
emergente do, 33-37
Evangelho da felicidade, 157, 190
Evangelho da prosperidade, 78,
182
Fair Park, South Dallas, Foundation
for Community Empowerment,
239-240
Faith.com, 40, 52
FaithWalk, 286
Fogel, R., 234

G

Geertz, C., 59
Generalistas, integração
negócios-religião e, 66-69, 77-78
Geração pós-guerra, valores e
espiritualidade de, 25
Globalismo, nova espiritualidade
e, 26
Green, R., 148
Greenleaf, R., 37, 209
Grupos de oração nos negócios,
126
Grupos evangélicos leigos, 286
Grupos leigos, alianças com,
231-239
Ver também, Programas de
espiritualidade seculares
Gurus de negócios, 28, 254
Gurus espirituais, 18, 28
Gustafson, J., 47, 106

H

Hall, J., 143
Hough, J., 166
Houston Catholic Worker, 180
Hubbard, H., 183
Hybels, W., 254

I

Identidade pessoal, eu sagrado na,
34-37
Igreja tradicional cristã: e a divisão
igreja-local de trabalho, 19-22;
comunidade e, 42, 43-45;
trabalhismo e, 130, 176, 183-184;
marginalização de, 277-278;
valores sociais da, 87;
movimento de espiritualidade
nos negócios e, 48-50
Igreja: corrupção e erros na,
191-192; gestão financeira e
responsabilização, 193-199;

estatura moral e orientadora de, 157-158; papéis tradicionais da, 120-123; *ver também*, igreja cristã tradicional

Iniciativas econômicas, patrocinadas pela igreja, 79-80; e suspensão das regras de negócios, 128, 130; e iniciativas de desinvestimento, 126-127; e assistência de emprego, 130

Instituições jesuíticas, 162

Integração negócios-religião, 36, 37, 55-84; visão absolutista da, 59-61; *benchmarks*, 264; e co-opção do clero, 198; técnicas de co-descobrimento na, 260-265; funções e regras corporativas na, 115-120; diálogo na, diretrizes para, 281-286; expressão religiosa disfarçada na, 73; atividades baseadas em fé na, 125-133; estratégias "justificadoras" na, 63-66, 78; envolvimento de grupos leigos na, 231-239; nível de engajamento religioso na, 242-257; mapeamento de intercessão de domínios na, 123-131; compartimentalização mental e, 69-71; modelo de, 58; nova linguagem religiosa e, 212-219; visão niilista, 61-64, 75-76; oposição a, 59; "infiltradores" na, 73-74; através de papéis definidos por religião, 257-260; reconexão retirada-renovação na, 265-267; visão descrente e auto-interesse de, 61-63; ética social na, 259-260

Interfaith Center for Corporate Responsibility (ICCR), 224

It's a Wonderful Life, 237-238

J

James, W., 103, 159, 216

Jesus CEO (Jones), 161, 183, 221

Jesus: alegações de propriedade de, 245; como modelo para a vida profissional, 161-162, 182-184

João Paulo II, 86, 182

Jones, L. B., 161

Justiça distributiva, abordagem do clero a, 78

Justiça social: como *benchmark* de religião, 82; enquadramento religioso de, 244, 260 *Ver também*, Ativismo, baseado na igreja

Justiça. *Ver* Justiça social

K

Kauffmann, G., 210

Korten, D., 210

L

Langer, S., 55

Linguagem e comunicação: e relacionamento igreja-negócios, 93-95, 187-226; e sintaxe conceitual, 213-216; cruzamentos negócios-religião em, 202-204, 219-226; e pluralismo cultural, 217-219; humor em, 219-221; no movimento de espiritualidade secular, 104

Linguagem, de negócios, 167; cruzamentos do vernáculo bíblico em, 219-221, 222; expressão pragmática religiosa/moral em, 207-209

Linguagem, religiosa: jargão acadêmico da, 204-207; bíblica e litúrgica, 204; uso pelas pessoas de negócios, 203-204,

211-213, 280; controle de, pela igreja, 203; cruzamento e secularização de, 218-226; pessimismo e foco em fraqueza na, 160-161; vocabulário polêmico e uso de absolutos em, 210-215; falhas da, 209-212; e retórica teológica, 93-95; caráter vago de, 56-57

Liturgia, 125;
vocabulário da, 203

M

Mau, movimento da nova espiritualidade e o, 51-52

Man Nobody Knows, The (Barton), 161

Marty, M., 88, 205

Mercado, modelo de depotismo da igreja no, 79-81

Metodologia de pesquisa, 293-298

Modelos de papéis de negócios, bíblicos, 161-162, 182-184

Mouw, R., 206

Movimento da espiritualidade nos negócios, 18-19; crítica de, 48-53; precedentes históricos de, 28; limites de, 51-51; religião tradicionais e, 48-50; fundamentos socioeconômicos de, 24-28.
Ver também integração negócios-religião; programas de espiritualidade seculares

Movimento do evangelho social, 176

Movimento jubileu, 77, 150

Movimento "O Que Jesus Faria" (WWJD), 64, 65, 212

Murdoch, I., 47

N

Narrativa religiosa: fundamental e bíblica, 259; novas vozes na, 258-259

Negócios, comunidade nos, 42-44, 115

New Era Fund, 128, 195

Novak, M., 210

O

Ordem superior, harmonia e equilíbrio com, 37-41

P

"Parábola dos Sadhu, A", 249

Perdão de dívida, do terceiro mundo, 150

Piedade, visões da igreja e dos negócios de, 150

Pobreza, diferentes visões de mundo de, 147-150, 166-167, 169

Poder feminino, redefinição de, 256-257

Política de auxílio-desemprego, engajamento da igreja com, 148, 165-166

Pollard, W. C., 152

Pós-modernismo, e experimentação religiosa, 27

Prática budista, 59, 268

Programas de espiritualidade secular, 29-30, 97-110, 119, 181, 241, 254-255; religião catalítica e, 247-251; atividades caridosas de, 107-108; e programas da igreja, 260-262; comunidade e, 100-102; cultura de ganância e, 99-100; como ponto de entrada para possibilidade religiosa, 107-108; textos fundamentais em, 253-254; atomização holística e, 69, 71; paradigma integrador da

religião em, 97-98; linguagem
em, 103, 104; agenda de
libertação mental em, 98-99;
pluralismo e, 104-105; conexão
social e, 41-42; elo espiritual
com a natureza em, 101-102;
sucesso em, 31-33; visão
terapêutica de mundo em,
102-103
Proselitismo, 244, 245, 246, 249
Public Agenda Foundation, 46

Q

Questões econômicas: papel
ativista da igreja em, 91-92,
126-131, 183-185; e papéis de
disputas negócios-igreja,
184-187; e ideologia cristã,
174-175, 278-280; e finanças da
igreja, 193-199, 277-278;
soluções tradicionais da igreja
para, 88-97, 165-166; visão da
igreja sobre, 180-181; lutas dos
congregantes com, 190-191;
cruzamento de metáforas
religiosas em, 220-221; e
engajamento com pessoas de
negócios, 92-93; afirmações
ideológicas e, 89-90; com
motivação de lucro dos
negócios, 145-146; e a
ressacralização de propósito,
79-81; e ação social, 91-92;
posicionamentos teológicos
sobre, 25-26

R

Regra de Ouro: capitalismo e,
62, 64, 67; invocação da, 253
Relacionamento negócios-igreja:
autoridade e estruturas de
poder em, 187-190; e
estratégias de pessoas
de negócios para lidar
com o problema, 52-75;
críticas de pessoas de negócios
na, 180-181, 191-193; crítica
capitalista em, 172-173, 174-177;
viés e críticas da igreja no,
175-179, 183; responsabilidade
financeira da igreja e, 194-199;
e modos-padrão de orientação
da igreja, 89-97; e estratégias
da igreja para lidar com o
problema, 75-81; corrupção
e erros do clero no, 191-194;
conflitos culturais no, 143-158;
e pluralismo cultural, 217-219;
ativismo econômico da igreja e,
183-184; visões de mundo
econômicas no, 89-95, 138-139,
145-150, 155; e noções de lucro
extra nos negócios, 151-153;
Geist (espírito) dos negócios e,
151-153; falta de compreensão
compartilhada no, 19-22, 70-88,
139-170; lacunas de linguagem
e audição no, 202-204, 213-217;
estereótipos negativos no,
172-174, 180-182; interação
pastor congregante de negócios
no, 92-94, 96; pluralismo e
linguagem no, 217-219;
papéis tradicionais da religião
e, 120-123; e estilos de
comunicação religiosa, 209-213;
efeitos de silenciamento e
distanciamento no, 94, 161-166;
ação social e, 91-92, 95-97;
estilos e visões de mundo
temperamentais no, 93-95,
155-159; ideologia teológica e,
89-90, 93-96; disputas de
território no, 184-187; riqueza
e acumulação de riqueza no,
174-177
Religião civil, 88
Religião esposada, 243-247, 256,
260-261, 262, 266-267;
proselitismo e, 244, 245, 246;
e crença religiosa, 259-260;

e justiça social, 259-260; mulheres e, 256-257

Religião fundamental, 251, 255, 257; e textos de sabedoria, 251-252, 268-269; no local de trabalho, 252-253

Religião: mecanismos institucionais da, 56-57; consciência religiosa como benchmark de, 82; uso do termo, 241

Ressacralizadores, posição absolutista de, 59-61; justiça distributiva e, 78

Retiros executivos, 78, 130-131

Riqueza: como finalidade dos negócios, 176-177; na teologia cristã, 174-175; atitude do clero em relação a, 145-151

S

Secularistas, posição absolutista de, 59

Seglin, J., 218

Seminaristas: atitudes em relação aos negócios de, 175, 177-179; estudos de negócios de, 161-162, 167, 206-207; treinamento de, 288-289

Sermões, 91; questões econômicas em, 124-125; autoridade intelectual de, 205

Servant Leadership (Greenleaf), 209-210

Serviços, e harmonia sagrada, 37-38

Sethi, S. P., 127

Seven Habits of Highly Effective People (Covey), 253

Smith, A., 214

Snow, C. P., 70

Soros, G., 233, 286

Spiritual Leadership (Greenleaf), 37

Spirituality and Health (revista), 221, 258

Stackhouse, M., 153-154

Sto. Agostinho, 167

T

Televisão, crítica da igreja a, 127-128

Templeton, J., 253

Teoria científica, nova espiritualidade e, 26-27

Tillich, P., 215, 216

Trabalhismo, principais igrejas cristãs e, 130, 176, 183-184

Trinity Wall Street Forum, 88, 221, 232-234

U

Utilitarismo secular, 86

V

Vocação, 266; como princípio fundamental, 268

Voluntarismo, promoção de, pela igreja, 88-89

W

Walzer, M., 104

Web sites, religiosos, 40-41, 52

Weber, M., 67, 151, 174, 175

Weiss, R., 175

Wesley, J., 174-175

Wheatley, M., 87

Williams, O., 127

Woodstock Business Conference, 48, 239, 254

Worldwide Laws of life (Templeton), 208

Wuthnow, R., 64, 88, 157, 181, 266-272

Y

Yankelovich, D., 234

Entre em sintonia com o mundo
QualityPhone:
0800-263311
Ligação gratuita

Qualitymark Editora
Rua Teixeira Júnior, 441 - São Cristóvão
20921-400 - Rio de Janeiro - RJ
Tel.: (0xx21) 3860-8422
Fax: (0xx21) 3860-8424

www.qualitymark.com.br
e-mail: quality@qualitymark.com.br

Dados Técnicos:

- Formato: 16x23cm
- Mancha: 12x19cm
- Fontes Títulos: Chelthm ITC Bk BT(Neg)
- Fontes Texto: Chelthm ITC Bk BT
- Corpo: 11
- Entrelinha: 13,5
- Total de Páginas: 356

Este livro foi impresso nas oficinas gráficas da
Editora Vozes Ltda.,
Rua Frei Luís, 100 — Petrópolis, RJ,
com filmes e papel fornecidos pelo editor.